Robert Monguillot ou la vie d'un Sauternais requis en Allemagne nazie

(1942-1945)

Mémoires du XXe siècle

Dernières parutions

Marie-Christine LACHESE, *Albert Caralp, Journal d'un parisien pendant la Grande Guerre,* 2020.
Gueorgui SWISTOUNOFF, *Un capitaine oublié... Jacques Germain, Légion étrangère. Récit*, 2019.
Abdouh EL FASSY, *Mémoires du colonel Abdouh El Fassy, Retour vers l'envers,* 2019.
Gaston RABOT, *Volontaire calédonien du Bataillon du Pacifique. Journal de guerre (mai 1941- janvier 1944),* 2019.
Robert DAËL, *Au Stalag XA. Textes et correspondance du représentant des Français prisonniers, protecteur et ami d'Althusser (1939-1945) présentés et annotés par Serge Daël,* 2019.
Maria PARISOT, *Vivre à Saint-Mihiel pendant la Grande Guerre (1914-1918),* 2019.
Philippe KLEIN, *Le collège Notre-Dame des Glaciers du père Vigoureux de Kermorvan. 1941 – 1944*, 2019.
Franck TESTART, *L'engagement militaire de Jean Appleton. Des Dardanelles au Bureau spécial franco-américain (1915-1918)*, 2019.
Jacques COUDRAY, *Journal du temps de guerre de François-Xavier Lobry, Lazariste. Serviteur de l'Église et de la Patrie sur le Front d'Orient (1914-1919). Analyse et commentaires*, 2018.
Didier MICHON, *Du Barcarès aux Ardennes, Correspondance entre un engagé volontaire et sa fiancée durant la « drôle de guerre » (juillet 1939 – décembre 1940),* 2018.
Yves-Michel LANGLOIS, *Les Langlois. Une famille au service de la France du second Empire à la Cinquième République*, 2018.
Michèle MALDONADO, *Moi Henri Bourguignon, soldat ordinaire de 14-18,* 2018.
Gueorgui SWISTOUNOFF, *Pilote de combat « au Service de la France », Mémoires et souvenirs de Gérard Germain,* 2018.
PHAN Nhât Nam, *Un été embrasé, Mémoires de guerre d'un officier de l'armée de la République du Viêt Nam,* 2018.

Loïc Mansencal

Robert Monguillot ou la vie d'un Sauternais requis en Allemagne nazie

(1942-1945)

L'Harmattan

Déjà paru dans la collection
« Connaissance des Régions »

Du même auteur

Les Jeunes de Langon dans la Grande Guerre. Histoire d'un patronage catholique girondin. (1914-1918)

5-7, rue de l'École-Polytechnique ; 75005 Paris

http://www.editions-harmattan.fr

ISBN : 978-2-343-20020-0

EAN : 9782343200200

SOMMAIRE

En 2013-2014, lorsque la maison familiale à Sauternes fut vidée, nous avons recueilli des documents ayant appartenu à Robert Monguillot, charron à Sauternes. Parmi ces documents, notre attention fut attirée par toute une correspondance ainsi que d'autres documents conservés par Robert Monguillot lors de son séjour à Vienne (Autriche) dans le cadre du travail obligatoire. Sa sœur Germaine Monguillot accusait encore il y a quelques années son frère d'avoir obéi à l'ordre de Vichy d'aller travailler pour le Reich ; c'est d'ailleurs la raison principale du divorce entre les requis et la mémoire collective. Et elle préférait mettre en avant les souffrances de son futur époux Robert Mansencal, prisonnier de guerre. Cependant les documents laissés à la mort de Robert Monguillot en 2012 relatifs à sa participation en tant que français requis en Allemagne nazie (1942-1945), permettent d'éclairer cette période. Avant tout, il faut souligner l'extrême diversité des situations possibles. La correspondance publiée ici montre les aspects de la vie quotidienne d'un requis du travail forcé en Allemagne. La perspective d'une publication de la correspondance (novembre 1942 – août 1944) possédant un intérêt historique, conduit à distinguer la correspondance active (73 lettres envoyées, sur lesquelles se porte prioritairement l'attention) et la correspondance passive (70 lettres reçues, provenant principalement de sa famille, qui éclairent la vie quotidienne à Sauternes durant l'occupation). Il manque un certain nombre de lettres notamment les lettres envoyées à ses amis, à sa famille proche et à sa sœur Germaine. D'autre part dans les lettres reçues par Robert Monguillot à Vienne, il manque les lettres d'avril à décembre 1943 qui furent certainement perdues lorsque ses effets personnels ont été dispersés après sa disparition.

Robert Monguillot est né le 27 février 1920 à Sauternes où il a grandi. Après ses études primaires, il travaille avec son père Gabriel Monguillot en tant que charron dans le quartier Nautet lorsqu'il reçoit le 20 novembre 1942 un courrier lui indiquant qu'il est désigné pour travailler en Allemagne en vue d'assurer la relève des prisonniers. Le 4 septembre 1942, une loi d'orientation de la main-d'œuvre ménagea un cadre légal à l'envoi de travailleurs non volontaires pour l'Allemagne. Une fois dûment recensés, les travailleurs pouvaient être requis pour *« tous travaux que le gouvernement jugera utiles dans l'intérêt supérieur de la nation ».* Cette loi se soldat par l'envoi d'au moins 240 000 travailleurs en Allemagne, dont Robert Monguillot avant la fin de l'année 1942. Les requis de la *« Relève »* précèdent le palier supplémentaire franchi au début de l'année 1943 avec la loi du 16 février instaurant le service du travail obligatoire (STO).

Pour la région (Gironde, Landes et Basses-Pyrénées), la première action Sauckel a exigé 4500 impositions entre le 1er octobre et le 31 décembre 1942 : il n'est pas possible de préciser la contribution fixée pour la Gironde de ce contingent. Quoi qu'il en soit, les réalisations sont supérieures aux impositions et B. Lachaise propose un chiffre de 5000 départs dans le cadre du premier STO. Entre octobre 1942 et février 1943, le rythme des départs est plus difficile à établir avec certitude, mais il est certain que les premiers envois de travailleurs en Allemagne en application de la loi du 4 septembre 1942 datent des 5, 12 et 15 octobre. Robert Monguillot part avec le convoi du 30 novembre 1942 : *« Au départ de Bordeaux nous étions environ trois cent mais en cours de route et surtout à Paris le convoi a été un peu grossi ».* Durant les mois de janvier et février 1943, cinq à six départs mensuels peuvent être dénombrés, soit une nouvelle augmentation de la fréquence. La région de Bordeaux fut en outre félicitée par Laval en septembre 1943 comme l´une des rares à avoir accompli la troisième action Sauckel.

Le départ et l´arrivée en Allemagne

Il n´est pas de départ sans signature préalable d´un contrat de travail, ce que fait Robert Monguillot le 23 novembre 1942. La docilité de la Gironde se confirme avec 87% de signataires au 9 octobre 1942. Partir chez l'ennemi n'est pas chose facile. Il faut s'y résoudre, quand bien même l'ordre émane du gouvernement et comporte une forte contrainte. *« Vous pouvez me croire, je ne m'attendais pas à subir le sort de cette réquisition que tant de camarades en sont les dupes. J'ai reçu la convocation le 20 Novembre pour aller passer la visite à Bordeaux le 23. J'en ai été un peu estomaqué surtout de savoir que j'étais le premier de la commune et des environs à me trouver dans ce cas, mes parents étaient démoralisés surtout ma mère qui ne se lassait de se tourmenter ; j'espère qu'elle a dû se consoler depuis qu'ils ont de mes nouvelles. La visite a été vite passée et le départ fixé pour le 30 ».* Le grand voyage et l´unique de sa vie d´ailleurs commence. En ce lundi 30 novembre, sur les quais de la grande gare de Bordeaux Saint-Jean, ils sont 300 à attendre. Germaine, sa sœur, est venue pour adoucir son départ, avant une longue séparation. Puis le train s´ébranle à 22h jusqu´à Paris où il faut changer de train à la gare de l´Est. Arrivé à 11h du matin, il lui faut attendre trois heures dans la gare avec interdiction d´en sortir. En début d´après-midi il repart, passe par Meaux, Epernay, Bar-le-Duc, Nancy, Metz, Stuttgart, Landau puis Munich. Il prend un autre train pour terminer son trajet jusqu´à Vienne. Cependant, il n´a plus de banquette, il doit voyager debout. Il arrive après quatre jours et demi de voyage à Vienne, le vendredi 04 décembre, dans un centre d´embauche.

Robert Monguillot était pourvu d'un contrat de travail spécifiant, non seulement la ville de destination (Vienne), mais aussi l'entreprise (Graf & Stift). Or, or dans une lettre, il dit : *« A notre départ de France nous avions nos contrats avec le nom de la firme dans laquelle nous devions être embauchés mais cela n'a servi à rien on était casé suivant la demande des usines et aussi suivant la profession, du coup j'ai été séparé du seul camarade que je connaissais habitant près de chez moi et qui devait travailler à la même usine que moi ».* Le camp de triage, qui constituait la première halte, ressemblait à un camp d'internement. *« Nous ne sommes arrivés au centre d'embauche que le vendredi à midi. Là la vie n'était pas belle, nous couchions sur des lits sans paillasse juste nos couvertures et j'y ai mangé presque la totalité du reste de mes provisions. Je ne pouvais sortir que le soir au cas d'être appelé pour partir. Cette première escale a duré jusqu'à lundi à midi ou un jeune homme employé de notre usine est venu nous chercher ».* Dans l'économie de guerre nazie, les entreprises n'ont pas à se soucier du recrutement puisque les services de la main-d'œuvre répartissent celle-ci en fonction des besoins. Le groupe avec lequel il a voyagé est disloqué, il est séparé de ses camarades bordelais. Finalement les affectations se font à la guise des Allemands, sans respect des contrats car il va travailler pour l'entreprise Lohnerwerke GmbH de Vienne.

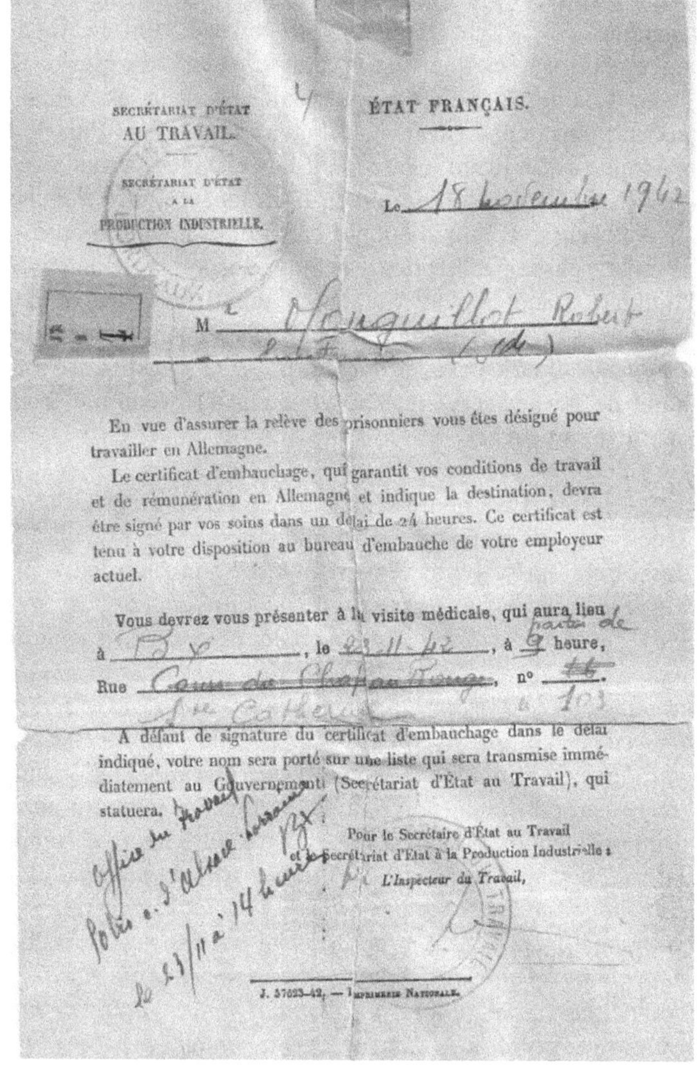

SECRÉTARIAT D'ÉTAT AU TRAVAIL.

SECRÉTARIAT D'ÉTAT À LA PRODUCTION INDUSTRIELLE.

ÉTAT FRANÇAIS.

Le 18 novembre 1942

M. Mouguillot Robert

En vue d'assurer la relève des prisonniers vous êtes désigné pour travailler en Allemagne.

Le certificat d'embauchage, qui garantit vos conditions de travail et de rémunération en Allemagne et indique la destination, devra être signé par vos soins dans un délai de 24 heures. Ce certificat est tenu à votre disposition au bureau d'embauche de votre employeur actuel.

Vous devrez vous présenter à la visite médicale, qui aura lieu à Bx, le 23-11-42, à 9 heure,

Rue ~~Cours du Chapeau Rouge~~, n° ~~16~~

A défaut de signature du certificat d'embauchage dans le délai indiqué, votre nom sera porté sur une liste qui sera transmise immédiatement au Gouvernement (Secrétariat d'État au Travail), qui statuera.

Pour le Secrétaire d'État au Travail et le Secrétariat d'État à la Production Industrielle :

L'Inspecteur du Travail,

J. 57023-42. — Imprimerie Nationale.

Bordeaux, le 23 NOV 1942

Monsieur,

Vous êtes tenu de vous présenter au train qui quittera la gare de Bx St Jean – à destination de l'Allemagne, le 30 NOV 1942 à 18 heures.

Vous devrez vous munir au préalable du certificat d'embauche qui est tenu à votre disposition au Bureau d'Embauche de votre employeur.

Si vous ne vous présentez pas au départ du train, ou si vous abandonnez le train en cours de route, des sanctions seront prises contre vous par l'Autorité Militaire Allemande.

Feldkommandantur Bordeaux

N° d'ordre 30 Novembre 1942

Demande N° 23886 S.A.

1 DECE 1942

Contrat

Cette fiche doit être remise à l'ouvrier embauché

Nom MONGUILLOT

Prénoms Robert Jean

Né le 27 Février 1920 à SAUTERNES(Gde)

Nationalité : Française

Adresse exacte en France :

Quartier Nautet à SAUTERNES

Prénoms de la femme :

Nom de jeune fille :

Nombre d'enfants ______ Prénoms et dates de naissance

Deutsche Grenzpolizei Eintrittstelle 12. b. 1943 N. Einreise

Arbeitsamt régional : WIEN

Employeur : GRAF & STIFT

Lieu de travail : WIEN

Durée du contrat : Un an (1 Jahr)

Embauché en qualité de : Charron(wagner)

aux conditions suivantes fixées par l'employeur :

Durée de travail 60 heures par semaine.

Salaire 0,80 RM par heure — semaine — journée.

Prime de rendement : nach tarif

Primes diverses :

Prime de séparation pour mariés : ______ RM par jour

célibataires

Indemnité de logement : 0,80 p/semaine RM par nuit

Frais pour logement chez des particuliers — en baraquements

— dans des foyers de célibataires : RM.
par semaine, avec/sans petit déjeuner.

Nourriture : 1,20 par jour

Frais de nourriture RM par jour

Bezahlt

Congés et licenciement conformes aux prescriptions légales et aux tarifs en vigueur dans le Reich.

Le voyage d'aller et la nourriture pendant ce voyage sont gratuits.

Je déclare avoir pris connaissance des « Instructions » et accepter les conditions de travail indiquées ci-dessus.

Au cas où l'emploi prévu ne serait plus libre à mon arrivée j'aurai droit à une place m'assurant les mêmes conditions de travail et de salaire, qui me sera procurée par l'Arbeitsamt compétent.

Je m'engage, en outre, à faire parvenir aux membres de ma famille désignés ci-dessus une part de mon salaire suffisant à assurer leur entretien.

BORDEAUX, le 23 Novembre 1942

Signature de l'ouvrier embauché.

Travailler dans l´Allemagne nazie

Il va donc travailler finalement pour l'entreprise Lohnerwerke GmbH de Vienne : *« Pour le travail ça va à peu près, je fais de la carrosserie automobile. Dans l'atelier où je suis nous ne sommes que cinq dont un camarade de Bordeaux et notre chef d'équipe causant le français. Dix heures de travail par jour heureusement pas trop pénibles, l'arrêt de midi un peu court une heure ».* Il travaille du lundi au samedi afin de réaliser 55 heures par semaine. Mais en janvier 1943, Robert Monguillot indique à ses parents et sa sœur *« je viens de changer d'atelier auparavant je travaillais dans les carrosseries pour autos de pompiers maintenant c'est dans les autos blindées de l'armée de là je crois que je n'en démarrerai pas. C'est le travail en série, à la chaîne mais pas plus fatigant seulement c'est un peu rengaine toujours pareil pour apprendre à travailler valait mieux l'autre atelier en fait de machine je ne touche que des chignoles donc pas de danger ».* En mars 1943, il travaille à une *« belle machine qui fait les tenons ou mortaises ouvertes d'un bout et à la fois coupe de longueur ».* Il peut aussi être amené à faire d'autres tâches car en août 1943, il indique que *« Dimanche dernier nous avons été presque tous requis pour aller donner un coup de main à une ferme voisine participer aux battages des pois qui ici se font par grandes étendues heureusement que nous n'étions embauchés qu'au transport du grain avec un camion de l'usine à la batteuse il ne faisait pas bon rester aux alentours il s'y dégageait une poussière très suffocante surtout avec la chaleur qu'il y faisait nous avons aussi mis du blé en sac ce travail allait mieux car c'était dans les greniers tout de même il me tardait que la journée se termine remuer des sacs de 70 kilos pour moi était un peu lourd ».* En décembre 1943 il se plaint de faire des heures supplémentaires mais en réalité dans les autres lettres, c´est l´inverse, il se plaint du manque de travail *« le boulot ne force pas », « rendement pas brillant ».* En mars 1944 il ne travaille plus que 48 heures par semaine sur des autocars électriques (trolleybus) qui doivent rouler sur des lignes de tramway. Les faibles cadences s´expliquent surtout par la pénurie de matières premières ou d´énergie, et parce que la mobilisation allemande ne laisse guère que des ouvriers de moins de 18 ans et de plus de 45 ans: plus lents, ils sont aussi peu désireux de voir leur norme de travail soit rehaussée en cas de bon rendement. Robert Monguillot finit par être envoyé dans une autre usine à Zwichau pour quelques semaines en mai-juin 1944, ce qu´il n'apprécie pas du tout. Avec ses camarades ils se laissent pousser la barbe en signe de protestation jusqu´à ce qu´ils puissent revenir à Vienne. Il retourne définitivement à Vienne en juillet 1944 pour travailler dans la carrosserie sur des remorques d´autocar. Il n´a pas travaillé lorsqu´il était malade en septembre 1943 après avoir contracté la rougeole et fin mai 1944 à cause d´un rhume et d´un mal de gorge. Il était satisfait de pouvoir rester à l´infirmerie. Un quart à un tiers des travailleurs français sont malades à un moment ou un autre en Allemagne.

Au début il cherche une solution administrative pour pouvoir rentrer en France, en faisant demander des certificats à la mairie de Sauternes qui stipulent que son père est malade et a besoin de lui pour travailler. Puis dans beaucoup de ses lettres par la suite et ce jusqu´à la fin, Robert Monguillot a l'illusion d'une issue prochaine de la guerre, chimère qui permet d'atténuer l'angoisse de l'exil : *« Quand mon contrat sera terminé, la guerre la sera sans doute aussi et que je ne sois pas obligé de remettre ça »*. En février 1943 il est au courant du décret sur le service du travail obligatoire et il s'interroge : *« J'ai lu sur des journaux français que l'on achète ici, le décret du service obligatoire du travail d'une durée de deux ans ma classe y étant comprise est-ce que ce décret me touche tout de même en tous cas donnez m'en des précisions j'espère tout de même ne pas passer ce temps-là ici »*. Hélas pour lui, il va rester en Allemagne nazie jusqu'à la fin de la guerre. Les contrats valables pour un an ou deux ans sont ultérieurement prolongés d´office et *sine die*, sur ordre de Sauckel, provoquant l´écœurement des recrues, le scandale de l´opinion, et la gêne de Vichy et des collaborationnistes eux-mêmes. Il aura cependant droit à deux permissions en mai-juin 1943 et janvier 1943-février 1944 pour rentrer à Sauternes. Constatant l'importance des non-retours, les Allemands ont suspendu les permissions pour deux mois en septembre-octobre 1943, ce qui inquiète Robert Monguillot. Il indique en octobre 1943: *« s'ils ne reviennent pas les camarades qui auront signé n'iront pas ou du moins celui qui a signé pour celui qui n'est pas revenu maintenant à savoir si ça ne compromettra pas les autres de ce fait les convois ne seront peut-être pas à nouveau supprimés. Celui qui ne reviendrait pas et qui ne serait pas en règle serait salaud bien entendu sur le nombre des copains il y en a qui se moquent des autres, maintenant tout dépend de la firme ».* Le 2 avril 1944, les permissions sont définitivement suspendues.

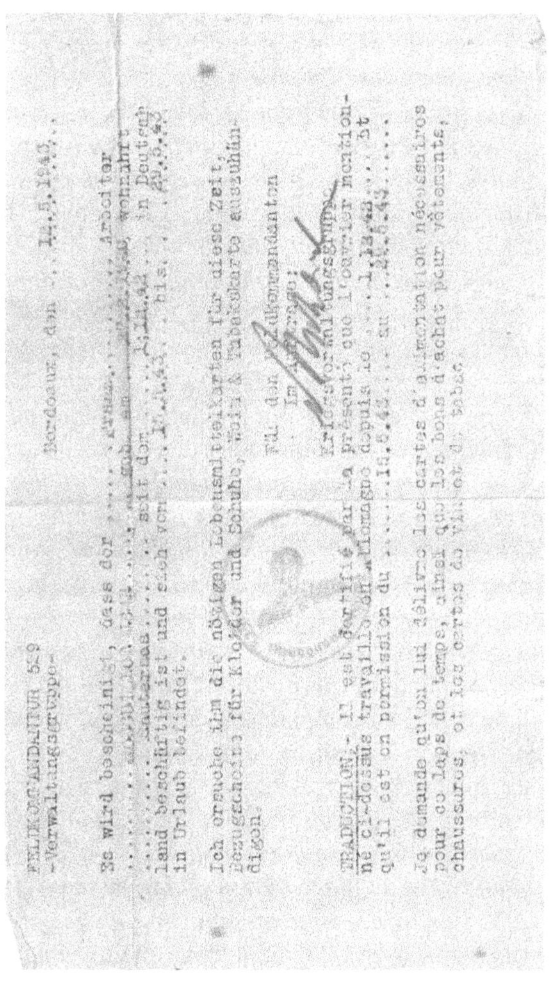

FELDKOMMANDANTUR 529
-Verwaltungsgruppe-

Bordeaux, den 14.5.1943.

Es wird bescheinigt, dass der [illegible] Arbeiter [illegible] geb. am [illegible] wohnhaft [illegible] Sauternes [illegible] seit dem 1.12.42 in Deutschland beschäftigt ist und sich vom 16.5.43 bis 29.5.43 in Urlaub befindet.

Ich ersuche ihm die nötigen Lebensmittelkarten für diese Zeit, Bezugscheine für Kleider und Schuhe, Wein & Tabakkarte auszuhändigen.

Für den Feldkommandanten
Im Auftrage:
Kriegsverwaltungsgruppe

TRADUCTION.- Il est certifié par la présente que l'ouvrier mentionné ci-dessus travaille en Allemagne depuis le 1.12.42 et qu'il est en permission du 16.5.43 au 29.5.43.

Je demande qu'on lui délivre les cartes d'alimentation nécessaires pour ce laps de temps, ainsi que les bons d'achat pour vêtements, chaussures, et les cartes du vin et du tabac.

Contrairement à la main-d'œuvre concentrationnaire, non rémunérée, et aux prisonniers de guerre, payés de manière dérisoire en monnaie de camp, les requis recevaient un salaire. Il est embauché en qualité de charron 0,8 RM de l'heure. En période de pénurie de vivres, ce n'est pas tant le salaire qui décide du niveau de vie, mais le fait de pouvoir compter sur un ravitaillement et en 1943, ce n'est pas un problème majeur pour Robert Monguillot qui vit plutôt bien à Vienne.

Vivre dans l'Allemagne nazie

En décembre 1942, il indique : *« Je touche mes cartes d'alimentation toutes les semaines avec lesquelles je touche cinq kilos de pommes de terre par semaine plus quelques kilos supplémentaires un peu avariées. Je touche aussi beurre, sucre, fromage, viande, pâtes, café, pain. Si cela ne me suffit pas je reviendrai quelques soirs à la cantine »*. En janvier 1943, il rajoute *« Le ravitaillement marche bien mais c'est toujours pommes de terre heureusement qu'à la cantine nous mangeons de la viande assez souvent hier il y avait un beau morceau de poulet à chacun accompagné bien entendu de pâtes et de riz voilà à peu près toujours les mêmes repas, comme boissons choppes de bière ou de cidre »*. En janvier 1943, lorsque Robert Monguillot part visiter des camarades dans une autre usine, il précise *« Je préfère mon boulot que le leur parce qu'il n'est pas si salissant et que malgré tout question de ravitaillement et de paie je suis mieux qu'eux. Ils ne touchent pas de cartes d'alimentation, n'ont que les repas de la cantine qu'on leur apporte dans leur baraque et que des pommes de terre que leur procure quelque ouvrier du pays et sont loin de gagner comme moi »*. Robert Monguillot qui avait la chance de percevoir des tickets d'alimentation en comparaison de la situation en France, ne se sentait pas trop le droit de se plaindre. En février 1943 il indique à ses amis *« Je mange à la cantine midi et soir excepté le samedi soir et le dimanche. Avec le restant des tickets provisions pour le casse-croûte du matin par le fait je ne suis pas trop malheureux et puis qu'est-ce qu'on mange comme patates à la baraque s'il y en avait autant en France il y aurait beaucoup plus d'heureux »*. Il était donc mieux nourri outre-

Rhin qu'en France. En juillet 1943, il dit *« voilà bientôt un mois que nous mangeons des pommes de terre nouvelles nous en touchons maintenant trois kilos par semaine d'ici peu sans doute à volonté avec notre cantine cela fait que nous ne sommes tout de même pas trop malheureux et puis aussi nous pouvons avoir carottes haricots verts pour tout cela ce sont les matières grasses qui manquent ».* L'évocation des questions de nourriture montre qu'il ne s'agit pas d'un problème crucial pour lui. Il indique une fois seulement à sa sœur qu'en janvier 1943 *« Cette semaine la cantine ne fonctionnait plus le soir je t'assure qu'on ne riait plus, réclamation au bureau réponse pas de satisfaction ils ne savaient pas si ça reprendrait mais voilà qu'hier la nouvelle était d'y revenir à partir de lundi autrement je t'assure que ça n'était pas du tout intéressant soupe à la gamelle avec rutabagas et pommes de terre ».*

Pour compléter son alimentation, les colis reçus furent des suppléments d'autant plus appréciés qu'ils lui rappelaient sa région. Car l'absence de pain et de vin est douloureusement ressentie. Sa sœur Germaine qui travaille pour la famille Curât-Dop, envoie des biscuits fabriqués dans leur usine de Pessac. Au total, ce ne sont pas moins de 10 colis bien garnis que Robert Monguillot va recevoir: en janvier 1943, le 2 mars 1943, en juin 1943, en novembre 1943, en décembre 1943, en février 1944 (colis de l'entreprise Curât-Dop) et le 24 juin 1944. Mais il prend la mesure de la situation française et des sacrifices réalisés par ses proches puisqu'il indique en décembre 1943 à ses parents qu'il ne veut plus *« puisque la vie est aussi dure chez nous que vous expédiez des colis, que vous vous priviez pour moi avec cela ».* En échange, il transfère régulièrement de l'argent jusqu'en août 1944. L'habillement constituait une des préoccupations de Robert Monguillot, car il était difficile de remplacer les pièces usées par l'achat de nouvelles notamment des souliers, qui furent un de ses soucis en 1943. En 1944 c'est un veston qu'il lui faut mais il est difficile pour ses parents et sa sœur de le faire fabriquer à Sauternes en raison des restrictions.

Le patronat dispose d'une main d'œuvre logée à faibles coûts à proximité de l'usine. Il évoque très peu sa vie dans ces baraques. Il indique qu'il *« couche dans un baraquement qui est chauffé suffisamment »* et que *« c'est un peu la vie de régiment corvée de bois nettoyage de la baraque ».* Cependant en juillet 1943, *« quand je suis revenu ici nous étions dans une drôle de vermine puces et punaises à volonté la première désinfection n'avait rien fait il nous a fallu vider complétement la baraque et loger à l'usine deux jours cette fois ça a réussi au souffre ça a été radical mais quel travail il nous fallait laisser nos valises ouvertes juste emporter pour se changer le dimanche et la nourriture qu'il nous restait mais comme nous étions prévenus assez tôt j'ai porté la pleine valise de linge chez un camarade tout à côté de cette façon ça ne risquait rien enfin nous voilà réinstallé à nouveau et j'espère qu'il ne nous faudra pas recommencer ».* En octobre 1943, il dit à ses parents *« cet après-midi à 4 heures je viens de rentrer à la baraque et content de me retrouver au milieu des copains ».* Cette vie en commun dans les camps a induit un certain type de sociabilité même si Robert Monguillot reste surtout en contact avec des camarades de sa région d'origine. Il semble qu'il a vécu son exil quasiment en vase clos, n'établissant que quelques relations avec d'autres Français et qu'exceptionnellement des relations avec des Autrichiens. Il chercha dans une proximité régionale, départementale et surtout locale, un gage de sécurité qui compense l'isolement de l'exil. Les requis font l´économie de la découverte de l´autre. Ils se regroupent selon le métier, l´origine sociale et géographique.

Ecrire permettait à Robert Monguillot de se replonger dans l'atmosphère protectrice du cocon familial et de faire revivre un lien distendu avec la France. L'arrivée du courrier ressuscitait le lien ténu à la patrie et était un témoignage d'affection de la famille ou des amis pour l'exilé. La réglementation postale changea plusieurs fois. Si au début, les requis sont limités à quatre lettres par mois à partir du mois de juin 1943, la correspondance devient libre. Cependant, dès le 17 février 1944, une carte de contrôle postal nominative est instaurée, le courrier à nouveau limité à deux lettres par mois, tandis que l'envoi de cartes postales reste libre jusqu'à la suspension totale du courrier en juillet 1944. Les plis sont centralisés et contrôlés à Francfort avant expédition, et les réponses à Lyon. Mais le courrier chemine souvent avec lenteur et irrégularité ce qui exaspère souvent Robert Monguillot. Une seule lettre est censurée en juin 1944 lorsqu´il se plaint de ses conditions de vie à Zwickau. Robert Monguillot entretient une correspondance avec tous les membres de sa famille: parents, sœurs, oncles, tantes, cousins et quelques amis de la famille ou amis personnels. Il y fait allusion dans les lettres adressées à ses parents et à sa sœur Yvonne. Les conditions de conservation des lettres doivent également être prises en considération. Robert Monguillot a-t-il pris le soin de garder ses lettres pour pouvoir, plus tard, les réutiliser ?

Cette correspondance nous montre aussi que Robert Monguillot est très curieux et cherche à échapper au cafard grâce aux sorties qui lui permettent de fuir la réalité de la guerre : le Prater de Vienne, une course de chevaux, des déjeuners sur l'herbe le dimanche avec des amis, le jardin zoologique, des *« parties de football au plus grand stade de Vienne »*, les abords d'un aérodrome, une pièce de théâtre en Français, le cirque, le Musée Technique, l´Arsenal. *« De ce fait je suis obligé de vadrouiller dans le secteur de Vienne ... nous ne pouvons aller plus loin de 60 km sinon c'est à nos risques ou alors faut demander autorisation »*. L'emploi du temps libre est déterminé par son lieu de résidence, c'est essentiellement à Vienne et dans ses environs qu'il a pu aller. Fin juillet 1944 il se promène sur le site de Seegrotte Hinterbrühl mais il ne peut voir le lac souterrain car ce lieu est réquisitionné par la Wehrmacht qui le vida en grande partie de son eau pour en faire un hangar géant pour la fabrication de l´avion de chasse Heinkel HE162. En France, l'inquiétude relative aux bombardements devient une préoccupation primordiale. En septembre 1943, il dit à ses parents : *« Je ne voulais pas vous dire ce qui s'était passé je vois que vous le savez en l'espace de cinq jours il nous a fallu abandonner deux fois le travail heureusement mesure de précaution nous n'avons rien vu ni entendu ça a été tellement vite fait »*.

Libération et retour

Mi-août 1944, les nouvelles postales de Robert Monguillot s´arrêtent, ce qui provoque l´inquiétude de la famille. La Libération rend irréversible la rupture des communications. Robert Monguillot s´inquiète des opérations, même s´il constate que la région bordelaise est à l´écart. Ce qui le préoccupe avant tout, c´est de savoir si ses proches auront assez à manger et pourront passer l´hiver. Il espère que l´année 1944 signera la fin de cette guerre et son retour parmi les siens. En août 1944, il écrit *« Les rues de Vienne, tout cela est très beau oui mais quand est-ce que nous pourrons vadrouiller tranquillement chez nous? »*. Il ajoute *« en ce moment on ne se prive plus, tout ce que nous gagnons y passe. Devinez, nous nous soignons aux gâteaux pâtisserie viennoises d'ailleurs renommée mais pas mal à tort »*. Lettres et colis ne parviennent plus. Seule demeure la possibilité d'un message transmis par la Croix-Rouge via la Suisse le 5 décembre 1944 pour donner des nouvelles à ses parents.

Début mars 1945, grâce à son cousin prisonnier dans un Stalag non loin de lui, il sait que ses parents se portent bien. L´année 1945 est la pire année de la guerre dans le Reich. Les rations baissent. Courant avril l´invasion et la dislocation du réseau de transports, entraînent la paralysie de l´industrie allemande. Le travail cesse et plus personne ne s´occupe réellement des STO. Le 12 mars 1945, l´armée de l´air américaine lance sa plus vaste offensive sur Vienne. Au cours des années précédentes, un grand nombre de localités avaient déjà été frappées mais ce ne furent jamais des attaques simultanées comme en Allemagne, Robert Monguillot n´en avait jamais souffert. Le 5 avril marque le début de la bataille de Vienne. Le 13 avril 1945, la ville est prise par les Soviétiques. Pendant une semaine Robert Monguillot est livré à lui-même. Il fait tout de même la connaissance d'une autrichienne Hildegarde Rieger qui lui écrit une lettre en mai 1947. Grâce au brouillon conservé de la réponse qu'il rédigea, on connaît la fin de son séjour en Autriche.

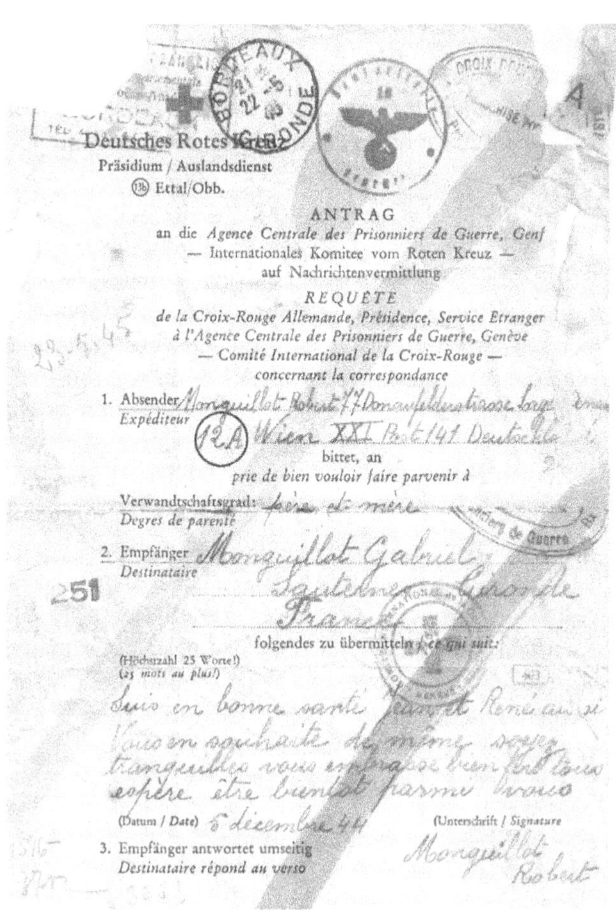

Deutsches Rotes Kreuz
Präsidium / Auslandsdienst
(13b) Ettal/Obb.

ANTRAG
an die *Agence Centrale des Prisonniers de Guerre, Genf*
— Internationales Komitee vom Roten Kreuz —
auf Nachrichtenvermittlung

REQUÊTE
de la Croix-Rouge Allemande, Présidence, Service Etranger
à l'Agence Centrale des Prisonniers de Guerre, Genève
— Comité International de la Croix-Rouge —
concernant la correspondance

1. Absender / *Expéditeur* Monguillot Robert ... Wien XXI ...

bittet, an
prie de bien vouloir faire parvenir à

Verwandtschaftsgrad: / *Degrés de parenté* père et mère

2. Empfänger / *Destinataire* Monguillot Gabriel Sauternes Gironde France

folgendes zu übermitteln / *ce qui suit:*

(Höchstzahl 25 Worte!)
(*25 mots au plus!*)

Suis en bonne santé ... et René aussi vous en souhaite de même soyez tranquilles vous embrasse bien fort tous espère être bientôt parmi vous

(Datum / Date) 5 décembre 44

(Unterschrift / Signature) Monguillot Robert

3. Empfänger antwortet umseitig
Destinataire répond au verso

Il quitte la ville le 21 avril 1945 en direction d´Ödenburg puis Wesprim en Hongrie, où il arrive le 2 mai dans un camp de rapatriement. Il y reste jusqu´au 26 mai. Puis il repasse par l´Autriche: Graz et Leoben. Il transite ensuite par la gare de Charleville-Mézières en France. Il est de retour dans sa famille à Sauternes le 12 juin 1945. Le requis retrouve la France cent-sept jours en moyenne après sa libération par les Soviétiques, contre dix-sept jours s´il est libéré par les Occidentaux. Le rapatriement est donc lent; deux mois pour Robert Monguillot. Dans une étude sur un groupe de 357 requis bordelais, 113 (31,7%) reviennent en moins de quinze jours, mais 106 (29,7%) mettent de seize à trente jours, 79 (24,9%) ont besoin de trente et un à quarante-cinq jours et 69 (13,7%) de plus de quarante-cinq jours. Pour tous, le seul moment qui compte vraiment, ce sont les retrouvailles avec la famille.

De retour Robert Monguillot retrouve une vie normale, reprend ses activités de charron avec son père. Mais le STO ne marque-t-il pas la rupture définitive avec l´enfance, le passage à l´âge adulte ? S'il a appris à se débrouiller seul, loin des siens, cela lui a fait prendre conscience, au plus profond de lui, de l´importance que revêtait sa famille. A son retour il restera vivre avec ses parents Gabriel et Louise Monguillot (qui disparaissent respectivement en 1969 et 1976), ainsi que sa sœur Yvonne. Comme un gros tiers des ex-requis, il va adhérer à la Fédération Nationale des Déportés du Travail. Il va être aussi adhérent de l'amicale des anciens combattants de Bommes Sauternes Léogeats, lors de sa création en 1972. Cependant plus que la défense de son honneur lors de la bataille pour le titre de *« déporté du travail »*, ce sont des revendications matérielles qui le préoccupent. Revendications satisfaites lorsque le gouvernement autrichien lui versera des indemnités.

Vivre à Sauternes sous l´Occupation

En France d'ailleurs, et à Sauternes en particulier, que nous apprend la correspondance passive sur la vie quotidienne dans ce village d´environ 700 habitants. Correspondance dans laquelle on se plaint tout d´abord de l´irrégularité et de la lenteur de l´acheminement du courrier. C´est Yvonne Monguillot, sa sœur, qui lui écrit le plus souvent les lettres. Elles peuvent être complétées parfois par les parents Gabriel ou Louise. Mais il est plus rare que ce soient eux qui écrivent à leur fils. Ces lettres qui parlent des difficultés de la vie quotidienne, donnent des nouvelles du village, du quartier, de la famille mais aussi les derniers ragots et potins. Sa sœur aînée, Germaine Monguillot qui est servante dans la famille Curât-Dop à Pessac lui écrit souvent aussi.

La vie sous l'Occupation allemande se caractérise par la pénurie ; les problèmes de ravitaillement touchent rapidement les quelques magasins (boulangerie fermée en février 1943 par exemple) qui manquent de tout. Et dans certaines lettres il est alors parfois question de vols, pratiques fréquentes durant cette période de privations. La famille Monguillot vivant à la campagne et pratiquant un peu l'agriculture dans ce village surtout viticole, arrive à constituer quelques réserves alimentaires pour compléter les rations officielles et passer les hivers ; notamment en fruits et légumes, en procurant un peu de viande et du miel pour remplacer le sucre. Mais les restrictions ne sont pas pour autant absentes. Ce qui pose problème, c´est le pain, principal aliment. L´année 1944 est difficile, les portions sont réduites et le pain de mauvaise qualité. En juillet 1944, Yvonne indique que *« pour les boulangers c'est une comédie soit disant qu'à partir de maintenant ils sont obligés d'aller chercher leur farine à Langon balle par balle. Devines quel tracas et grand déplacement alors qu'ils pourraient en emporter une quantité. Dans cette farine il doit y avoir une bonne partie de maïs moulu. Voilà notre bon pain. Ces temps derniers chez Marc il était horrible, on y trouvait les épis même lorsqu'il était cuit, il était très dur et rendait malade certaines personnes ».*

L´atelier de Gabriel Monguillot marche au ralenti, il lui manque beaucoup de matériaux pour la fabrication et durant l'été 1944, des coupures d´électricité sont fréquentes. En mars et avril 1944, il est obligé d´aller surveiller les voies de chemin de fer à Preignac car face aux sabotages, le gouvernement de Vichy instaure le 23 janvier 1941 des gardes de communications en zone sud. Mais à partir d´avril 1943, le système est étendu à toute la France et des civils sont requis pour surveiller des voies ferrées. Le général Carl Oberg, chef des SS et de la police en France, se plaint du peu de zèle de ces requis parmi lesquels des résistants parvinrent à s´infiltrer. En effet dans la correspondance on entrevoit plutôt les repas bien arrosés que la surveillance des voies.

La vie est aussi rythmée par les recensements de la population. Dans les lettres, on s'inquiète du départ des jeunes pour contenter les besoins de main-d'œuvre du Reich. En avril-mai 1944, des bruits courent que les Allemands cherchent à forcer des travailleuses au départ. Avec la loi du 1er février 1944, les femmes de 18 à 45 ans sont théoriquement astreintes au STO. Sauckel ne fait pas mystère de son projet de les mettre au service de l´Allemagne en France. L´inquiétude pour elles prévaut donc au printemps 1944.

Les seules distractions du dimanche sont les matchs de football, le cinéma dans la salle des fêtes avec les films de propagande allemande qui ennuient Yvonne Monguillot, quelques rares pièces de théâtre et concerts (Bommes le 7 mars 1943 et Sauternes le 16 avril 1944). Dans la séance du conseil municipal du 8 mars 1941 à Sauternes, il est inscrit que *« durant les derniers mois de la guerre et depuis l'armistice, la circulation des convois automobiles français d'abord, l'occupation constante de Sauternes par les troupes motorisées (60 camions de 4 tonnes) ont accru le mauvais état de nos chemins »*. Il n´y a pas d´occupation militaire allemande à Sauternes par la suite. Une exception, l´arrivée d´environ 500 SS de Russie qui occupent les châteaux du village entre le 18 février et la semaine du 10 avril 1944. Il s'agit de petites unités appartenant au 3e bataillon de Panzergrenadier du régiment *« Deutschland »* de la 2e Panzerdivision *« Das Reich »*. Des éléments de cette formation stationnent dans le Sud-Gironde. En plus des nuisances sonores, ce qui gêne c'est la raréfaction de la viande et l'augmentation de son prix du fait de leur présence: *« Depuis quelques jours la viande a augmenté et en plus à Langon ils font prises d'une grande quantité pour eux, nous n'avons donc que le reste »*. Le 4 mai 1944, quelques supplétifs hindous viennent à Sauternes pour ramasser les pneus d'autos. La Légion Freis Indien *« Azad Hind »* avait été transférée en septembre 1943, en Aquitaine pour défendre le mur de l'Atlantique.

Soldats de la *SS-Totenkopf-Division* devant la boucherie 1940

Soldats de la *SS-Totenkopf-Division* au bord du Ciron

Les bombardements sont une préoccupation majeure des habitants, même si le village de Sauternes n´est pas du tout concerné; ils entendent cependant les résonnances et voient les avions passer au loin, en juin 1944, lorsque la ville de Bordeaux est bombardée. Le seul bombardement qui les concerne le plus est celui de Langon, le 8 août 1944: *« Langon aussi vient d'être sujet d'un bombardement il y a 8 jours aujourd'hui en plein jour. Une bombe est tombée aux quatre routes de la gare, a démoli la maison d'un coiffeur et l'épicerie d'en face. Il y a eu 8 victimes et quelques blessés. Une sœur de Bernède tuée dont on connaît par ici. Robert Pinton voulant fuir de la gare a reçu un éclat qui l'a blessé au ventre, il va bien pour son état et si rien ne survient il doit être transporté chez lui dans une dizaine de jours. La femme de Roux le chiffonnier elle aussi a eu quelques blessures mais nous ne savons quelle partie du corps. Tu peux croire qu'ils ont peur, pour la première fois, ils doivent évacuer 500m tout autour de la gare »*. Lors de ce bombardement par l'aviation alliée, on dénombrera cinq personnes tuées, dix-sept blessées et des dégâts importants.

Yvonne Monguillot, Robert Monguillot et Germaine Monguillot.
Coll. L. Mansencal.

Bibliographie

Tenu en 2001 à Caen, le premier symposium international sur le travail forcé en France marque un précieux jalon. Ce n´est pas un ouvrage de synthèse globale mais un article est intéressant pour notre sujet: LACHAISE Bernard, « Les travailleurs de Gironde exploités par le IIIe Reich », dans B.Garnier, J.Quellien, F.Passera (dir), *La main d'œuvre française exploitée par le IIIe Reich,* Actes du colloque international de Caen 13-15 décembre 2001, Centre de recherche d'histoire quantitative, Caen, 2003, p. 269-284.

ARNAUD Patrice, *Les STO. Histoire des Français requis en Allemagne nazie 1942-1945*, CNRS Ed., 2010.

SPINA Raphael, *Histoire du STO*, Perrin, 2017.

Avertissement

La publication d'une correspondance supposait des choix. Pour ne pas nuire aux propos des différents auteurs, les corrections orthographiques n'ont pas été pratiquées. De même, nous n'avons pas retouché la tournure des phrases, certaines incorrections grammaticales et la ponctuation.

Partir au STO
Correspondance entre Monguillot Robert (travailleur forcé à Vienne), sa famille et ses amis, (1942-1945)

Paris
Chers parents,
Je vous envoie ces quelques mots pour vous dire que j'ai fait un bon voyage jusqu'ici. Nous sommes partis de Bordeaux à 10h avec les camarades que nous avions donné rendez-vous. Nous avons voyagé toute la nuit et n'avons que 3 haltes en cours de route. En gare de Bordeaux il a fallu que nous donnions notre carte individuelle d'alimentation Gaston B… m'attendait à la gare pour déposer les colis dans son bureau. J'ai vu Germaine qui m'attendait à l'arrivée à Bordeaux elle est restée jusqu'à 6h. Maintenant nous venons de changer de train et de donner nos plus gros bagages au fourgon. En cas qu'ils ne soient pas valables je renvoie ces tickets. Je vous donnerai d'autres détails à mon arrivée. Je ne renvoie pas tous les tickets de pain au cas que nous en ayons besoin jusqu'à la frontière. Je termine en vous embrassant bien fort. Ne vous faites pas de mauvais sang dis bien le bonjour à tout le quartier.

Vienne le 14 décembre 1942
Chère sœur Germaine
Je profite d'un instant de ce dimanche après-midi pour te donner de mes nouvelles. Je t'assure que la vie a un peu changé aujourd'hui je n'ai guère eu le temps d'aller visiter la ville j'espère la semaine prochaine l'avoir davantage parce que samedi après-midi nous avons été obligé de travailler pour remplacer les fêtes qui approchent. Alors ce matin ayant fait grasse matinée pour la première fois depuis mon départ ce dimanche a été vite passé laver un peu de linge préparer notre repas du midi, se changer un peu tu vois que le matin a été vite passé. Après que tu m'as eu quitté j'ai retrouvé mes trois camarades avec lesquels j'ai fait le voyage jusqu'au centre d'embauchage. L'embauchage ne s'est passé comme il était convenu nous devions aller tous les quatre à la même usine, nous avons été dispersés dans différentes usines suivant notre corps de métier et suivant les demandes des usines. Mes trois

camarades je crois bien, sont ensemble mais je ne sais où pour cela je te prie de bien vouloir envoyer ma lettre à papa pour qu'il demande l'adresse aux parents de celui de Budos. Il se nomme Pierre D… et habite tout près du cimetière. J'ai déjà écrit à la maison à mon arrivée ici aux baraquements où nous sommes cantonnés. J'ai fait un très long voyage mais sur la fin du trajet pas trop agréable. A Paris nous sommes arrivés à onze heures parce que le départ de Bordeaux ne s'est effectué qu'à dix heures du soir. Nous ne sommes restés dans notre belle capitale que trois heures environ mais hélas nous n'avons pu sortir du hall de la gare ; mais nous y avons été un peu ravitaillés. Notre voyage a a peu près bien marché jusqu'à Munich, à partir de cette gare le voyage m'a paru long ne pouvant plus resté assis sur les banquettes j'ai effectué ce reste de voyage debout. Nous ne sommes arrivés au centre d'embauche que le vendredi à midi. Là la vie n'était pas belle, nous couchions sur des lits sans paillasse juste nos couvertures et j'y ai mangé presque la totalité du reste de mes provisions. Je ne pouvais sortir que le soir au cas d'être appelé pour partir. Cette première escale a duré jusqu'à lundi à midi ou un jeune homme employé de notre usine est venu nous chercher. Aussitôt arrivé nous avons été reçu par notre contremaître qui m'a amené manger à la cantine. L'après-midi il a fallu aller à la police pour établir notre dossier d'étranger. Au camp où je couche nous sommes dix Français dont deux Bordelais faisant parti du même convoi. Je mange tous les jours midi et soir à la cantine maintenant le soir je vais manger au camp où je ferais ma cuisine avec tous mes collègues. Je touche mes cartes d'alimentation toutes les semaines avec lesquelles je touche cinq kilos de pommes de terre par semaine plus quelques kilos supplémentaires un peu avariées. Je touche aussi beurre, sucre, fromage, viande, pâtes, café, pain. Si cela ne me suffit pas je reviendrai quelques soirs à la cantine. Pour le travail ça va à peu près, je fais de la carrosserie automobile. Dans l'atelier où je suis nous ne sommes que cinq dont un camarade de Bordeaux et notre chef d'équipe causant le français. Dix heures de travail par jour heureusement pas trop pénibles, l'arrêt de midi un peu court une heure. Aujourd'hui de falloir laver le linge ça m'a donné un peu le cafard, je repensais aux dimanches de

Sauternes qui malgré tout étaient plus agréables qu'ici. Pour le moment je ne vois pas grand-chose à te raconter. Le climat ne diffère pas trop pour le moment avec le nôtre. Dis le bonjour à tes patrons et tes camarades de cuisine ainsi qu'à Elise et Constant. Dis aussi merci à ta patronne pour les biscuits qu'elle m'a donnés. Je l'ai ai conservé jusqu'ici.

Chers papa, maman et petite sœur
J'espère que ma lettre vous fera plaisir de voir que je ne suis pas trop mal mais hélas un peu loin de vous et de vos soins. Tachez de m'envoyer un blaireau pour me raser, un peu de savon pour le linge. Bien le bonjour à tout le quartier sans oublier Bernille, Brouquet, Sauternes et Léogeats. Souhaitez pour moi chers parents et recevez, vous aussi mes meilleurs vœux de bonne année, bonne chance et à bientôt. Souhaitez les aussi à tante, Pierre, Aimé et Mêmêne et marraine et la famille. A Pierrot et tous mes parents sans oublier chère Germaine. En attendant de l'écrire bonjour à Pierre et Marc D… et merci du pain.
Envoie aussi un béret, de l'encre et des plumes et si tu peux des feutres.

Vienne le 20 décembre 1942
Chers parents
Je m'empresse de vous écrire cette lettre qu'un camarade réformé revenant en France doit vous faire parvenir. J'espère que vous avez reçu de mes nouvelles de ma lettre datée du 8. J'ai fait un bon voyage, mais un peu fatiguant. J'ai aussi écrit à Mémêne qui doit vous envoyer la lettre dans laquelle je réclamais l'adresse de mon camarade de Budos qui n'est plus avec moi. Nous avons fait le voyage ensemble mais avons été séparés au bureau de placement. Je vous prie chers parents d'aller voir ses parents qui habitent tout près du cimetière et voici son nom Pierre D…. Au cas ou vous n'auriez pas de mes nouvelles je vais vous récrire les principaux passages de ma lettre. Je travaille dans une usine de carrosserie et de constructions automobiles. Je me retrouve avec un homme de la Brède de 23 ans. Dans mon atelier nous ne sommes que cinq dont trois français et notre chef d'équipe cause notre langue. Le boulot n'est pas trop fatiguant 55 heures par semaine. Je couche

dans un baraquement qui est chauffé suffisamment. Le midi je mange à la cantine et le soir si je n'y reviens pas je fais la popote moi-même comme tous mes camarades d'ailleurs. Je touche mes cartes d'alimentation toutes les semaines avec lesquelles j'ai droit à 5 kilos de pommes de terre et pour le reste a peu près comme chez nous avec supplément de travailleurs de force. Pour le moment il n'y a pas trop à se plaindre et dans notre usine nous sommes favorisés à côté de ce que viennent de me raconter d'autres camarades travaillant dans d'autres usines. Dans la lettre que Mémêne doit faire parvenir je réclame un béret, un blaireau pour me raser, des feutres et du savon si cela est possible envoyez moi aussi des plumes. Dites bien le bonjour à Monsieur Barré et demandez-lui des dépuratifs et médicaments pour les maux de gorge. J'ai été à la visite d'un docteur pour me faire soigner des boutons qui étaient sortis sur ma poitrine et ventre de suite cela m'inquiétait je crois que ce n'est rien car mes camarades en ont eu aussi et m'ont dit que ça provenait du changement de nourriture. Le docteur m'a ordonné une pommade. Je ne sais pas encore son résultat je ne m'en suis frictionné que deux fois. Ne vous alarmez pas ça ne suppure pas et ne doit pas être dangereuse et ne doit pas être une maladie, j'ai toujours bon appétit. Cher papa envoie un certificat de docteur faisant ressortir que depuis mon départ ou avant tu viens d'avoir une maladie ou accident et que tu ne pourras presque plus travailler. Avec ce certificat j'aurai droit à toucher une prime assez conséquente. A toi de juger de l'établir le mieux possible et fais le moi parvenir le plus tôt possible. Si tu m'envoie un colis fais une petite caissette, les colis sont visités et il manque souvent quelque chose surtout dans les emballages papiers. Ici pas de nouvelles de ce qui se passe. Je ne voie pas grand-chose à vous dire pour le moment. Donnez de mes nouvelles à tous nos parents et au quartier et recevez chers parents mes meilleurs souhaits de bonne et heureuse année, que cette vie finisse le plus tôt possible pour revenir auprès de vous. Ne te lamente pas trop chère maman. Bon baisers petite Yvonne, papa et maman. A bientôt. Robert

Notre usine se trouve de l'autre rive du Danube beau petit fleuve surmonté de beaux ponts. La température pour le moment est bonne. Envoyez moi aussi un dictionnaire Français

Allemand. Dites à Mémêne qu'elle le procure si vous le trouvez pas car moi je n'ai pas bien le temps de sortir le samedi après-midi. Bien le bonjour à Hubert et Pierrot.

Vienne le 27 décembre 1942
Chers parents
Encore un petit mot pour vous donner de mes nouvelles et vous écrire un peu comment se passe notre temps. J'espère que vous avez reçu la lettre que je vous ai écrite dimanche dernier et qu'un camarade devait expédier pour qu'elle vous parvienne beaucoup plus vite. Au cas que vous ne l'auriez pas reçue c'est pourquoi aujourd'hui je me suis décidé à vous écrire. Je suis en congé depuis jeudi à midi et jusqu'à lundi. J'en ai profité pour visiter un peu la ville avec mes deux camarades Bordelais. Hier, nous avons été visiter le Prater c'est un genre de foire comme celle de Bordeaux avec toutes sortes d'amusements, manèges, tirs à la carabine, ménageries et toutes sortes de représentations. Au centre se trouve la grande roue semblable à celle de Paris et n'ayant pas eu le temps nous n'y sommes pas montés mais j'espère la prochaine fois que nous y reviendrons la visiter, nous sommes montés dans un espèce de traineau découvert d'une vingtaine de places glissant sur des rails sur un assez grand circuit genre labyrinthe à la fois très impressionnant descentes brusques précédées aussitôt d'ascensions vertigineuses et de virages, passages à l'air et sous tunnels. A ce qui parait ça produit les mêmes effets qu'un avion mais pas tout à fait si brutes. Nous avons passé ma foi un après-midi un peu agréable que les précédents et le temps passe un peu plus vite, il me semble qu'il y a bientôt un mois que je suis parti, mais hélas il n'y en a pas encore douze. Je me suis renseigné pour savoir où se trouve Jean L… et Edouard de Boni personne ne sait où se trouvent ces deux camps ils doivent se trouver assez loin de Vienne, d'après ce qu'on m'a dit je ne sais, même au cas ou je trouverai les camps, si je pourrai les voir. En tout cas dites à Titine qu'elle écrive à Jeannot pour lui donner mon adresse pour qu'il puisse m'écrire pour me donner une autre adresse cette fois civile ou la situation de son camp par rapport à la ville. Faites de même pour Edouard. Les boutons qui étaient sortis sur mon corps ont bientôt tous disparus ce n'est rien ça doit être

comme les autres camarades disaient changement de nourriture et de pays et je ne suis presque plus enrhumé. Dans la lettre de dimanche je réclamais aussi un certificat de papa avec lequel je pourrai sans doute toucher une prime. Ce certificat doit mentionner que un de vous chers parents êtes à ma charge suite d'accident ou de maladie à vous de l'établir à votre gré. Notre groupe vient de se grossir de onze Français dont deux travaillent avec moi. Presque tous sont originaires de l'Est. Je ne vois plus chers parents grand-chose à vous dire pour le moment. Je vous réclame comme sur les autres lettres un blaireau, des plumes, un dictionnaire français allemand et de quoi laver mon linge lessive et savon si c'est possible et aussi des feutres et un béret mais surtout un colis bien fait. Bonjour à Barrière et à tous ceux que j'aurai pu oublier, débrouillez-vous pour le pain. J'ai écrit à Pierre S…, j'écrirai aux parisiens d'ici quelques jours. En attendant de vos nouvelles recevez chers parents mes meilleurs baisers un peu tard à la réception de cette lettre les meilleurs vœux pour l'année 43.

Vienne le 10 janvier 1943
Chers parents,
Je vous écris ces quelques mots pour vous donner de mes nouvelles, je suis en bonne santé et commence à m'accoutumer un peu à ce nouveau genre de vie. Je n'ai pas encore reçu de vos nouvelles, j'espère que ça ne tardera pas parce que tous mes camarades arrivés en même temps que moi en ont reçu à part que vous n'ayez encore reçu de mes lettres. J'ai écrit cette semaine aux Parisiens, Sore et écrirai d'ici quelques jours à Léon et Cécile. Donne de mes nouvelles à Pierre et Marc du moulin, Marc doit être remis de son opération, donne-en aussi à tous nos parents et dites-leur qu'à eux aussi j'écrirai mais d'ici quelques jours, vous savez que le dimanche on en peut pas tout faire et on n'est pas toujours tranquille. Le travail est toujours le même mais je trouve les jours un peu long surtout l'après-midi. Tout de même on aurait tort de se plaindre, les dirigeants ont l'air de s'occuper de nous. Pour toi cher papa n'entreprends pas trop de travail de façon à ne pas être trop embêté par le travail de l'atelier occupe-toi surtout de la terre sans doute ça sera encore le primordial encore pour cette nouvelle année. Plante

les arbres que j'avais greffés et taille les pêchers pour tâcher moyen d'avoir du beau fruit cette année. Ici le temps est un peu bizarre change de caractère tous les jours neige, soleil, un froid toujours sec tout de même supportable c'est vrai que je n'ai pas le temps de m'en apercevoir la semaine le déplacement pour se rendre à l'usine ainsi qu'à la cantine ne dépassant pas deux cents mètres et les ateliers chauffés. Le ravitaillement marche bien mais c'est toujours pommes de terre heureusement qu'à la cantine nous mangeons de la viande assez souvent hier il y avait un beau morceau de poulet à chacun accompagné bien entendu de pâtes et de riz voilà à peu près toujours les mêmes repas, comme boissons choppes de bière ou de cidre qui est loin d'égaler le nôtre, le vin est regretté ainsi que les apéritifs de chez nous. En fait de ravitaillement tâchez de m'envoyer un peu de beurre, de la viande si vous pouvez en avoir cela changera un peu les menus ce qui me manque en particulier c'est le pain parlez-en à Pierre et à Marc qu'ils le fassent le mieux possible pour qu'il ne soit pas gâté à l'arrivée, n'en expédiez pas trop à la fois en cas qu'il ne se conserve pas. Chère Maman envoie-moi quelques morceaux de toile bleue en cas d'avoir besoin de raccommoder mes pantalons. Pour le beurre Mémêne pourrait peut-être en avoir un peu avec sa patronne. Chers parents je ne vois plus grand-chose à vous raconter. J'attends le certificat que je vous ai demandé mais fait par le maire. Allez réclamer à la mairie vous aviez droit pendant les six premières semaines de mon départ à toucher une allocation c'est mentionné sur une feuille qu'on m'a donné à Bordeaux. J'espère qu'il n'y a pas d'autres ouvriers qui soient partis au cas ou vous en connaitriez et qui viennent ici donnez-leur mon adresse. Je vous quitte chers parents en vous embrassant bien fort et bonne santé. Bonjour chez Pierrot, aux facteurs, Mme Pierre et Mme Chapé à Marraine et tante. En attendant de vos nouvelles recevez chers parents les meilleurs baisers de votre fils Robert. D'ici 15 jours je vous enverrai un mandat. Envoyez-moi une ceinture de flanelle de Papa. Robert

Vienne le 24 janvier 1943
Chers parents et petite sœur Yvonne
C'est avec grand plaisir que j'ai reçu votre lettre datée du 31 décembre parce que moi aussi je commençais à trouver le temps long du moment que tous mes camarades du même convoi que moi avaient eu des nouvelles il y avait déjà une huitaine, votre lettre pour me parvenir à mis 19 jours. Je n'ai pas encore reçu de lettre de Germaine cela m'étonne un peu du moment que vous me dites que c'est elle qui a reçu une de mes lettre la première et que j'ai déjà reçu d'elle deux colis postaux il y a déjà une dizaine de jours. Hier après-midi aussitôt après dîner je me suis changé pour voir si je pouvais retrouver D… et les deux autres camarades. J'avais demandé des renseignements à un ouvrier qui travaille avec moi pour voir dans quelle direction se trouvait cette usine. Je les ai retrouvé facilement ils se trouvent à environ cinq kilomètres de moi mais par le tramway il n'y a que dix minutes de voyage. Quand je suis arrivé à leur baraquement ils n'avaient pas encore débauché ils travaillent jusqu'à deux heures et demi de l'après-midi dans une fabrique d'outillage et de matériel pour puits de pétrole. Je préfère mon boulot que le leur parce qu'il n'est pas si salissant et que malgré tout question de ravitaillement et de paie je suis mieux qu'eux. Ils ne touchent pas de cartes d'alimentation, n'ont que les repas de la cantine qu'on leur apporte dans leur baraque et que des pommes de terre que leur procure quelque ouvrier du pays et sont loin de gagner comme moi. Ils ne sont que neuf Français, tous les autres sont des Belges bon camarades quand même. Quand je leur ai raconté ma situation ils n'avaient pas l'air content de leur sort mais surtout ne raconte pas ça chez D… pour ne pas faire de mauvais sang à ses parents. Je lui ai fait lire votre lettre au sujet des colis que vous deviez nous expédier pour manger ensemble il n'avait pas l'air très satisfait il m'a répondu qu'il valait mieux que chacun reçoive les siens, qu'il ne voyait pas pourquoi vous emploieriez ce mode d'expédition. Aussitôt après qu'il a eu mangé il s'est changé et est parti en ville me laissant seul avec deux autres camarades il n'a pas même eu le temps de venir boire une bière. J'ai promis aux deux autres d'y revenir dimanche sans cela je ne sais pas encore si j'y serais revenu, nous devons aller en ville ensemble suivant

son esprit de camaraderie de dimanche prochain je verrai ce que je pourrai faire après je ne sais pas ce qu'il a pu avoir en tout cas n'en faites pas mine à ses parents. Pour les colis vous n'aurez qu'à m'envoyer du pain, du beurre pour améliorer mon menu. Au sujet de la viande voyez ce que vous pourrez dégauchir, renseignez-vous tout de même pour voir ce qui est autorisé à mettre dans chaque colis et la quantité. Cette semaine la cantine ne fonctionnait plus le soir je t'assure qu'on ne riait plus, réclamation au bureau réponse pas de satisfaction ils ne savaient pas si ça reprendrait mais voilà qu'hier la nouvelle était d'y revenir à partir de lundi autrement je t'assure que ça n'était pas du tout intéressant soupe à la gamelle avec rutabagas et pommes de terre. Aujourd'hui j'ai fait un bon repas que j'ai préparé moi-même bifteck cuit au beurre, macaroni passé au jus comme dessert biscuit que Germaine m'avait expédié avec le lait qu'on touche j'ai fait des bouillies au chocolat je t'assure que je me suis régalé puis le café, quand je reviendrais je crois que je saurais faire la popote. Pour le travail je viens de changer d'atelier auparavant je travaillais dans les carrosseries pour autos de pompiers maintenant c'est dans les autos blindées de l'armée de là je crois que je n'en démarrerai pas. C'est le travail en série, à la chaîne mais pas plus fatigant seulement c'est un peu rengaine toujours pareil pour apprendre à travailler valait mieux l'autre atelier en fait de machine je ne touche que des chignoles donc pas de danger. J'ai été un peu surpris des nouvelles de Marc moi qui le croyais complétement guéri. Lui qui aimait tant à circuler il doit se faire du mauvais sang et doit drôlement s'embêter, pour le consoler un peu je vais lui écrire aujourd'hui.

Donnez de mes nouvelles à Preignac je leur écrirai d'ici quelques jours ainsi qu'à Léogeats qui doit commencer à s'impatienter. Rien de plus à vous dire pour le moment, bonjour à marraine et à tante ainsi qu'au boulanger de la Copé. Je vous quitte chers parents en vous embrassant bien fort et vous revoir d'ici peu car le temps ici passe assez vite. Votre fils Robert.

Demain je vais vous envoyer de l'argent ce n'est pas la peine que je le garde en cas de le perdre du moment qu'on ne peut rien emporter de conséquent à notre retour. Dès que vous l'aurez reçu dites-moi combien.

Vienne le 31 janvier 1943
Chers parents et petite sœur,
Je vous écris ces quelques mots pour vous donner de mes nouvelles qui pour le moment sont toujours excellentes et j'espère que ma lettre vous en trouvera de même. Aujourd'hui je suis revenu comme il était convenu chercher D… et les deux autres camarades pour aller se promener ensemble et nous avons passé un bon après-midi de balade, aujourd'hui il était meilleur camarade que dimanche dernier mais pour les colis faites comme je vous disais la semaine dernière ne faites pas les colis ensemble comme ça, ça ira mieux surtout ce que je vous demande c'est du pain c'est ce qui manque le plus vous n'avez qu'à faire du pain en boule ça sera moins encombrant. Pour se raser si vous n'avez encore rien expédié n'envoyez rien Germaine a dû vous l'écrire m'a tout procuré et j'ai reçu de ses nouvelles cette semaine elle me raconte qu'elle a eu une lettre de Robert de Preignac qui m'envoie bien le bonjour ainsi que M. et Mme Laperge et Thérèse. Elle me dit qu'elle m'enverra d'autres colis postaux que c'est plus sûr que par la gare dites-lui que ce n'est pas la peine, par la gare c'est sans doute moins coûteux et ça arrive bien aussi. Quand vous me réécrirez donnez-moi des nouvelles d'Hubert et dites-moi comment s'est passé son escapade. Je suis heureux de savoir des nouvelles du camarade de Louis que vous me donnez sur la lettre du 11 janvier. Dites-moi si les séances au bain de soleil l'ont soulagé et s'il ne va pas tarder à en revenir. Cher papa raconte-moi comment tu t'en sors pour le travail depuis que je vous ai quitté et si tu n'es pas trop embêté, surtout ne laisse pas avarier les frênes qui viennent de Laulan. J'ai appris qu'il fallait déclarer les vélos surtout prend garde aux enveloppes et ne le prête pas trop au cousin René du bourg. Tu me diras aussi si tu as touché l'indemnité de la mairie pendant les six premières semaines de mon départ et je crois que vous devez toucher 90 francs par semaine d'après ce que m'ont dit des camarades. Sur vos lettres vous ne me dites pas plus si vous avez reçu les tickets du mois de décembre que je vous avais renvoyé depuis Paris. J'attends toujours avec impatience le certificat que je vous ai demandé. Lundi dernier je vous ai envoyé 100 marks ce qui représente 2000 francs dès que vous l'aurez reçu dites le moi et combien.

J'ai fait des démarches pour mon appareil dentaire auprès du bureau j'ai enfin obtenu satisfaction et demain faut que j'aille au dentiste voir s'il peut me le placer ou plutôt s'il a ce qu'il faut pour, j'espère avoir ce succès. Le fils du garde a été malade, je ne crois pas qu'il soit allé voir Jean L… j'ai su ça par D…. Dimanche prochain je vais tâcher d'aller le voir pour lui demander des renseignements, je n'ai pas grand espoir de voir ni Jean ni Edouard, ça nous est défendu et je ne peux pas savoir leur domicile. Hier j'ai écrit à Marraine et à Pierrot. Je vous quitte chers parents. Bons baisers de votre fils Robert.
Jusqu'à présent j'ai reçu 2 de vos lettres une datée du 31 décembre l'autre du 11 janvier.

Vienne le 03 février 1943
Chers parents et petite sœur
Je réponds aussitôt à votre lettre du 19 janvier qui m'a un peu consolé de savoir de vos bonnes nouvelles et qui me raconte ce qui passe dans notre petit quartier. Dimanche dernier je vous ai envoyé une lettre ainsi qu'à Pierrot et à marraine. J'ai déposé 100 marks au bureau ce qui représente deux mille francs pour vous expédier. Cet argent est resté au bureau jusqu'au 1er février. J'espère qu'il ne tardera à vous parvenir sitôt que vous l'aurez reçu avisez-moi et dites-moi combien vous avez touché. J'ai bien reçu le certificat mais c'est comme si je n'avais rien, du docteur ce n'est pas valable il faut que ce soit de la mairie qu'il spécifie que tu ne peux plus travailler et que par conséquent je suis soutien de famille. Pour mon appareil dentaire je ne sais si je vais avoir satisfaction avec les papiers que m'avait donné le docteur il fallait que j'aille chez un dentiste qui m'a répondu catégoriquement que pour le moment c'était impossible je vais tâcher de me débrouiller d'une autre façon. Comme je vous le disais sur l'autre lettre pour me raser j'ai tout ce qu'il faut ici j'ai trouvé un blaireau Germaine m'a envoyé le rasoir. La montre ne marche pas ici pas moyen d'en acheter mais surtout ce que je vous recommande ne m'en envoyez aucune en cas d'accident de voyage sans doute ça n'arriverait pas à bon port. Je suis heureux d'apprendre que Georges ainsi que le matelot vont bien et donnez-leur de mes nouvelles. Quant à Pierre T… espérons que sa maladie ne soit pas trop grave et qu'il se

remette vite. Mme Chappée a dû être heureuse d'avoir la visite de sa fille qui a dû être étonnée de mon départ. Avant-hier j'ai eu des nouvelles de Pierre S…, chez lui tout le monde va bien mais Jeanne n'a pas encore repris le travail. Il me raconte qu'à Bordeaux il fait un temps très doux ici c'est à peu près pareil maintenant il a dégelé et toute la neige a fondu. Pierre me dit aussi que Marcelle a commencé à faire la classe qui sait si elle sait se faire écouter, à mon retour je tâcherai d'aller les voir espérons que ça soit bientôt. Quand mon contrat sera terminé la guerre la sera sans doute aussi et que je ne sois pas obligé de remettre ça comme celui de la Herrade. Quand vous réécrirez chez les Couillabin envoyez leur le bonjour ainsi que chez Paquet et chez Coté. Pour mon vélo ne le prêtez pas au cousin René du bourg. Je suis toujours en bonne santé je vous quitte chers parents recevez mes meilleurs baisers à bientôt de vos nouvelles, n'oubliez pas surtout de mentionner que je suis soutien de famille. Dès l'expédition du colis avisez-moi. Votre fils qui pense souvent à vous. Robert. Bonjour à tout le quartier pour moi. Pour l'expédition des lettres continuez à faire comme d'habitude.

Vienne le 07 février 1943
Chers amis Léon et Cécile,
Vous allez sans doute vous demander qui peut bien vous écrire en voyant en haut de cette lettre le nom de la ville depuis laquelle hélas très éloignée de notre cher pays je vais vous donner de mes nouvelles et vous raconter comment s'est passée ce long voyage et vous dire la situation dans laquelle je me trouve. Vous ne serez tout de même peut-être pas très surpris, vos parents sauternais vous l'auront sans doute communiqué. Vous pouvez me croire je ne m'attendais pas à subir le sort de cette réquisition que tant de camarades en sont les dupes. J'ai reçu la convocation le 20 Novembre pour aller passer la visite à Bordeaux le 23. J'en ai été un peu estomaqué surtout de savoir que j'étais le premier de la commune et des environs à me trouver dans ce cas, mes parents étaient démoralisés surtout ma mère qui ne se lassait de se tourmenter j'espère qu'elle a dû se consoler depuis qu'ils ont de mes nouvelles. La visite a été vite passée et le départ fixé pour le 30. Au départ de Bordeaux nous

étions environ trois cent mais en cours de route et surtout à Paris le convoi a été un peu grossi. J'ai fait une halte d'environ trois heures dans notre belle capitale gare de l'Est mais je n'ai pu du tout la visiter car il nous était interdit de sortir du hall. C'est vers une heure de l'après-midi que j'en suis reparti en direction de Meaux, Epernay, Bar-le-Duc, Nancy, Metz puis un petit arrêt à la frontière. Nos valises n'ont même pas été fouillées on aurait pu emporter ce qu'on aurait voulu. Puis direction Stuttgart, en gare de Landau une autre halte pour y être ravitaillés et échange d'argent et nouveau départ sur Munich et Vienne. A mon arrivée en gare de Vienne nous n'étions plus qu'une centaine en cours de route notre convoi s'étant divisé suivant les lieux de destination. Il me tardait d'être rendu quatre jours et demi de voyage ça été un peu long pour mon premier voyage de grande sortie je ne pouvais plus rester dans le wagon ni debout ni couché ni assis, très fatigué sans presque avoir pu dormir depuis le départ. De la gare nous avons été amenés dans des baraquements ou j'ai pu me reposer un peu malgré qu'en guise de sommier ce ne soit que des planches. Là la vie n'était pas belle, mauvaise réception nourriture pas trop fameuse et genre vie militaire pour moi qui ne connaissais rien de tout ça heureusement que je ne suis resté là que trois jours. Ces baraquements étaient les centres de placement qui ne s'est passé comme on l'espérait. A notre départ de France nous avions nos contrats avec le nom de la firme dans laquelle nous devions être embauchés mais cela n'a servi à rien on était casé suivant la demande des usines et aussi suivant la profession, du coup j'ai été séparé du seul camarade que je connaissais habitant près de chez moi et qui devait travailler à la même usine que moi. Pendant le jour on ne pouvait sortir de là au cas d'être appelé ce n'est que le soir qu'on allait en petit groupe dans un bistrot boire quelques choppes pour chasser le cafard. Pourtant mon tour de sortir de là est arrivé nous en sommes sortis à deux le deuxième un Bordelais bon camarade pour être amenés dans une fabrique de carrosserie automobile. Pour se rendre à cette usine il nous a fallu traverser le Danube fleuve pas très large mais surmonté de beaux ponts. Là il y avait déjà huit français qui y travaillaient tous volontaires donc je suis des premiers requis. Depuis hélas notre groupe a augmenté nous sommes à l'heure actuelle exactement trente d'après certains racontars il y en arriverait encore une cinquantaine à cette cadence la population doit diminuer chez nous. Le travail n'est pas trop pénible cinquante-cinq heures par semaine le samedi après-midi de libre. Heureusement que j'ai débuté à travailler avec un interprète sans cela pour se comprendre ça aurait été dur. Je touche mes cartes d'alimentation toutes les semaines guère plus avantageuses qu'en France. Je mange à la cantine midi et soir excepté le samedi soir et le dimanche. Avec le restant des tickets provisions pour le casse-croûte du matin par le fait je ne suis pas trop malheureux et puis qu'est-ce qu'on mange comme patates à la baraque s'il y en avait autant en France il y aurait beaucoup plus d'heureux. Ici c'est un peu la vie de régiment corvée de bois nettoyage de la baraque ce qui m'agace le plus c'est de falloir laver le linge alors là je repense au petit quartier si paisible de Nautet. Le dimanche je visite la ville qui dans le centre est très agréable à visiter en ce moment il y a une foire avec toutes sortes d'amusements et expositions au centre se trouve une grande roue semblable à celle de Paris quand le temps le permettra j'y monterai de là-haut il doit y avoir un beau point de vue. Il y a même de temps en temps un cinéma en Français et il existe un centre appelé Amicale où se réunissent en général tous ceux qui veulent se revoir. Le Danube est en un endroit est divisé en deux bras dont un était gelé et je vous assure qu'ici le patinage y était pratiqué je crois qu'avec le ski ce doit être un sport favori presque toute la ville est entourée de montagnes quand les jours seront plus longs j'irai en visiter certaines. Chers amis je ne vois plus grand-chose à vous dire excusez-moi si j'ai été un peu fainéant pour vous écrire vous savez ici on n'est pas toujours tranquille et puis on pense à bien des choses. Je n'ai pas trop souffert du froid jusqu'à présent il n'a presque pas neigé et maintenant la température est très douce on se croirait au printemps. Le temps passe tout de même assez vite ici voilà déjà deux mois de passés. Dites bien le bonjour à Yolande ainsi qu'à son mari qui doit lui aussi s'impatienter et aussi à Gaby et Inès à mon retour je profiterai d'un moment pour venir vous voir, espérons que ça finisse avant la fin de mon contrat. Je vous quitte chers amis bonne santé, bonne chance en attendant de vous revoir bientôt. Recevez les meilleurs baisers de votre ami et de votre voisin de vacances. Monguillot Robert

Vienne le 10 février 1943
Chers parents, chère Yvonne
Je crois que vous ne devez pas vous plaindre de ne pas recevoir de mes nouvelles puisque depuis le 24 janvier voilà la quatrième lettre que je vous envoie du coup c'est Germaine que j'ai un peu négligée aussi sur une de ses lettres que j'ai reçue aujourd'hui m'en fait-elle un peu le reproche pour la contenter je lui écrirai dimanche. Je veux tellement écrire que je ne sais par où commencer. J'ai donné de mes nouvelles à Léon et Cécile, voilà les dates des lettres que je vous ai expédiées depuis quelques jours 24 et 31 janvier, 3 et 11 février. Quant à moi j'ai reçu une lettre de Pierre S… et aujourd'hui j'ai été étonné du peu de temps de celle de Germaine datée du 2. D'habitude c'est environ dix-huit jours qu'elles mettent pour me parvenir. Germaine me dit qu'elle est très enrhumée mais elle espère tout de même être guérie le vingt février pour aller au mariage de son jeune patron. Quand elle a reçu ma dernière lettre de suite sa patronne a demandé de mes nouvelles et le lendemain elle lui a donné d'autres biscuits et a préparé deux petits pots de beurre pour m'expédier mais en terminant la lettre Germaine me dit qu'elle ne sait pas trop comment faire si elle me l'expédie directement ou si elle vous l'envoie pour mettre tout ensemble. Je vois que sa patronne quoique des gens biens a tout de même bon cœur je ne sais trop comment je pourrai la remercier. Ma chère petite sœur m'apprend aussi le départ du cousin René de Lamothe qui lui aussi n'a pas de chance, c'est tante de Léogeats qui lui a appris. Chers parents la dernière lettre que j'ai reçue de vous est datée du 19 janvier dans laquelle il y avait le dit certificat qui malheureusement n'est pas valable, j'étais mal renseigné c'est un certificat de la mairie qu'il faut vous pouvez dire que je vous ennuie mais hélas on n'a rien sans peine tâchez de le faire faire au maire qui doit principalement mentionner que puisque tu ne travailles plus je suis soutien de famille de ce fait, envoyez le moi tout de suite ainsi que le colis je vais vous expliquer le pourquoi. C'est cause

à mon appareil dentaire ayant passé la visite au docteur de l'usine qui a reconnu que je ne pouvais rester comme ça m'avait donné des papiers pour aller chez un dentiste qui m'a répondu que pour le moment c'était impossible. D'après cette réponse nouveaux papiers pour aller à l'assurance, la même réponse mais tout de même un peu de soulagement demander une permission pour tâcher d'avoir l'appareil chez nous. Avant de demander cela je vais essayer autre chose c'est pour ça que j'espère recevoir le colis le plus tôt possible je crois en avoir le temps car toutes ces formalités ne se font pas en un jour, surtout faites me le savoir et avez-vous reçu l'argent que je vous ai envoyé ? Avez-vous eu satisfaction auprès de la mairie pour l'indemnité des six premières semaines de mon départ ? De ma part si le bureau me donne demain le certificat d'emploi à l'usine je vous l'envoie aussitôt c'est pour que vous puissiez toucher la prime de mon demi-salaire vous avez dû apprendre ça par les journaux c'est un salaire qui doit être payé par le patron ce n'est pas pour nous mais le patron doit être en majeure partie remboursé par le gouvernement. Dimanche dernier je n'ai pas eu le temps d'aller voir le fils du garde qui devait voir vous me disiez le pauvre Jeannot, ça ne m'aurait pas avancé j'ai appris par D… qu'il a été malade quant à moi je ne peux lui écrire m'a-t-on répondu à l'usine sans autorisation de son camp et pour aller le voir il m'est impossible n'ayant pas encore de papier pour circuler quant à lui il doit pouvoir m'écrire et me faire avoir l'autorisation de lui répondre par écrit. Je suis toujours en bonne santé en espérant que ma lettre vous en trouve de même. Je vous quitte chers parents bonne santé, soignez-vous bien en espérant d'avoir la chance de vous voir d'ici peu. Dites le bonjour comme d'habitude aux parents et amis. Expédiez les lettres, toujours pareil. Robert.

Vienne le 21 février 1943
Chers parents,
Je rajoute un mot à ma lettre du 10 qui m'est revenue au bout de huit jours d'expédition pour motif j'avais oublié de mentionner mon adresse au verso ils ont tout de même retrouvé mon nom parce que la firme avait mis son tampon. Hier j'ai enfin obtenu l'autorisation de l'usine pour écrire au pauvre Jeannot L… et je

dois donner la lettre demain matin à l'usine j'espère qu'il la recevra sans trop de difficultés. J'ai envoyé le certificat pour toucher la prime de demi-salaire le 14 à Germaine qui doit vous l'envoyer et vous donner quelques renseignements si elle en connaît. Aujourd'hui même dimanche dernier j'ai été voir Jean L… et H… de Preignac d'après ce qu'ils m'ont raconté ils ne se plaignent pas trop mais tout de même je suis mieux qu'eux et puis dans leur baraque ce n'est plus du tout le même confort qu'ici ils sont trop nombreux et mélangés de toutes sortes de races avec eux il y a un jeune de Bazas et un Langonnais que je n'ai pas pu connaître il était parti en ville. Cet après-midi j'ai été visiter aussi un peu la ville je suis revenu aux alentours de la gare d'arrivée c'est un joli petit coin et puis on reconnaît un peu le terrain pour le retour qui espérons-le sera plus près que l'on espère. J'ai lu sur des journaux français que l'on achète ici, le décret du service obligatoire du travail d'une durée de deux ans ma classe y étant comprise est-ce que ce décret me touche tout de même en tous cas donnez m'en des précisions j'espère tout de même ne pas passer ce temps-là ici. Je n'ai pas grand espoir d'obtenir de permission le docteur m'a répondu que pour le moment c'était impossible et qu'il fallait attendre la fin de contrat je vais tout de même me défendre ne vous faites tout de même pas de mauvais sang je ne souffre pas. J'ai reçu votre lettre du 2 février mais je n'ai pas encore reçu de colis ils ne tarderont sans doute pas à arriver. C'est avec tristesse que j'ai lu la fin de votre lettre quand j'ai appris le décès de Georges moi qui n'avait pas pu le voir avant mon départ pour lui dire bonjour maintenant c'est fini je ne le reverrai plus moi qui causais si souvent avec lui […]. Depuis jeudi ici il fait un temps superbe on se croirait au printemps un soleil magnifique un ciel sans nuage presque pas de vent. Je vous quitte chers parents recevez mes meilleurs baisers tout va bien. Robert.

Vienne le 06 Mars 1943
C'est avec grand plaisir que j'ai reçu mardi le colis, c'est le temps normal qu'il a mis pour me parvenir je ne crois pas qu'il ait été ouvert les fils de fer et les agrafes n'avaient pas l'air d'avoir été enlevés tout ce que vous me disiez qu'il contenait y était à l'exception de la confiture que je n'ai pas trouvée il

aurait mieux valu que vous gardiez les pastilles la boîte en carton était écrasée et tout était fondu et coulé dans la caisse. Le pain était en bon état pas trop dur c'est tout juste s'il avait quelques tâches de moisis mais l'intérieur était intact et n'avait pas mauvais goût vous en féliciterez Pierre et Marc et donnez-leur de mes nouvelles. Avec ces deux boules ça me fera une petite avance et me permettra de faire quelques bons repas de chez nous avec les conserves et la ventrêche que vous m'avez expédiées. Ce n'était guère la peine cher papa que tu fasses une caisse si forte d'être si lourde ça a du vous revenir cher de transport. Là où je suis le plus embêté c'est pour la chaussure mes souliers ont la semelle usée je vais tâcher de les faire ressemeler par l'intermédiaire d'un camarade si c'est possible j'ai trouvé une plaque de caoutchouc que j'aurai cloué moi-même si la semelle avait été encore assez forte. En tous cas pour cet été envoyez-moi les nu-pieds tout de suite les dimanches que le temps le permettra je les mettrai mais avant donnez-les au cordonnier pour les faire recoudre et doubler le talon et la semelle, surtout n'envoyez pas les souliers neufs au cas où ils se perdraient pourvu que je puisse faire jusqu'au mois de juin si la situation n'est pas changée sans doute j'aurai une permission. J'ai reçu vos lettres du 12 et 16 février ainsi que le certificat quant à l'indemnité de la mairie c'est pendant huit semaines, pour la prime de demi-salaire renseignez-vous vous devez y avoir droit du moment que l'on avait versé à la caisse des congés payés. Pour l'argent que je vous envoie vous ne le recevrez sans doute pas avant le mois d'avril il vient de m'être remis les reçus de la banque datés du 24 février et 3 mars j'ai fait deux versements de 100 marks donc vous avez 4000 francs à toucher je n'en ferai pas d'autres avant de savoir que vous ayez touché ces deux versements. J'ai été voir les deux Preignacais deux fois, avec eux se trouve un Langonnais que je n'ai pas encore vu quant à D… je n'y suis pas revenu. Dans les départs que vous me citez de Bommes je ne crois connaître que B…, […] c'est de plus en plus fort pour les vols cela prouve sans doute la raréfaction de plus en plus de matières. D'après ce que tu me racontes cher papa je vois que tu as travaillé depuis mon départ à tous ces clients étrangers tu fais bien d'en profiter mais n'économise pas non plus les autres avec leur vin ils gagnent assez et puis tout doit être de plus en plus cher. Tout de même ne te tue pas de travailler, na vas pas te rendre malade pour les autres tu sais pour la belle existence que nous avons et puis vaut mieux s'occuper de faire venir ce qu'il faut pour vivre ; ça te rapportera sans doute davantage de faire le foin à Noaillan à ce prix si la vache noire ne fait pas de lait il vaudrait que vous l'expédiez pour vendre le surplus de fourrage. Achète tout ce que tu pourras comme marchandises ça vaudra mieux que les billets. Je ne sais trop quel conseil te donner au sujet de la chignole je ne perçais que dans le bois ça ne résistait pas trop c'est vrai qu'elles étaient faibles mais tout de même c'est très pratique. Ne m'envoie pas d'eau de vie, j'ai encore une bouteille. J'ai pu arriver à écrire à Jean L... et j'ai obtenu de ses nouvelles presque aussitôt les lettres se sont croisées c'est dangereux d'aller le voir mais enfin je me renseigne quand même, il est en bonne santé. J'ai écrit à Paris chez les S... et chez Léon il y a déjà longtemps et n'ai pas eu de réponse. Dites-moi si le cousin René est tranquille, s'il se débrouille bien sans doute qu'il a souvent la visite de son père maintenant. Remercie Pierre de t'avoir donné ce bout de viande et donne de mes nouvelles au quartier à Mme Chapé et Mme Pierre et à Pierrot. J'écrirai à tante à Bernille bientôt, j'ai écrit à Léogeats. J'espère que tu es guéri de ton mal aux reins. Pour mon dentier il n'y a rien à faire. Je ne souffre pas, tout ce que je mange n'est pas dur à digérer. Je vous quitte bonne santé cher papa, maman et petite sœur. Chère Yvonne dis bonjour pour moi chez Pontarlier et à Ginette. Voilà trois mois d'écoulés. A bientôt en permission si c'est possible. Robert.

Vienne le 09 mars 1943
Chers parents, chère Yvonne
Je m'empresse de vous passer un petit mot pour rajouter à ma lettre du 6 que vous devez avoir reçue sans doute il y a huit jours je l'avais expédiée par express. Le certificat que je vous ai fait parvenir par Germaine mentionne que je travaille dans la firme depuis le 8 décembre au cas qu'il faudrait le faire traduire en Français vous n'aurez qu'à aller à la Kommandantur de Langon. Ça ne m'étonne pas que Germaine soit fatiguée de ces trois jours de noce, elle ne devait sans doute pas se coucher aux

heures normales et puis quel tracas ça a dû être. Je te remercie chère sœur de me souhaiter un bon anniversaire quant à moi je n'ai pas du tout pensé au tien quoique n'ayant pas reçu le colis ça ne m'a pas empêché de le fêter naturellement pas si confortable qu'il aurait été. J'ai bien reçu la réponse de Pierrot quant à celle de marraine je ne l'ai pas encore reçue elle doit être égarée. Je regrette de vous avoir fait déplacer pour les certificats je n'ai pas obtenu gain de cause ainsi que d'autres il aurait fallu ne pas être célibataire. Pour mes souliers je crois que dimanche je vais les avoir réparés mais je peux dire merci à un des camarades qui s'en est occupé pour les apporter chez un jeune homme requis aussi qu'il connaissait, dans le colis n'oubliez pas de mettre une bouteille de vin pour donner à ce cordonnier cela, la un peu fait agir autrement je ne sais s'il l'aurait fait. Faites tout de même réparer mes nu-pieds et expédiez me les cet été je serais plus à mon aise. Le bourg de Sauternes va revivre il doit y avoir de l'affluence pour les premières fois, de cette façon j'espère que tu pourras beaucoup plus passer de dimanches agréables profite-en. Qu'est-ce qu'il se passe dans notre coin rien que des malades et des décès il s'en va tant que cela finisse. Et toi cher papa es-tu guéri de ton mal au dos, je l'espère, moi je viens de rattraper un rhume. S'il n'y a pas entente avec Roger et son frère maintenant que la ligne de démarcation est enlevée cela va être pire. Ce n'est pas étonnant que je n'ai pas eu de réponse des S…, Fernande doit être décédée des suites de son opération elle a dû trainer et souffrir quel malheur pour Marcel et Marcelle quel travail et tracas qu'elle va avoir. Et le pauvre Henri voilà qu'il doit avoir encore recours à sa mère. Hier soir j'ai eu la visite de D… voilà que son caractère revient un peu. Ne vous souciez pas pour les lames de rasoir j'en aurai sans doute suffisamment. De recevoir ces violettes chère petite sœur tu m'as fait plaisir et je t'en remercie. Je vous quitte chers parents, recevez mes meilleurs baisers, bonne santé. Robert

Rajoute cher papa dans le colis six bouteilles de vin blanc si ce n'est pas interdit autrement n'en mets que trois c'est pour des camarades du vin de 60 à 80 francs ce que tu trouveras pourvu qu'il soit bon tu me diras le prix et ce que tu auras payé de transport ici on boit bien un peu à quel prix et pas quand on veut. De chez Pontarlier et du patron de Capérot, à part ces deux les autres vendent sans doute trop cher. Les prix sont sans doute les mêmes que quand je suis parti.

Vienne le 20 mars 1943
Chers parents, chère sœur,
Je m'en doutais que vous vous seriez impatientés de ne pas recevoir de mes nouvelles de trois semaines c'est cause que ma lettre du 10 m'est revenue au moins huit jours après l'expédition parce que j'avais oublié de mettre mon adresse au verso depuis je vous ai écrit deux fois une le 6 et l'autre le 9 mars la première aura sans doute marché vite parce que je l'ai envoyée en express. Cette semaine j'ai eu des nouvelles de Germaine elle m'a dit qu'elle est encore fatiguée de la noce et qu'elle est toujours en bonne santé. Je n'ai pas encore eu de réponse de Cécile ni de Marcel S... je croyais que les lettres s'étaient égarées mais je vois que de chez Cécile c'est sans doute par négligence. C'est à deux allocations que vous avez droit la première pendant les huit semaines après mon départ la deuxième est une prime que vous devez toucher mensuellement et qui doit égaler la moitié de mon salaire de chez nous pendant tout mon séjour ici. Le certificat que je vous ai envoyé n'est valable soi-disant que trois mois au moins un mois avant son expiration rappelez-moi la mémoire pour que vous le receviez à temps. Débrouillez-vous pour toucher le plus vite possible car le retard ne vous serez sans doute pas remboursé avec tous ces nouveaux départs et puis pour obtenir satisfaction ça pourrait devenir de plus en plus dur. J'ai réussi à faire réparer mes souliers maintenant je vais pouvoir circuler quelques dimanches de plus. Dimanche dernier j'ai été me promener avec les feutres, les gens n'en avaient pas l'air étonnés ou bien ne s'apercevaient-ils pas. N'oubliez pas de mettre une bouteille pour donner au cordonnier puisque je la lui ai promise et si possible envoyez par la même occasion six bouteilles de vin blanc pour des camarades qui veulent à tout prix goûter du Sauternes au cas que ça ne serait pas autorisé vous n'en mettriez que trois marquez-moi le prix et ce que ça vous aura coûté de transport. Pour les nu-pieds envoyez les tout de même je serai plus à mon aise cet été le froid ici n'est pas le même que chez

nous j'ai dû enlever mes chaussettes l'autre jour avec les feutres je transpirai déjà des pieds. N'expédiez pas le colis plus tard que le huit avril pour le recevoir avant le trente pour pouvoir demander à venir en permission en même temps que mes camarades bordelais arrivés quand moi il faut demander pour pouvoir venir un mois à l'avance eux y droit puisqu'ils sont mariés mais moi pour mes dents je crois l'obtenir puisque je connais un copain qui est venu pour le même motif tout est question de l'avis du directeur de l'usine m'a-t-on répondu. Pour l'argent j'étais bien obligé d'en expédier puisque de retour on ne peut échanger plus de 300 marks mais maintenant je vais attendre que vous ayez touché mes deux versements de 100 marks chacun. Je n'ai pas touché mes chaussures en cours de route demandez toujours pour les feutres et l'habillement à la mairie puisqu'ici on n'a droit à rien nous a-t-on dit à Bordeaux. Je vois qu'il y a toujours de nouveaux départs et maintenant après cette visite sans doute que ça va accélérer dites à Marc et à Hubert s'ils doivent partir d'insister pour venir ici et dès leur arrivée au centre qu'ils viennent se présenter pour s'embaucher à mon usine puisqu'ils ont mon adresse ou d'aller au bureau du centre du lager pour s'y faire embaucher. Voilà les tramways qu'ils doivent prendre pour venir à part que leur arrivée ne soit pas la même le 6 Westbanhof le 5 jusqu'au croisement du 331 le 331 jusqu'à Spitz et le 17, 3 stations. Je vois que le caractère des Sauternais n'a pas changé ils sont toujours les mêmes impolis et orgueilleux mais ça pourrait leur faire les pieds mais c'est tout de même malheureux. Dites bien le bonjour à Pierre de Baillet en espérant qu'il guérisse vite que je puisse le voir rétabli quant à Brutal puisqu'il en est ainsi il ne doit pas être heureux encore. Et toi petite sœur sors tous les dimanches et amuse-toi bien ne te fais pas de mauvais sang cela finira ne laisse échapper aucune journée de plaisir en compagnie de tes deux amies auxquelles je te prie de donner un bonjour pour moi. Aujourd'hui je continue ma lettre je ne l'avais pas terminée parce que je voulais vous raconter comment j'ai passé cette belle journée de plaisir avec un soleil magnifique. Ce matin en compagnie d'un de mes meilleurs camarades Bordelais et de deux autres travaillant chez Gräf Stift nous avons pris le train pour aller voir enfin le petit Jean L..., tous les autres camarades

que je vous cite sont venus avec moi parce qu'ils connaissaient deux des meilleurs copains de Jean qu'il m'avait nommé sur une lettre. C'est enfin cet après-midi qu'on a pu les retrouver je vous assure qu'ils étaient heureux de retrouver des connaissances dommage que nous n'ayons pu rester plus de trois heures avec eux pour ne pas manquer notre train de retour mais ce n'est déjà pas mal faut pas demander l'impossible, il se trouve à soixante kilomètres d'ici sur les bords du Danube aussi pour y aller le voyage est un peu long le train ne va pas vite on traverse et on est tout le temps dans la montagne. Je vous assure que nous avons passé un bon moment ensemble et comment qu'on était heureux de pouvoir se transmettre de bonnes nouvelles du pays. Nous avons fait un bon petit repas sur l'herbe j'avais emporté la boîte de rôti et la dernière des bonnes bouteilles de chez nous que la mère de Jean m'avait confiée pour boire tous les deux quel plaisir a été pour lui de déguster depuis le temps hélas qu'il n'en avait vu la couleur et les rôtis de la boîte étaient excellents. Je lui ai raconté les nouveaux amusements de chez nous et le cinéma qui se fait dans notre salle des fêtes ça lui a fait de la peine de ne pouvoir lui non plus y assister. Quand je lui ai raconté toujours la bonne mentalité de certains sauternais ça ne l'a pas non plus étonné qu'il y ait toujours cette bonne entente. Je ne l'ai pas trouvé bien changé il est toujours le même toujours bonne figure et respire toujours la santé. Il travaille un jour par semaine de son métier et le restant en usine il n'a pas assez de travail à la boucherie parce que là où il est c'est campagne et puis ça doit être comme chez nous. Je reviendrai le voir d'ici peu maintenant que j'ai repéré le coin je pourrai le causer plus longtemps et discuter d'autres choses [...]. Je ne vois plus grand-chose à vous raconter pour le moment le temps c'est toujours superbe recevez chers parents en attendant de vos proches nouvelles mes meilleurs baisers en attendant de pouvoir me retrouver parmi vous quelques jours si je peux en avoir le bonheur en attendant une permission. Bonne santé et amuse-toi bien petite sœur. Bien le bonjour à tout le monde. Robert
Je n'ai pas encore de nouvelles d'Edouard de Boni j'attends toujours avec impatience.

Vienne le 24 mars 1943
Chers parents
Je vais vous passer un petit mot pour vous demander de bien vouloir au cas que j'en aurai besoin de me faire un certificat au dentiste qui me soignait si c'est toujours le même remplaçant chez Lespine si ce n'est pas le même ça n'y fait rien les livres doivent bien marquer que j'étais aux soins et que l'on me plaçait le dentier. Sur ce certificat faites mentionner que j'étais aux soins et cause à mon départ précipité que je n'ai pu avoir mon dentier et qu'à partir du mois de mai le dentiste attend après moi pour l'ajustage pour la mise en place mais surtout ce que je vous recommande faites-le viser par la kommandantur s'il n'y a pas de remplaçant faites le faire à Monsieur Lespine c'est lui qui avait commencé à me soigner. Dites bien au dentiste qu'il réserve tout le matériel qu'il lui faut je crois bien que l'appareil contenait neuf dents s'il ne peut plus obtenir le matériel faites-moi faire le certificat à celui qui pourrait me le placer. Je compte sur vous chers parents dans le plus bref délai pour qu'il me parvienne plus vite envoyez-le par lettre express. La santé va toujours bien et j'espère que ma lettre vous en trouvera de même à vous tous. Lundi de cette semaine j'ai eu une lettre du cousin René du bourg il me raconte un peu les exploits de la jeunesse de chez nous je vois que c'est toujours pareil les amusements dégénèrent en bagarres laissez-faire s'ils sont obligés de venir à certains ça pourrait leur faire les pieds, à sa place il y a longtemps que j'aurai abandonné de m'occuper d'eux. Le travail va toujours il y a une quinzaine que je travaille à une belle machine qui fait les tenons ou mortaises ouvertes d'un bout et à la fois coupe de longueur tranquillisez-vous elle n'est pas dangereuse d'après les dispositifs qu'il y a on ne risque rien. Dites à René que j'ai eu sa lettre que je vais lui écrire cette semaine ainsi qu'à Pierre à Bernille dites bien le bonjour à tous. Aussitôt que j'aurais le colis et le certificat je ferai les démarches pour venir j'espère avoir cette chance. Recevez chers parents et petite Yvonne mes meilleurs baisers je compte sur vous le plus vite possible. Robert

Vienne le 4 avril 1943
Chers parents chère Yvonne
Voilà une quinzaine que je n'ai pas eu de vos nouvelles votre dernière lettre est datée du 9 mars j'en étais un peu inquiet comme d'habitude c'est presque tous les huit jours que j'avais le bonheur d'apprendre ce qui se passe chez nous mais heureusement que pour me consoler un peu j'ai reçu celle de ma marraine, une du cousin René du bourg et une de Germaine il y a deux jours. Elle me dit qu'elle ne savait pas que papa avait mal aux reins et elle m'apprend que maman a été intoxiquée par la nourriture et que maintenant tu es guérie pourquoi ne vous me le disiez pas quand je l'ai appris j'y ai pensé toute la journée mais je me suis tout de même consolé j'espère que ta maladie n'aura pas été trop grave ni trop longue et que tu ne te ressens plus de rien quant à toi petite sœur quel travail que tu as du avoir surtout si ça coïncidait avec le mal aux reins de papa. Germaine me dit aussi que son patron a lui aussi peur de partir que voulez-vous je crois que ce sera rare celui qui n'y passera pas c'est vrai qu'il y en a tout de même qui réussissent se faire planquer et me parle qu'à Pessac on discute que les femmes aussi vont y passer je me demande alors qu'est-ce que c'est que l'on pourra voir de plus quant à nous tous ici je crois que nous y serons jusqu'à la fin ça ne sera pas rigolo mais estimons nous heureux à côté de nos camarades qui sont près de notre pays et qui ont le risque d'attaques ou qui les ont eues et tout perdu heureux de s'en tirer. Il y a huit jours que nous avons pris l'heure d'été le matin à notre réveil il fait tout de même jour et le soir à la débauche il fait grand jour mais je crois qu'il est question d'heures supplémentaires. Laissons le boulot de côté vaut mieux raconter les parties de plaisir dimanche dernier avec mes deux meilleurs camarades j'ai été assister à deux parties de football au plus grand stade de Vienne c'est un beau terrain bien tracé entouré d'une jolie piste rouge il faisait un beau temps magnifique à l'intérieur un soleil brûlant abrité du vent de tous les côtés par les tribunes de belles parties bien disputées, les deux premières équipes sur la fin faisaient comme chez nous jouaient un peu méchamment mais mieux disciplinées ne risquaient pas d'en venir aux coups aujourd'hui je ne sais trop encore où aller. La fabrique nous a délivré à tous de nouveaux

certificats d'embauchage pour toucher la prime de demi-salaire certificat qui doit être renouvelé tous les trois mois je vais vous l'envoyer dans cette lettre débrouillez pour toucher le plus tôt possible. Ne vous laissez pas faire vous devez toucher le rappel à partir du jour que je travaille ici nous avons su cela à la délégation qui s'occupe de tous les Français qui sont à Vienne pour le tarif cher papa renseigne toi auprès de la chambre des métiers du moment que je ne travaillais pas chez des étrangers on ne peut pas établir de prix je crois que c'est la caisse de compensation qui doit payer. Un de mes camarades Bordelais qui est charron aussi vient de me dire que sa femme touche 720 frs par mois sans doute que vous toucherez autant. Il n'y a pas moyen d'acheter des souvenirs qui intéresseraient mes deux sœurs en vitrine il y en a pour exposition dès que l'on rentre rien à vendre je fais mon possible pour en trouver aurais-je ce succès. J'ai attendu à ce soir pour terminer ma lettre parce que je voulais vous raconter un peu comment que j'ai passé ce premier dimanche du mois d'avril après avoir mangé en ville j'ai été visiter le jardin zoologique je vous assure qu'il est beau et grand et bien entretenu qu'est-ce qu'il y a comme bêtes de toutes sortes et de tous pays, les alentours ne sont que des pistes de promenades et tout à côté se trouve un beau château que je visiterai plus tard, c'est l'ancienne résidence du fils de Napoléon l'aiglon dont on a ramené récemment chez nous sa dépouille. J'ai reconnu pas mal de bêtes qu'il y a chez nous surtout des oiseaux là je me suis attardé ça m'intéressait. Pour aujourd'hui je termine ma lettre chère maman remets toi bien vite de ta maladie et surtout ne vous abrutissez pas trop au travail pour ne pas épuiser le reste des forces qu'il peut nous rester. Je suis toujours en bonne santé ne vous en faites pas pour moi je vous quitte dans l'espoir de vous voir bientôt recevez mes meilleurs baisers votre fils qui pense à vous. Robert

Vienne le 15 avril 1943
Chers parents, chère sœur,
Je rends réponse à votre lettre du 30 mars que j'ai reçue avant-hier avec une de chez tonton de Léogeats et une autre de Pierre D.... Je suis toujours en bonne santé espérant que ma lettre vous en trouve de même à vous tous maintenant ici il

recommence à faire beau temps pendant une quinzaine le temps était brouillé chargé de nuages mais tout de même il ne pleut pas comme à Bx les arbres fruitiers ont du mal à fleurir depuis les temps qu'ils bourgeonnent. Mes pantalons comme vous le demandez sont toujours en bon état le travail que je fais n'est pas pour les user très vite et heureusement pas trop salissant ce qui me manquera le plus c'est plutôt les chemises parce qu'il y en a une qui ne vaut rien aux premières fois que je l'ai mise elle s'est déchirée. Maintenant voilà les grands travaux qui vous arrivent vous n'allez pas faire à votre aise mais tout de même mettez-y le temps et surtout semez assez parce que on en voit pas encore l'issue de la fin si cela marche comme ça. Dites à Titine de Mollo que je lui ai envoyé une lettre lundi de cette semaine. Il y a déjà quelques temps que je n'ai pas vu les Preignacais je vais sans doute y aller dimanche. Pierre du Moulins m'a appris aussi que le cousin René a été malade et qu'il est revenu chez lui pour trois semaines il a dû vous raconter ce qui se passe là-bas son coin ne doit pas être si agréable qu'ici. Le père de Camille ainsi que M… ont dû l'avoir amère de falloir partir faites leur dire un bonjour pour moi […]. Les amusements ici sont toujours les mêmes il y a quinze jours j'ai été visiter le jardin zoologique tout à côté se trouve un beau château ancienne demeure du fils à Napoléon. Pour mon dentier j'ai fait des démarches auprès du bureau je crois bien s'il n'y a pas changement venir à la fin du mois le colis sans doute ne sera pas arrivé quand je partirai à part que ça ne soit retardé. Pierre me dit de lui répondre je ne sais comment faire en tout cas avertissez-le et dites-lui bien le bonjour ainsi qu'aux parents et voisins. Je ne vois plus grand-chose à vous raconter recevez mes meilleurs baisers en attendant de vous voir d'ici peu je vous quitte chers parents à bientôt.
Votre fils Robert.

Vienne le 17 avril 1943
Chers parents,
J'avais écrit la première lettre que j'allais mettre à la poste le soir et voilà que le courrier arrive et que j'ai le bonheur de recevoir votre lettre express avec le certificat et la brochure de journal du coup je n'ai pas envoyé la correspondance j'ai bien

fait puisque le lendemain matin puisque j'avais demandé il y avait déjà quelques jours la permission à l'embauche j'ai été appelé pour aller aux bureaux en ville pour mes papiers je croyais que c'était pour passer une visite pas du tout du moins pour le moment, que de formalités courir de bureau en bureau mais tout de même ça marche assez vite ce qui pourrait me retarder ils m'ont demandé si j'avais un passeport bien entendu comme nous tous nous ne le possédons pas et il m'a délivré des papiers pour, que j'ai remis à la fabrique qui maintenant m'a répondu qu'elle s'occupait de tout et que sans doute je partirai vers le 28 pas avant puisque il n'y a pas de convois avant ils sont arrêtés probablement rapport aux fêtes de Rameaux et Pâques je vous assure qu'il me tarde de vous revoir et de me retrouver auprès de vous. J'ai un moment hésité à vous écrire je me suis tout de même décidé au cas que je ne pourrai partir sitôt que vous ayez tout de même de mes nouvelles et que vous ne vous alarmiez sur moi, peut-être arriverai-je avant la lettre du moins je l'espère. Votre lettre express n'a mis que huit jours j'ai été surpris d'apprendre la discorde survenue entre les jeunes patrons de Germaine ce n'est pas étonnant dans la classe de ces gens habitués à la belle vie et à faire à leur tête. Je regrette d'avoir demandé pour venir un peu sitôt j'aurai crû que ça aurait traîné davantage par rapport au colis ce n'est pas sûr que je le reçoive avant mon départ s'il n'est pas arrivé je dirai à mes deux Bordelais d'en prendre possession ils n'auront qu'à prendre le pain, pour le café et le sucre ce n'était guère la peine d'en mettre dans le colis j'ai suffisamment de ces deux denrées remerciez bien tous les amis qui ont été assez aimables à participer à la composition du colis, pour le vin blanc pour mes camarades laissez tomber ça actuellement en permission à ce prix reste à savoir s'ils le prendraient et s'il arriverait c'est moi qui serait dupe. Demain je vais revoir Jean L… pour pouvoir donner de ses nouvelles à sa mère, pour les deux Preignacais si je vois de ne pas avoir le temps d'aller les voir je leur écrirai pour qu'ils viennent un soir j'en ferai tout de même autant pour D…. Pour le travail je vois qu'au point de vue réapprovisionnement ça va de plus en plus mal que veux-tu cher papa pas la peine de se tracasser ça finira bien à la campagne il y aura tout de même de quoi faire. Pour la prime cela m'étonne beaucoup du moment que c'est pour nous tous ici je ne vois pas pourquoi faut pas tout de même laisser tomber. Chers parents et petite Yvonne recevez les plus gros baisers de votre fils qui vous aime et qui pense souvent à vous bien le bonjour à tous les parents et amis à bientôt. Votre fils Robert.

Paris 08 juin 1943
Vous allez sans doute vous demander ce qui se passe tout à l'heure je vous ai écrit depuis la gare de l'Est, je n'ai pas même eu le temps de la terminer parce qu'ils nous avertissaient tout d'un coup que nous allions partir, je vous envoyais les tickets de pain que j'avais sur moi puisqu'à la gare il n'y avait pas vente de pain comme l'autre fois. Mais voilà qu'au lieu d'embarquer dans le train un triage s'est fait et comme pour Vienne nous n'étions que très peu et pour d'autres directions aussi il a fallu embarquer dans des cars direction caserne Mortier en attendant que d'autres arrivent pour grossir le lot et du fait s'il n'y a pas d'autres changements je ne dois partir que samedi à une heure. Là nous avons tous déposés nos bagages à la consigne comme dans les gares avec reçu. Je me suis débrouillé pour ne pas rester dans cette caserne car je me doute ça ne doit pas être agréable. Ils doivent nous nourrir midi et soir mais comment alors pour aujourd'hui midi j'ai été manger à Cécile ce soir à la caserne je vais gouter à cette popote si ça ne va pas j'irai manger en ville. Cécile me fait l'avance de tickets même elle veut que je passe ces jours chez elle de toute façon renvoyez des tickets d'alimentation à Cécile au cas qu'à la réception je sois parti. Mais je vous recommande de la 2ème quinzaine tachez d'en obtenir à la mairie pour ce laps de temps en plus pour que je puisse m'en reprocurer pour samedi car celui que j'ai je vais le manger car il serait trop dur. Le maire sera sûrement raisonnable de vous en donner pour huit jours. Je vous quitte chers parents en vous embrassant bien fort, ne vous en faites pas pour moi. Votre fils Robert. Camouflez les tickets à l'intérieur de la lettre.

Paris le 11 juin 1943
Chers parents chère Yvonne
Je vous envoie ce petit mot pour vous dire que j'ai passé une période de bon temps pendant ce petit séjour à Paris. J'ai été voir la tour Eiffel et visiter les bords de la Seine tout à côté je vous assure ce sont de jolis coins quoique pendant la guerre, j'ai été aussi à Pantin chez le camarade j'ai vu sa mère qui m'a raconté qu'il était réformé, je n'ai pu le voir il se trouve en convalescence à Reims chez des parents. Quant à moi aussitôt après les repas de la caserne je sortais en ville entre autres avec un camarade de Libourne qui travaille chez Graf et Stift et qui était venu avec moi voir le pauvre Jean L… il était comme moi de retour de permission et attendait un convoi hier nous avons été ensemble aux bureaux de la gare de l'Est pour pouvoir partir plus tôt pour pouvoir se reposer là-bas les fêtes de Pentecôte. Je crois que nous allons partir aujourd'hui par un autre convoi jusqu'à après la frontière puis nous allons obtenir des papiers nous autorisant à prendre le train régulier ce qui sûrement nous avancera beaucoup. La nourriture à la caserne était bonne et tous les soirs je revenais coucher cher Cécile, le lit était bien meilleur que les paillasses de la caserne. Je mangeais aussi le soir chez Cécile cela faisait double repas et pour mon départ Cécile me donne un pain de deux kilos renvoyez-lui des tickets pour la récompenser de tout ça surtout de la deuxième quinzaine. Je vais laisser de l'argent chez Cécile que Yolande vous rapportera car elle doit venir passer quelques jours à Sauternes vous n'aurez qu'à l'inviter pour faire un repas avec vous. Vous me direz si vous avez touché la prime de demi-salaire avec le rappel et renseignez-vous je crois que cette prime à partir de ce mois-ci ne sera accordée qu'à ceux qui sont partis avant le 15 novembre et pour tous les autres partis après cette date ça sera des allocations versées par les mairies signalez-le à Germaine qui pourra sans doute disposer d'un moment pour se renseigner. Je ne vois plus grand-chose à vous dire recevez chers parents mes meilleurs baisers de Paris, bien le bonjour à tous et bon courage dès mon arrivée à Vienne, je vous écrirai.
Robert

Vienne le 14 juin 1943
Chers parents
C'est de retour pour une nouvelle campagne de six mois que j'espère passera ou du moins me paraîtra moins longue que je me retrouve ici au milieu de tous les mêmes camarades, le groupe n'a pas augmenté au contraire puisqu'il y a le Parisien qui était malade, est rentré définitivement chez lui. C'est hier matin dimanche que je suis arrivé ici de bonne heure puisque à sept heures j'étais en gare, je vous assure qu'il me tardait d'arriver à la baraque pour en finir de traîner ces valises. Je suis parti de Paris vendredi après-midi vers trois heures en compagnie d'un permissionnaire de Libourne que j'ai retrouvé à la caserne et que j'avais connu ici, nous étions ensemble la première fois que j'ai été voir Jean L… de Sauternes, c'est vers une heure de la nuit que j'ai passé la frontière, là il a fallu que nous débarquions tous avec nos valises et passer à la douane puis rembarquer après dans le même train puis repartir à destination de la même gare qui a mon premier départ avait servi de gare de triage et de ravitaillement et cette fois ça été la même chose. Comme ce convoi pour nous n'allait plus loin, tous les permissionnaires ont été mis à part pour nous distribuer des billets de chemin de fer à ceux qui ne les avaient pas puis après ça nous sommes partis de là sans plus avoir de contrôle à nous de se débrouiller heureusement que nous avons trouvé dans les gares pas mal de personnes qui causaient notre langue et que nous étions en compagnie d'une femme permissionnaire qui causait déjà pas mal l'allemand nous avons fait la route ensemble jusqu'à Stuttgart depuis que nous avons quitté le convoi jusqu'à cette gare il nous a fallu prendre trois trains, rendez-vous compte chers parents si je commençais à en avoir assez de traîner ces lourdes valises je vous assure je ne recommencerais plus à emporter autant d'affaires pour les autres et puis la première nuit dans le train pas moyen de dormir. Nous sommes partis de Stuttgart à sept heures du soir et nous avons mis depuis la que douze heures pour se rendre par un train express ça va plus vite et puis dans celui-là j'ai presque dormi toute la nuit mais ça ne vaut pour se reposer un lit bien doux. Sitôt arrivés à la gare pour nous remonter un peu nous avons été prendre un café au lait bien chaud mais la corvée

n'était pas terminée pour moi puisque pour me rendre à l'usine il me fallait prendre trois tramways différents. Heureusement pendant ces deux jours de fêtes j'ai pu me reposer. A mon arrivée j'ai retrouvé cinq lettres pour moi, le colis que Germaine m'avait envoyé était bien arrivé mais mes deux Bordelais naturellement puisque je n'étais pas revenu ne croyaient plus que je revienne l'avaient mangé et avaient jugé d'en faire autant pour mes conserves si je n'étais pas rentré avant leur départ. J'espère que vous avez reçu mes deux lettres de Paris à mon départ. J'ai laissé quinze cents francs à Yoyo qui doit vous les apporter en venant à Sauternes. Au bureau ils commençaient à dire que j'avais pris la fuite et parlaient de me signaler enfin je verrai demain matin ce qu'ils vont dire en tout cas je n'ai rien à craindre puisque j'ai mes papiers en règle. Je vous quitte chers parents, je vous donnerai d'autres détails dans une prochaine lettre avant longtemps, ici depuis mon départ le soleil à l'inverse de chez nous n'a presque pas brillé. Recevez mes meilleurs baisers de nouveau éloignés dites bonjour pour moi à tous et toi petite sœur chez tes patrons et à tes copines de travail.
Votre fils et frère. Robert.
J'ai recommencé le travail aujourd'hui mardi je n'ai pas été embêté au sujet du retard j'ai expliqué tel que ça s'était passé, les contremaitres avaient l'air satisfaits de mon retour maintenant je ne suis pas allé au bureau j'espère que ça va bien se passer si c'était contraire sûrement qu'ils m'auraient fait appeler.

Vienne le 27 juin 1943
Chers parents,
C'est de retour de promenade que je m'empresse de vous écrire tant le coin est encore assez calme aujourd'hui dans la matinée j'ai eu la visite du fils du maréchal de Fargues je lui avais écrit pour qu'il vienne chercher son colis, je l'ai amené manger avec moi en ville, il était heureux d'avoir son costume, jusqu'à présent m'a-t-il dit sur six colis expédiés de chez lui il n'en a reçu qu'un cela n'est pas intéressant. Dimanche dernier j'ai été emporter les affaires à Jeannot, il m'attendait impatiemment et croyait que je ne reviendrai pas à ce que je lui apporte tout ça, il ne savait pas trop comment me remercier et comment qu'il

espère fêter notre retour lorsque nous serons tous chez nous. Que de nouvelles m'a-t-il demandé au sujet de chez lui et de ses affaires et comment que s'amusait la jeunesse de Sauternes [...]. S'il n'y a pas d'autre changement mes deux camarades Bordelais partiront le 7 juillet, ils viendront vous voir et leur ai dit de vous prévenir, j'ai averti Germaine pour qu'elle tienne mes souliers prêts ainsi que la chemisette pour qu'ils puissent m'apporter ces affaires. Si vous m'expédiez quelque chose par eux je vous recommande surtout de ne pas trop les charger. Quand ils seront de retour je vous assure que je recommencerai à voir ainsi qu'eux dans le calendrier un peu plus tard, que de regards sur ce petit bout de carton, qu'est-ce qu'il raconterait s'il pouvait deviner nos pensées. Je n'ai pas écrit à Lapeyre l'adresse de sa femme n'aurait pas dû y être j'ai demandé des explications à de ses camarades que j'ai causé aujourd'hui et qui m'ont donné quelques renseignements dimanche prochain je vais tâcher de le voir. Ici pas de changement toujours la même vie, hier il nous a fallu mettre tout dehors pour désinfecter drôle de travail pour la nourriture nous ne manquons plus autant de pomme de terre mais les nouvelles commencent à paraître sur le marché. Et vous chers parents débrouillez-vous toujours à peu près je l'espère. Question travail je ne m'en fais pas trop ce ne doit pas être le cas pour vous, avec les foins qui sont là à vous attendre, drôle de corvée pour vous seuls tâchez de vous faire aider pour que vous ne soyez pas trop fatigués ; le travail de la vigne doit être à peu près terminé si ce n'était des sulfatages et soufrages et l'apparence est-elle bonne. Ici le temps n'est pas fixe il change de température à tout instant cet hiver il faisait presque aussi beau quel changement avec le soleil brûlant de Bordeaux lorsque je suis reparti. Et Camille de Bernille est-il parti et pour les départs de la classe 42 comment s'en sont-ils tirés. Je ne vois plus grand-chose à vous dire avez-vous expédiez les bidons de résine à Mme Blanche transmettez lui de mes nouvelles en attendant que je lui écrive tâchez de me donner l'adresse de mon parrain s'il est toujours à Amiens. Dites bien le bonjour à tous recevez vous toujours de bonnes nouvelles en attendant des vôtres recevez chers parents mes meilleurs baisers de nouveau éloignés ne vous faites pas trop de mauvais sang je suis toujours en bonne santé, souhaitons qu'il en est de même pour vous tous. Je vous quitte en vous embrassant une fois de plus bien fort. Votre fils qui repense souvent à vous. Robert.

Vienne le 13 juillet 1943
Chers parents, chère sœur,
C'est enfin que je profite d'un moment de tranquillité pour vous donner de mes nouvelles qui pour le moment sont excellentes il y a une dizaine de jours j'avais pris froid sûrement en travaillant le temps est tellement bizarre ici depuis que je suis revenu ici il n'a presque pas fait beau il pleut presque tous les jours et changement de température brusque bref j'ai souffert de mal à la gorge pendant quelques jours j'ai été au docteur et j'en ai profité pour me reposer en restant au lit pendant deux jours et heureusement que j'avais l'eau-de-vie. Quand je suis revenu ici nous étions dans une drôle de vermine puces et punaises à volonté la première désinfection n'avait rien fait il nous a fallu vider complétement la baraque et loger à l'usine deux jours cette fois ça a réussi au souffre ça a été radical mais quel travail il nous fallait laisser nos valises ouvertes juste emporter pour se changer le dimanche et la nourriture qu'il nous restait mais comme nous étions prévenus assez tôt j'ai porté la pleine valise de linge chez un camarade tout à côté de cette façon ça ne risquait rien enfin nous voilà réinstallé à nouveau et j'espère qu'il ne nous faudra pas recommencer. Hier j'ai reçu une lettre de Germaine elle me dit qu'elle a reçu ma première lettre et qu'elle a été voir la femme du Bordelais qui n'y était pas elle a été reçue par sa belle-sœur mais pas trop bien me raconte-t-elle ça ne m'étonne pas aussi elle n'est pas aimée par les siens. Quelques instants avant elle avait été voir Georgette Laborde qui lui a donné de mes nouvelles des lettres de Paris que vous lui avez raconté j'étais tellement content de voguer dans la capitale que je n'avais pas mis le temps à lui écrire, aussi doit-elle m'en vouloir. Pourquoi vous êtes-vous fait expédier la chemisette et les souliers à Sauternes puisqu'à mon départ le convenu était fait que mes camarades venant en permission les prendraient pour les emporter je crains pour les souliers par colis j'espère que vous aurez été prévenu tout de même à temps de leur arrivée à Bordeaux. J'ai appris aussi que Yoyo est venue

vous voir vous en a-t-elle raconté de mon séjour chez eux en tout cas j'ai été bien reçu la semaine dernière je leur ai écrit pour les en remercier à nouveau quand c'est-y que nous nous retrouverons tous ensemble dans notre paisible quartier de Nautet pour fêter ce bon accueil et toi petite Yvonne ne t'es-tu pas trop ennuyée à Capian as-tu bien installé ces réfugiés. Avez-vous terminé les foins, n'êtes-vous pas trop fatigués et n'avez-vous pas trop fait mouiller sûrement non car Germaine me dit qu'il fait toujours une chaleur accablante et à Noaillan les conditions ont-elles été bonnes et pour le loyer de la maison comment vous êtes-vous arrangés. Sur la lettre que j'ai reçu de vous cher papa tu me dis que tu as touché comme prime d'éloignement 2830 frs sûrement ça n'est pas le demi-salaire j'ai redemandé à des camarades il y en a qui travaillait aussi chez son père et il touchait 800 frs par mois enfin renseigne toi auprès du président de la chambre des métiers en tout cas je t'envoie un autre certificat mais maintenant c'est la mairie qui doit vous donner des allocations ne te déplace à Bordeaux tu n'as qu'à écrire je calcule ça fait 470 frs par mois que vous avez touché ça n'est pas probablement le tarif. Je n'ai pas encore de nouvelles de Lapeyre et n'ai pas pu encore le trouver. Je ne vois plus grand-chose à vous raconter recevez chers parents mes meilleurs baisers bonne santé, courage ne vous en faites pas trop pour moi j'espère que mes copains m'apporteront de bonnes nouvelles bien le bonjour à Bernille ainsi qu'au quartier de Nautet. Votre fils Robert.

J'oubliai de vous dire d'aller chez Escudey à Langon pour me faire inscrire sur la liste des artisans qui sont partis au cas qu'il y aurait un rappel d'ouvriers patrons pour favoriser l'agriculture si c'était trop tard à Langon faites-le à la chambre des métiers sûrement c'est à Bordeaux que doivent aller ces listes heureux je serai si j'avais la chance d'en profiter c'est bien pour quelque chose qu'à paru cet article sur les journaux.

Vienne le 24 juillet 1943

Chers parents, chère Yvonne

Dimanche dernier j'ai reçu deux de vos lettres à la fois une datée du 28 juin, l'autre du 5 de ce mois et en même temps il y en avait une de la mère à Jeannot j'ai été très heureuse de toutes ces nouvelles. Il me tarde de recevoir les photos j'espère d'ici deux jours en prendre possession je me doute que mes camarades ne vont pas tarder à revenir à part qu'ils aient fait comme moi. Dimanche dernier j'ai été voir Jean L... et H... j'ai bien fait de ne pas partir avec Jean il a passé quatre jours à Nancy il aurait mieux valu qu'il passe ces quelques jours chez lui au moins il aura eu connaissance à temps de la prolongation qui qui lui était accordée aussi s'en repend-il qu'est-ce qu'il était mauvais quand je lui en ai parlé à son usine ils se sont étonnés de le voir rentrer si tôt. D'ici quelques jours nous devons aller voir ensemble l'autre Jean. Je vois que de cette façon pour les foins vous ne vous en êtes pas tiré trop mal et sans nul doute assez vite car avec un temps pareil l'herbe devait sécher rapidement quant à ce prix la vaudrait mieux de ne pas avoir de bêtes tout de même c'est honteux où allons-nous arriver ici c'est à peu près pareil pour certaines affaires. Comment Mme Chapé a-t-elle fait pour s'offrir à vous aider ça m'étonne ce jour-là elle avait sûrement son esprit d'aplomb dites-lui tout de même un petit remerciement de ma part, maintenant que j'ai l'adresse de son petit-fils je vais lui écrire j'aurai de ses nouvelles assez vite entre nous la correspondance va bien. Je vois que les départ de chez nous sont tous pour Dantzig sûrement qu'ils pourront se retrouver tout de même il y en a qui ont drôlement de la chance si au mois de décembre cela pourrait être terminé pour moi tout de même j'en ai l'espoir peut-être mal à tort dis cher papa renseigne toi auprès de Clozure pour voir où s'est-il adressé ou si lui pouvait faire quelque chose pour moi au alors avec le président de la Chambre des Métiers au cas où je ne serai pas libéré que je puisse à ma prochaine permission avoir des papiers pour ne pas retourner, pourquoi ne devrais-je pas réussir puisque le cousin René lui est resté et à Bordeaux dix minutes avant le départ j'ai été témoin un patron sûrement rappelait un ouvrier en tout cas permissionnaire aussi pour ne pas repartir surtout si c'est possible fais des démarches assez tôt si je pouvais avoir cette chance. Vous me dites que vous venez d'acheter deux clefs sur votre prochaine lettre expliquez-moi ce que c'est, je ne me rappelle pas être au courant. Au sujet de l'argent, je ne sais si vous ne feriez pas bien de le placer sur mon livret de caisse d'épargne au moins ça rapporterait un peu et puis si ça venait à ne plus avoir cours il serait aussi bien perdu à la maison que là je vous laisse libre de juger sur ce que l'on doit faire. Demain le Farguais doit revenir me voir il est venu dimanche dernier mais j'étais parti nous passerons la journée ensemble et nous pourrons ensemble se rappeler un peu le beau et les histoires passées chez nous. Je vois petite sœur que tu as passé un bon petit séjour à Capian que tu ne t'es pas ennuyée c'est plutôt du repos que tu as de passer là-bas [...]. Je n'ai pu retrouver encore Lapeyre et je n'ai pas encore de ses nouvelles quant à moi je ne peux lui correspondre ils n'acceptent pas la carte que sa femme m'avait donné du moment qu'il y a son adresse de France pour les renseignements c'est dur. Si vous ne vous servez pas de tous les paquets de cigarettes vous n'aurez qu'à m'en expédier dès que vous en aurez l'occasion mais surtout je vous recommande de garder le nécessaire pour vous pour continuer à faire comme vous faisiez jusqu'à présent. Ici à l'inverse de chez nous il pleut toutes les semaines et assez souvent aussi partout la récolte est très belle voilà bientôt un mois que nous mangeons des pommes de terre nouvelles nous en touchons maintenant trois kilos par semaine d'ici peu sans doute à volonté avec notre cantine cela fait que nous ne sommes tout de même pas trop malheureux et puis aussi nous pouvons avoir carottes haricots verts pour tout cela ce sont les matières grasses qui manquent. D'après ce que vous me dites sur les lettres vous n'allez pas être bien cet hiver si cette vague de chaleur ne s'arrête en tout cas si vous voyez de ne pas avoir une bonne récolte de patates tâchez de vous en procurer assez tôt chez les clients de l'atelier à vous de voir pour que vous puissiez tout de même arriver à vivre à peu près, la récolte de vin doit-elle bien se comporter s'il n'y a pas de grêle faut l'espérer vous remplirez la cuve si seulement je pouvais y assister. Ce matin j'ai eu la visite de D... de Fargues il a reçu dernièrement deux colis aussi espère-t-il un peu, il n'est toujours pas trop mal. Je voulais qu'il passe la journée avec moi, du moment que j'étais averti qu'il devait venir j'avais préparé un petit repas malgré tout assez copieux pour manger ensemble il n'a pas voulu parce qu'il avait fait rendez-vous avec d'autres camarades il m'a promis de revenir bientôt cette fois le convenu est fait en me quittant il m'a prié de vous envoyer un bonjour de sa part. Cet après-midi j'ai été visiter les alentours de l'aérodrome voisin de chez nous dommage que je n'ai pu pénétrer j'ai tout de même vu d'une dizaine de mètres l'atterrissage de 4 et le décollage de 5 des appareils ce qui je vous assure ne manquait pas et de toutes sortes dommage qu'on ne puisse les visiter cela doit être très intéressant. Vous pouvez dire à Mme Chapé que j'ai fait une lettre pour Jean bien le bonjour aux Bernille, aux Nautet sans oublier Pierrot et à tous les parents je commence à reprendre courage et le temps paraît moins long, je vous quitte chers parents, bons baisers, bonne santé et merci de vos gentilles lettres, à bientôt petite Yvonne. Robert.

Vienne le 10 août 1943
Chers parents
Ce soir même je viens de recevoir votre longue et aimable lettre du 25 juillet me racontant tant de choses je suis très heureux que malgré les restrictions vous ayez pu recevoir si bien mes deux camarades je vous assure que Paul en était ravi de cette journée à son retour. Ici il m'a raconté pas mal de petites histoires il m'a dit que Georges était très gai dommage que vous n'ayez pu arriver à obtenir un petit succès que j'escomptais que vous obtiendriez il a trouvé le pinard de chez nous épatant quant à Georges de lui je ne sais encore rien il n'est pas encore revenu nous ne savons pas de ses nouvelles est-il malade ou a-t-il réussi à se débrouiller on l'ignore totalement il avait dit à Paul qu'il prendrait sûrement huit jours de plus que s'il n'était pas à la gare à l'heure fixée qu'il ne compte pas plus que ça sur lui et voilà maintenant quinze jours que Paul est là de ce fait je n'ai point mes affaires si seulement il avait pensé à les donner à Paul. Hier j'ai écrit à Germaine pour qu'elle aille voir chez lui pour voir ce qu'il en est pourvu qu'il n'ait pas été dirigé sur une autre direction, ici on parle de sanctions pour ceux qui prennent des jours supplémentaires sans prolongation des autorités ça ne m'étonnerait point aujourd'hui à notre usine il y en a trois qui ont été désignés pour changer de fabrique et de lieu de travail je ne sais encore au juste s'ils vont partir demain ils doivent avoir des pourparlers pour mon métier je ne crois pas que ça arrive il y avait un menuisier de désigné mais il ne part ils tiennent à

garder tous les ouvriers sur bois, tous les autres sont bien des ouvriers sur métaux. Au cas que Georges ne reviendrait pas je disais à Germaine que si elle expédiait le colis de faire une caissette mais je crains pour les souliers je ne voudrais pas les perdre il serait préférable si vous connaissiez quelque autre permissionnaire qui reviendrait mais tout de même je compte toujours sur Georges il n'est pas le seul à ne pas être revenu comme il devait aller voir ses parents dans l'Est, il se peut qu'il ne rentre qu'avec les autres qui coïncidence sont presque tous des environs même très rapprochés. Dimanche dernier nous avons été presque tous requis pour aller donner un coup de main à une ferme voisine participer aux battages des pois qui ici se font par grandes étendues heureusement que nous n'étions embauchés qu'au transport du grain avec un camion de l'usine à la batteuse il ne faisait pas bon rester aux alentours il s'y dégageait une poussière très suffocante surtout avec la chaleur qu'il y faisait nous avons aussi mis du blé en sac ce travail allait mieux car c'était dans les greniers tout de même il me tardait que la journée se termine remuer des sacs de 70 kilos pour moi était un peu lourd, tout de même ça a été une bonne journée de plaisir qu'est-ce que nous avons ri surtout avec les Villards qui s'étaient un peu déguisés. J'attends des nouveaux papiers qu'il nous faut pour expédier de l'argent. Je n'ai pas encore reçu la lettre de Ginette s'il y a longtemps de ça elle pourra la refaire ou avait-elle oublié de mettre son adresse. D'après tout ce que tu me racontes chère sœur au sujet de la jeunesse je vois que ça va de plus en plus mal quelles drôles d'idées qui les prend pour faire des repas s'ils continuent une drôle de renommée qu'ils auront. Je simplifie un peu ma lettre j'ai reçu la lettre de Titine je vais sûrement aller voir Jeannot dimanche avec Jean L… je vais lui écrire demain. La semaine dernière j'ai écrit à Georges Lapeyre je ne crois plus arriver à trouver son cousin c'est pour le voir j'ai eu une de ses lettres, il me fixait rendez-vous justement pour le dimanche que j'ai été travailler, pour rentrer il n'y a pas moyen. De ce fait la propriété de Filhot et la commune se repeuplent tout le monde s'y jette. Je suis surpris de la mort du pauvre Albert que va-t-elle faire la toute seule Maria elle qui a peur. Heureux que le cousin Pierre pense souvent à nous, remerciez le bien. Germaine m'a appris

qu'Aimé attendait un bébé je n'en savais rien de Brouquet je l'avais compris. Chère maman je suis content de tes dernières nouvelles avec lesquelles tu terminais la lettre je les savais déjà. Je suis toujours en bonne santé en vous en souhaitant de même bien le bonjour chez le cousin Pierre ainsi qu'à tout le quartier et aux parents de Léogeats. Chère sœur bonjour chez Pontarlier et à Ginette dis-lui que je n'ai pas encore reçu sa lettre qu'est-ce qu'elle a dû s'entendre. Je vous quitte. Mille baisers de celui qui vous aime tous. Robert.
Tachez de me procurer des feutres je ne peux arriver à faire tenir la semelle que j'avais mis aux espadrilles ne vous gêner pas pour demander pour mon habillement à la mairie demandez des pantalons.

Vienne le 25 août 1943
Chers parents
Aujourd'hui j'ai reçu votre lettre du 10 que j'attendais moi aussi avec impatience voilà bientôt trois semaines que je n'avais pas de vos nouvelles je pensais vous écrire comme d'habitude le lundi mais j'attendais pour rendre réponse à votre dernière correspondance qui je me doutais ne devait pas tarder. En ce moment-ci la correspondance va très mal tous autant que nous sommes nous nous plaignons vous me dites qu'il y a un mois que vous êtes sans nouvelles la dernière datée du 13 pourtant je vous ai écrit le 25 juillet et le 10 août. Aujourd'hui j'ai reçu une lettre de Jean L… de Sauternes qui me dit d'aller le voir dimanche en compagnie de Paul il y a quinze jours que je suis allé le voir un de ses camarades celui de Saint Selve devait revenir était déjà parti je ne sais ce qu'il y a eu il est revenu à son usine ce doit être à ce sujet qu'il nous réclame et puis il parle d'un casse-croûte pour dimanche. Vous pouvez dire à Mme Chappé que j'ai eu des nouvelles de son neveu il m'a rendu réponse avec un peu de retard doutez-vous le motif deux fois à quatre jours d'intervalle il est comme moi au point de vue travail et nourriture il ne se plaint pas tout au contraire ce qu'il y a trop nombreux suivant les baraquements. Quant à moi je viens de rechanger de boulot je suis revenu faire ronfler la machine que je me servais lorsque je suis venu en permission je n'en suis pas vexé tout au contraire je m'y intéresse drôlement

j'envierai bien la pareille chez nous. Voilà demain un mois que Paul est revenu quant à Georges nous ne l'avons pas encore revu et nous n'avons toujours pas de ses nouvelles naturellement je n'ai pas le colis Paul n'en savait rien même au dernier moment puisqu'ils devaient se retrouver à la gare pour le départ tout de même il aurait dû s'y rendre s'il savait qu'il ne devait pas revenir donner le paquet à Paul ou est-il malade vous a-t-il écrit j'en parlais aussi à Germaine lors des dernières lettres pour qu'elle aille voir chez lui voir ou du moins tâcher de savoir quelque chose avec son frère. Je suis un peu inquiet il me tarde de recevoir les souliers des autres vont me laisser en panne je les économise le plus possible, je crains pour l'expédition des neufs ce serait préférable s'il y avait une occasion espérons que tout ira pour le mieux pour la chemisette que vous et Germaine me parlaient. Ne me l'expédiez pas je n'en ai pas besoin pour le moment gardez la si plus tard j'en avais besoin je vous le ferai savoir d'ici là j'espère vous revoir. Germaine est partie à Capian pour deux mois sûrement pour les vendanges qui ne seront pas intéressantes puisqu'il y a grêlé ses patrons vont comprendre et apprendre ce qu'est le travail de la terre heureusement et espérons qu'il ne s'y est et qu'il ne s'y passe rien à Sauternes alors ça serait le comble le vin est donc la seule récolte que vous allez avoir drôle de vague de chaleur qu'il a dû y avoir ici ce mois est très chaud aussi. Tâchez de vous débrouiller tout de même à vous procurer assez tôt un petit stock de réserves pour passer l'hiver plus facilement. [...] Petite sœur je te remercie de m'avoir détaillé comment que tu as passé ce dimanche à Budos qui me rappelle celui de l'année dernière que nous avions passé en compagnie de Marcelle et Ginette S..., j'espère que tu auras passé de bons moments à la noce de ta camarade Irène en compagnie d'un charmant cavalier. Je suis peiné de ne pouvoir passer comme d'habitude cette année les bons moments le midi et le soir en compagnie des deux familles S... bien le bonjour à tous qu'ils m'excusent de ne pas leur avoir réécris depuis mon deuxième départ dites à Jeanne qu'elle ne s'énerve pas trop pour discuter. Henri A... sera heureux de pouvoir revoir les siens après une si longue attente d'impatience. Edouard doit être aussi très heureux d'être malgré tout un peu plus libre. Procurez-moi si vous le pouvez une paire de feutres pour cet hiver. Je suis toujours en bonne santé chère maman ne t'impatiente plus crois-moi recevez papa maman chère Yvonne mes meilleurs baisers bonne santé. Robert.

Vienne 02 septembre 1943
Chers parents,
Lundi dernier j'ai reçu votre lettre datée du 15 août quant à vous j'espère à l'heure actuelle que vous ayez reçu celles du 10 du 25 et du 30 août si je vous ai écrit si souvent en si peu de temps c'était pour répondre aussitôt à vos lettres un peu désolantes ne vous inquiétez pas cela va toujours bien si ce n'est que je recommence à trouver le temps long par moments. Je me suis trompé la lettre du 30 c'est à Titine L... que je l'ai envoyée sûrement qu'elle vous l'aura fait savoir. Dimanche dernier j'ai été avec Paul revoir Jeannot et ses camarades il m'avait écrit pour que l'on y aille c'était au sujet de son camarade qui vraiment n'a pas eu de chance il avait été rappelé pour aller en permission mais voilà qu'au tout dernier moment son tour à fait maille il n'a tout de même pas perdu confiance il espère encore le prochain convoi. Nous avons passé un bon après-midi tous ensemble au bord d'une petite rivière assez tranquille après avoir bien bavardés nous avons cassés la croûte mais voilà qu'il nous manquait une de ces bonnes bouteilles de chez nous mais hélas. Puis l'heure du retour approchant il nous a fallu une fois de plus non sans regret nous séparer. Chère sœur tu sais ici les dimanches se passent toujours de la même façon du moins pour nous il n'y a pas de fêtes qui comptent pas plus de distractions qu'avant. Vivement que ça finisse pour que nous puissions revoir ces belles fêtes que nous regrettons tous. Quant à toi j'espère que tu te seras bien amusée à cette noce. Lorsque l'avant dernière fois que j'ai été voir Jeannot j'avais prévenu L... de Preignac puisqu'il était convenu que nous irions ensemble il ne s'est point rendu à la gare c'est-il qu'il n'a pas reçu ma lettre ou qu'il est malade toujours je n'ai même pas eu de réponse, d'ici peu je vais tâcher d'aller le voir d'ici peu. Je n'ai pu encore voir Lapeyre je ne crois plus pouvoir arriver à le retrouver c'est assez difficile là où il doit camper. Je vois qu'à Nautet maintenant les vacances battent leur plein en effet Marcelle et son père ont dû trouver du changement à leur

arrivée de se voir tous les deux seuls. A Bernille aussi, il y a aussi de la visite maintenant que Camille est parti ils peuvent visiter à leur aise. Gabriel a eu de la veine de pouvoir rester quant à son frère il n'a pas voulu me croire quand je suis venu en permission, sûrement qu'à l'heure actuelle il ne recommencerait plus et puis il n'a pas cherché sans doute à choisir au petit bonheur. Sans doute que Paul son dernier patron doit bien rire s'il a appris tout ça. De notre camarade Georges toujours pas de nouvelles maintenant on ne compte plus sur lui. Je vois que le travail ne manque toujours pas trouves-tu de la marchandise ici ça commence à tirer, tu en as tout de même mis un coup depuis mon retour ici à ce que tu me dis, n'exagère pas tout de même. Je ne voulais pas vous dire ce qui s'était passé je vois que vous le savez en l'espace de cinq jours il nous a fallu abandonner deux fois le travail heureusement mesure de précaution nous n'avons rien vu ni entendu ça a été tellement vite fait. Le neveu de Mme Chapé me racontait que son usine a été victime deux fois en une semaine pour cette fois il en est sorti indemne me dit-il mais en tout cas rien d'agréable je ne suis pas plus confiant qu'il ne faut. Plus grand-chose à vous dire, bonjour à Bernille, à Sauternes et à tout le quartier sans oublier les petits rentiers provisoires. Recevez chers parents mes meilleurs baisers, bonne santé espoir de vous voir bientôt. Votre fils, Robert.

Vienne 13 septembre 1943
Chers parents,
Je m'empresse de vous écrire pour vous donner de mes nouvelles toujours excellentes pour le moment. J'espère que ma présente vous en trouvera de même à vous tous, je commence à devenir inquiet au sujet de Germaine, je n'ai pas de ses nouvelles voilà plus d'un mois sa dernière lettre datée du 1er août quoique le courrier n'aille pas bien en ce moment, quoique qu'elle ait du retard j'aurai tout de même dû avoir une lettre en un mois je lui ai écrit trois lettres le 8 et le 23 août et le 8 septembre, ou alors ne lui a-t-on pas fait parcourir mon courrier à Camblanes. J'ai reçu votre dernière du 15 août il y a une douzaine de jours, je ne devrai pas tarder à en recevoir une autre puisqu'Yvonne devait m'écrire pour me raconter comment

qu'elle aurait de bons moments à la noce de sa camarade. Au sujet de Georges toujours pareil, hier un de ses camarades d'usine de Bordeaux est venu pour le voir le croyant revenu, ils se trouvaient en permission ensemble. La dernière fois qu'ils se sont vus m'a-t-il dit était vers la fin juillet, s'il reçoit des nouvelles de lui il doit me le faire savoir mais je n'y compte pas beaucoup. Et puis sûrement d'ici peu on peut s'attendre à ne plus pouvoir s'écrire aujourd'hui on nous a appris qu'on ne pouvait plus envoyer d'argent chez nous est-ce réellement vrai ? Cette semaine je vais tâcher d'écrire à touton du bourg, ils doivent me traiter d'impoli aussi bien qu'à Léogeats, car voilà trois mois que je suis de retour et qu'ils n'ont pas eu le moindre mot. Ici nous sommes toujours tranquilles du moins pour le moment faudrait que ça dure mais voilà que ça se rapproche drôlement à part que le fléau se dirige ailleurs nous n'avons qu'à attendre pas la peine de s'en faire. J'espère que maintenant notre séjour ne sera plus trop long ici. Dommage que je ne puisse être parmi vous pour les vendanges, je crois qu'ici il n'y a pas grand espoir pour manger du raisin. Une chose que j'avais oubliée à te dire cher papa sur les autres lettres as-tu pensé à retirer du miel si non, il doit être grandement temps, avec ces grandes chaleurs les jeunes essaims n'en auront sûrement pas amassé assez pour passer l'hiver regarde les si tu le juge nécessaire fais les crever as-tu quelque chose pour la ruche volée et le voleur sûrement n'aura pas eu le culot d'y revenir il se sera tout de même aperçu que nous avions réussi à s'en apercevoir et puis que nous avions décelé et tripoté sa ruche de paille. Aujourd'hui j'ai été me promener en campagne avec Paul aux abords de l'aérodrome nous avons vu encore pas mal d'appareils évoluer et puis encore de gros vols de palombes qui passaient ou alors cantonnent-elles ici, je sais qu'il y en a je crois plutôt que c'est du passage la saison est là, le montage des chasses et les discussions doivent battre leur plein chez nous ; la prochaine campagne j'espère ré avoir ce plaisir mais voilà qu'il faut rechercher un endroit, j'aurai idée que nous la fassions aux chênes de la Herrade Mme Ballan je crois ne me le refusera pas, demande-le lui au cas que je ne serai le premier puisque Cri-cri l'avait abandonné et puis où est-il en savez-vous des nouvelles mais aussi faudra retrouver un fusil puisque nous n'en avons plus ou alors chasser au filet. Cher papa procure le plus de matériel possible pour notre travail, place de l'argent là, si tu trouves une chignole achète-le renseigne toi sur la force qu'elles font, à notre usine maintenant il y en a des fortes tu peux y aller tu ne les cale point elles résistent drôlement marchant sur le courant moteur. Et Majon a-t-il bien réparé la maison as-tu fais passer ta chambre et réparé la façade du levant qui commençait à se dégrader un peu trop. Chers parents donnez de mes nouvelles à tout le monde et écrivez à Germaine pour savoir quelque chose, bien le bonjour aux Parisiens et Bordelais en vacances. Je ne vois plus grand-chose à vous dire recevez tous les trois mes meilleurs baisers à bientôt. Votre fils et frère qui vous aime et qui pense plus que jamais à vous. Robert

Vienne 15 septembre 1943
Chers parents, petite sœur Yvonne,
C'est avec grand plaisir que j'ai reçu à midi deux de vos lettres que j'attendais avec impatience. Voilà déjà huit jours, une datée du 27 août, l'autre du 6 septembre, voyez la différence de temps la lettre recommandée est arrivée en même temps que l'autre partie dix jours avant. Ici nous n'avons pas eu de nouvelles de Georges maintenant je crois que ce n'est plus la peine de penser le revoir parmi nous puisque quand vous m'avez écrit vous me dites qu'il est parti sûrement qu'il a été envoyé ailleurs heureusement malgré tout qu'il n'a pas emporté mon colis autrement j'aurai pu l'attendre encore plus longtemps, tout de même sa femme aurait pu vous le faire savoir plutôt. Si sa femme n'a pas encore de nouvelles, c'est sans doute qu'il a été puni en rentrant. Si Germaine apprend des nouvelles par l'intermédiaire de sa femme qu'elle me le fasse savoir et qu'elle donne son adresse. C'est tout de même une coïncidence qu'à son départ papa se soit retrouvé avec Germaine, maintenant me voilà un peu rassuré, je n'ai encore point de ses nouvelles et naturellement non plus je n'ai pas la photographie de nous trois je vous assure il me tarde de l'avoir. Je ne recevais pas non plus de vos nouvelles ou alors, puisque vous me dites que vous m'écriviez assez souvent, c'est-il qu'il y en a d'égarées. Sur les prochaines vous n'aurez qu'à me signaler les dates d'envoi de la dernière expédiée. Je n'ai pas encore reçu non plus celle de

Ginette, ce n'est plus la peine que je compte la recevoir. Si j'étais sûr de venir en permission au mois de décembre je tâcherais de faire sans les souliers, je fais encore les dimanches avec les nu-pieds et il ne reste plus guère de dimanches à passer et mes vieux souliers feront je crois bien jusqu'alors. Les permissions sont supprimées jusqu'au 15 octobre d'après la délégation et aussi d'après les journaux que nous recevons ce délai est pour permettre à notre gouvernement de faire rentrer les permissionnaires qui ont oublié de revenir, naturellement s'ils n'y parviennent pas, nous qui restons pouvons faire ceinture au moins quelques jours. Je ne sais trop quoi vous dire de faire. Ce que vous pourriez faire pour qu'ils mettent moins de temps, ce qui serait plus sûr de faire deux colis postaux, un soulier dans chaque dans des boîtes en carton assez solides je crois que ce serait ce qu'il y aurait de mieux à faire les autres colis par chemin de fer mettent maintenant jusqu'à près de deux mois probablement fouillés et puis la paire au complet irait peut-être bien à quelqu'un. Pour le reste vous n'aurez qu'à faire un autre colis pour le moment je n'ai pas besoin de pantalons mes bleus sont toujours en bon état ce n'est que la chaussure qui me manque, ajoutez une paire de sabots légers pour les colis postaux envoyez à quelques cinq ou six jours d'intervalle un peu de tracas pour vous mais hélas. J'espère que les vendanges sont terminées pour vous maintenant et qu'elles auront été assez abondantes puisque c'est la seule récolte qui ait bien marché puisque les S… devaient venir vous aider vous avez dû passer deux bonnes journées de gaîté ensemble, remerciez les bien pour moi de leur amabilité. Je serai bien content de voir Edouard s'il ne se trouve pas trop loin ça ira bien. Je suis déçu de tout ce qui se passe à Sauternes, est-ce que vous arriverez à dompter ces jeunes, ça ne m'étonne pas ils ont un culot et rien ne les arrête, c'est honteux ; j'étais loin de penser que c'était P… qui avait pris nos tuiles il pouvait venir faire ses excuses pour quelques jours après vous prendre les cigarettes c'est un spécialiste de la fauche. J'espère que vous lui avez fait passer la porte en vitesse. Faites-vous remettre les tuiles au plus tôt et réglez le compte ; c'est son frère qui doit rire de tout ça et de l'avoir par-dessus le marché fichu à la porte chez lui c'est étonnant comme ils ne s'en sont pas aperçus plus tôt. Pour le moment laissons tout ça de côté je vois petite sœur que tu t'es bien amusée à la noce de ta camarade avec en effet un cavalier plus agréable que celui que tu avais à la noce de Reine, vous étiez tout de même nombreux dommage que le temps ne s'y prêtais pas enfin j'espère que tu pourras m'en dire d'avantage d'ici peu quoique tu m'en ai déjà raconté pas mal. Je termine ma lettre, c'est l'heure de se coucher, remerciez chers parents Paul de Batailley pour les feutres, bonjour à Max et à tous chez lui, bonjour aux familles S... à Bernille et au quartier sans oublier Pierrot. Ici toujours même vie, je suis toujours en bonne santé, recevez mes meilleurs baisers j'espère que tout ira pour le mieux. Robert

J'ai reçu une lettre de Georges Lapeyre. Au cas que je n'ai ainsi que mes camarades point de permission et qu'il s'y passerait d'autres évènements qui couperaient nos relations vaudrait mieux que vous m'expédiez les souliers au plus tôt passé la fin de mon contrat inutile de compter sur mes vieux même peut-être avant.

Vienne le 04 octobre 1943

Chers parents et sœur Yvonne

Vous devez vous demander ce que je peux bien faire de ne pas recevoir de mes nouvelles depuis ma dernière lettre si je crois bien me rappeler du 16 septembre presque trois semaines sans nouvelles en effet cela a dû vous inquiéter et bien voilà le 24 du mois dernier d'un seul coup j'ai eu la figure couverte de tâches rouges, l'après-midi je pars immédiatement au docteur qui me dit que c'était la rougeole, naturellement mesure de précaution départ aussitôt à l'hôpital pour que les autres camarades ne se contaminent pas avec moi. Le lendemain j'avais le corps et les membres pareils à la figure mais cela n'a duré que deux trois jours, toutes ces tâches ont disparu presque aussitôt vite qu'elles étaient venues. Vraiment le premier jour de ma rentrée à l'hôpital je me sentais malade, impossible de faire passer le moindre bout de nourriture mais heureusement le lendemain l'appétit est revenu de plus belle et naturellement je le garde. Vraiment à cet hôpital je n'étais pas mal, bien nourri, presque que du pain blanc, beurre et fromage, deux fois de quoi recouvrir le pain, si ce n'était de ce que je ne pouvais correspondre avec vous. J'aurai tâché d'y rester quelques jours de plus pour m'y reposer davantage, j'espère tout de même avoir un peu de convalescence, je ne me suis pas trop ennuyé pendant ce temps dans la chambre où j'étais nous étions trois français et puis il y en avait d'autres à côté que nous pouvions voir. Paul est venu me voir samedi après-midi avec deux camarades j'aurai pu faire une lettre pour qu'il vous l'expédie, je n'ai pas voulu vous le faire savoir avant d'être sûr d'en sortir, il était obligé de l'expédier à son nom cela était plus mauvais pour vous parce que vous vous seriez demandé ce qui avait pu m'arriver sûrement vous n'auriez pas cru à mes paroles, j'ai tout de même envoyé une lettre par lui à Germaine je ne lui avais pas écrit depuis le 8 voilà bientôt un mois, je l'ai envoyée à Paul par la poste maintenant je ne sais encore s'il l'a reçue, je le saurais cet après-midi car je rentre à la baraque vers le soir. Samedi en venant me voir Paul m'a apporté deux de vos lettres, une du 15 l'autre du 21 septembre. En même temps il m'en a apporté une de Germaine. Comme tu me le demandes chère Yvonne je peux te dire que j'ai reçu ta lettre recommandée du 6 elle m'a mis pour me parvenir que neuf jours. Je suis déçu d'apprendre le malheur qui vient de s'abattre sur notre région, c'est bien la guigne juste au dernier moment surtout cette année qu'il allait y avoir un vin épatant qu'on ne récolte pas tous les jours, faut espérer qu'il sera tout de même bon, fallait qu'il y en ait fameusement pour que malgré la perte vous escomptiez remplir sept barriques. J'aurai bien été curieux de pouvoir admirer ces pieds lourdement chargés, est-ce que nos arbres fruitiers n'ont pas trop souffert de cette bourrasque ; remerciez bien pour moi tous ces vendangeurs qui ont l'amabilité de vous aider chers parents dans votre malheur. Il y a trois semaines j'ai trouvé Jean L… qui m'a dit qu'A… était en permission il a eu de la chance car le lendemain de son départ les permissions étaient supprimées dès que je le pourrai j'irai voir s'il est revenu pour prendre des nouvelles du pays quel bonheur qu'il m'apporte les souliers. Lors de notre rencontre avec Jean L… nous avions fixé d'aller voir l'autre Jeannot, pas de chance, voyez ce qu'il m'est arrivé, heureusement pas de gravité j'espère que nous exécuterons ce projet d'ici peu. Le 21 septembre je vous ai envoyé un mandat de 6000 frs dès que vous l'aurez reçu avisez-moi, avec ce nouveau genre d'expédition les envois doivent mettre moins de temps. Bonjour à Mme Pierre puisqu'elle est de retour à Nautet elle a dû avoir peur ces derniers temps pour qu'elle revienne quant à Marcelle ça ne m'étonne pas qu'elle est peur de rentrer en effet ce n'est pas encourageant. De D… je le savais qu'il était réformé lors de ma rencontre avec Jean L… qui m'en avait parlé eux qui travaillaient ensemble à Barsac il n'a même pas été le voir tu parles d'un impoli c'est toujours ceux-là qui ont toutes les chances. Vous allez sûrement passer des moments de fou-rire au quartier avec la Jeanne qu'elle idée lui a passé par la tête pour venir faire un tour. […] Vendredi à midi il y a eu concert au même endroit que l'autre fois, j'ai bien entendu. Cet après-midi à 4 heures je viens de rentrer à la baraque et content de me retrouver au milieu des copains. Je vous quitte chers parents pour aller porter ma lettre à la poste, j'ai fait un très bon voyage de retour par le tramway, les jambes se fatiguent un peu plus vite que d'habitude et j'ai obtenu une convalescence de 14 jours. Recevez mes meilleurs baisers, ne vous faites pas de mauvais sang, je vous réécrirai d'ici 3 ou 4 jours. Robert

Vienne le 08 octobre 1943

Chers parents, chère sœur Yvonne

J'espère que ma lettre du 4 vous aura sorti de l'inquiétude que vous deviez avoir de ne pas recevoir de mes nouvelles de près de trois semaines vous pouvez être rassuré car la santé maintenant ne peut être meilleure et je vais tacher moyen de passer mes jours de convalescence dans les meilleures conditions que possible depuis lundi ça a bien marché je ne me suis pas ennuyé en compagnie de notre chef de baraque qui lui aussi en a profité d'être indisposé pour obtenir quelques jours mais depuis ce matin me revoilà seul parce qu'il vient de reprendre le travail. Jusqu'aujourd'hui il a fait un temps superbe un bon petit soleil radoucissant les matinées un peu fraîches aussi en a-t-on profité pour aller en ville pour faire quelques petites emplettes et en même temps se promener. Le lendemain de mon retour à la baraque notre chef de piole m'a conseillé de tacher d'obtenir une permission pour passer mon congé naturellement chez nous, vous pensez aussitôt je me change et pars immédiatement aux bureaux qui s'occupent de la répartition des ouvriers, du travail, car ici ce n'est pas comme chez nous tout ne dépend pas des patrons le travail est obligatoire. A ces bureaux là j'ai obtenu satisfaction mais n'ai pu tirer cette chance jusqu'au bout, il me manquait l'autorisation du directeur et le bon de voyage que j'aurai sans doute obtenu d'après ce qui m'avait été répondu mais voilà que le directeur de la fabrique n'a pas voulu accepter sans doute parce que les derniers permissionnaires ne sont pas rentrés de peur que j'en fasse autant c'est regrettable mais je ne peux faire différemment, si seulement cette aventure m'était arrivée une quinzaine de jours plus tard à ce qui parait les permissions doivent être rétablies le 15 de ce mois, mais en ce moment d'après les événements je ne le crois pas, vaudrait mieux que je me trompe. De ce fait je suis obligé de vadrouiller dans le secteur de Vienne. J'attends une de vos lettres pour savoir si H... est revenu, je n'ai rien reçu de lui, peut-être que demain après-midi je me déciderai pour y aller voir je verrai toujours L... et peut-être pourrions-nous entendre Jeannot qui doit penser que je l'oublie s'il ne pleut pas nous avons déjà convenu avec Paul d'y aller. D'Edouard de Boni je n'ai pas encore de nouvelles il me tarde je serai content de le voir mais faudrait qu'il ne se trouve pas trop loin, nous ne pouvons aller plus loin de 60 km sinon c'est à nos risques ou alors faut demander autorisation seulement en se déplaçant tous les deux en fixant rendez-vous, cette méthode pourrait favoriser notre prochaine entrevue. Ici pour la ville même le secteur est toujours calme, reste à savoir si cela va durer assez souvent encore cette nuit nous avons entendu la DCA peut-être que ce n'est que des exercices, en tout cas presque partout il y a des préparatifs, au côté de notre baraque de bons abris en béton armé sont en construction, si cela arrivait j'espère que nous n'écoperons pas des premiers nous sommes déjà bien assez retirés du grand centre industriel de notre région. J'espère que les vendanges malgré cette mésaventure se soient assez bien passées et que vous ayez tout de même rempli les cuves, quel travail et quelle patience pour ramasser tous ces grains ; quant à toi petite sœur tu ne dois pas encore avoir fini d'en ramasser je me doute Mr P... a dû te faire demander aussitôt ; qu'est ce qu'ils doivent

être mauvais les propriétaires de vignes blanches tous ces grains fendus par la grêle vont sûrement aigrir. Et Barrière fait-il toujours la tournée ou a-t-il abandonné à la date qu'on lui avait assignée si oui a-t-il installé une chasse à la palombe pour son compte. Je ne vois plus grand-chose à vous dire, bien le bonjour à tous, n'oubliez pas Barrière pour lui faire plaisir. Autrement ici toujours la même vie, rien de changé ne vous en faites pas sur le fait que j'ai été malade je n'ai pas dépéri si ce n'est que les jambes étaient un peu faibles en sortant du lit mais maintenant ça va, je vous quitte en vous embrassant bien fort à vous tous chers parents et sœur Yvonne. Bonne santé et espoir de se revoir bientôt. Robert.
J'ai aussi écrit à Germaine aujourd'hui.

Vienne le 11 octobre 1943
Chers parents, Chère Yvonne
Juste quelques mots pour vous dire que je suis toujours depuis mon retour en très bonne santé et cette convalescence je tache moyen pour la passer dans les meilleures conditions que possible. Hier nous devions avec Paul aller voir Jeannot nous n'y sommes pas allés parce que Paul dans la semaine avait reçu une lettre d'un de ses camarades lui fixant rendez-vous et puis ça en valait bien la peine il n'est pas venu ; j'en ai profité pour aller rendre visite à L… de Preignac et nous avons convenu d'y aller ensemble dimanche prochain au cas qu'il ne se rendrait pas à la gare comme les autres fois moi de toute façon j'y vais. H… n'est pas encore revenu lui aussi prolonge sa permission L… a reçu deux de ses lettres il ne lui dit le jour qu'il doit rentrer ou se débrouille-t-il lui aussi. Paul de retour de permission m'avait raconté qu'il avait appris que ceux de notre profession ne partaient plus, le cas s'était produit à un de ses voisins qui depuis n'a plus été inquiété. Paul vient d'écrire chez lui pour obtenir des papiers dont voici alors cela je me doute cher papa va t'embêter mais hélas qui n'essaie rien n'a rien fait faire un certificat au maire en spécifiant bien que je finis mon contrat le 8 décembre comme quoi tu as réellement besoin de moi pour satisfaire aux besoins nécessaires du matériel agricole de la région. Etablissez le de votre meilleur savoir-faire que tu iras faire surcharger par notre président d'artisanat qui lui sans

doute te donnera des conseils faire viser sans doute sera-t-il possible par les autorités occupantes, s'il y avait moyen d'obtenir d'eux un autre certificat cela serait préférable. Avant d'y aller demande à Clozure s'il ne connait personne qui aurait des relations là-dedans ou à quelqu'un d'autre que tu connaîtrais avec ces papiers peut-être réussirais-je à obtenir satisfaction quel bonheur serait pour moi de me retrouver auprès de vous reprendre la vie normale. Tache cher papa de faire cela au plus vite car d'ici que je les reçoive la fin du temps que nous devons passer réglementairement approchera probablement qu'il nous faudra à expiration résigner si seulement on obtenait une permission ; enfin je compte sur toi, fais pour le mieux notre cousin René a bien réussi. Et au sujet des nouvelles allocations avez-vous touché quelque chose ou faudrait-il vous envoyer un autre certificat. Ici rien de nouveau depuis que j'étais à l'hôpital est-ce que cela se passera-t-il toujours pareil personne ne le sait. Il fait un beau temps aussi le matin pour me réchauffer du petit brouillard je m'étale au soleil sur un banc aussi pensez si mes camarades me traitent de veinard mais voilà, ce plaisir-là ne va durer que jusqu'à lundi, ce matin j'admirai passer les alouettes, les palombes doivent suivre aussi, est-ce que les chasseurs de chez nous en ont déjà pris sans doute car nous voilà bientôt à moitié mais vous me direz si vous avez bien reçu ma lettre est-ce que les S... sont toujours en vacances dans notre bon vieux quartier. Et dans ces vendanges comment se démènent tous ces paysans avec tout ce hachis par terre Pierre de Bernille s'en est-il à peu près bien tiré quant à vous j'espère que vous aurez tout de même rempli les cuves. Pour le moment je ne vois plus grand-chose à vous raconter je termine ma lettre pour aller à la Poste en ce moment je fais le facteur pour les camarades de la piole. Recevez chers parents et sœur mes meilleurs baisers j'espère que vous obtiendrez satisfaction sur ce que je vous demande et vous en remercie à l'avance. Chère Yvonne t'amuses-tu toujours bien le dimanche balade-toi le plus possible profite-en. Je vous quitte une fois de plus bonne santé et à bientôt. Robert.

Vienne 18 octobre 1943
Chers parents, chère Yvonne,
Je rends aussitôt réponse à votre lettre du 8 que je viens de recevoir ce soir ainsi qu'une du cousin René quant à celles de Germaine je les ai reçues à deux et trois jours d'intervalle il y en a une de ce fait qui a presque mis un mois. Aujourd'hui j'ai repris mon travail cela change un peu avec les habitudes que je venais d'adopter pendant ma convalescence tout de même faut pas que je me plaigne cela fait 24 jours que je ne travaillais pas en ce moment le boulot ne force pas, presque tous les camarades depuis plus de 10 jours font les manœuvres ce matin je traçais des pièces et cet après-midi je travaillais à une raboteuse machine que je n'avais encore point touchée au montage en ce moment ça ne va pas, c'est la mise au point d'une nouvelle série le rendement est à 0 pour ces voitures. Au sujet des fins de contrat faut pas y compter, il y a quelques exceptions en tout cas pas nombreuses il s'agit d'avoir sûrement des relations. Les permissions reprennent demain il y a un départ aujourd'hui il vient d'être convenu à notre usine que le 5 novembre il y en partirait quatre d'entre nous à mi-décembre il y aurait un autre départ j'espère être du nombre mais tout cela dépend du retour des premiers cette fois-ci si ceux qui ne reviendront pas sont trop nombreux et que les autorités suppriment les permes à nouveau faudra plus y compter espérons que la nouvelle méthode qu'ils doivent employer pour que le contrôle aille mieux. Avez-vous reçu ma lettre du 11 octobre dans laquelle je vous demandais ces nouveaux papiers pour essayer ce que m'avait dit Paul, puisque ce qui était convenu est faisable je n'aurai pas besoin de ces papiers-là au cas qu'on n'aurait pas la chance de venir vaudrait peut-être mieux que vous me les procuriez tout de même espérons de tout cœur que j'aurai cette satisfaction. Pour le gros colis à vous de l'expédier au plus tôt où alors d'attendre une solution car voyez-vous il reste encore cinquante jours. Tu me demandes chère sœur si ici on voit des cèpes tu penses ici ils ne doivent pas les connaître dis à papa qu'il aille faire un tour à notre dernière chasse à la palombe juste derrière avant le tournant du chemin et aux bords et même sous le chêne là où était l'appeau tout au bord du chemin c'est là que je les trouvais l'année

dernière. Je vois que les amusements reprennent chez nous René me parle surtout du football naturellement sa passion il me raconte qu'il va de nouveau arbitrer en déplacement à Léogeats c'était prévu qu'il leur arriverait quelque ennui car ils ont toujours joué en brutes avec discussions partout où ils allaient aller. Ce coup-là a du faire réfléchir quelques joueurs. Les vendanges alors se terminent puisque tu as déjà fait des acabailles et que demain comme tu disais le jour que tu m'as écris c'était chez P.... Je me doute que vous ne vous êtes pas ennuyées avec Henri. Je ne savais que Michel de Bernille avait été malade. [...] Hier j'ai reçu une lettre de la mère à Jeannot elle était inquiète parce qu'elle n'avait pas de nouvelles depuis le 30 août. Tranquillisez-la Jean n'est pas malade, Paul y a été hier pour aller chercher une adresse d'un de ses beaux-frères il venait de partir lorsque j'ai reçu sa lettre dommage, je le la lui aurait donnée il voudrait avec ses copains que nous allions passer les fêtes de Noël ensemble, nous ne savons avec Paul comment faire rien n'est encore fixé. Je n'ai pu aller avec Paul il me fallait ce jour-là rester à la baraque de garde c'est à chacun son tour. Vous avouerez vraiment je n'ai pas de chance voilà bientôt un mois dimanche par dimanche que ça me retarde. Le convenu était fixé avec l'autre Jeannot est-ce que Paul ne l'a pas reconnu à la gare ou n'est-il pas venu. Je ne vois plus grand-chose à vous dire recevez chers parents et sœur mes meilleurs baisers en attendant de vous revoir j'espère d'ici peu. Je suis en bonne santé et vous en souhaite de même. Je vous quitte car c'est l'heure de se coucher. Au revoir et bonne chance.
Votre fils et frère. Robert
Pour ces papiers fais spécifier que je travaillais avec toi à notre compte.

Vienne le 24 octobre 1943
Chers parents, chère Yvonne
Je réponds à votre lettre recommandée du 18 octobre que j'ai reçue hier. Voyez-vous, celle-là n'a mis que cinq jours, voyez comme ça on peut avoir des nouvelles fraîches et en peu de temps obtenir des réponses. Avant-hier j'ai eu des nouvelles de Germaine, elle est toujours à Camblanes et ne sait si elle va revenir encore à Bordeaux, avec les gosses et la gouvernante me

dit-elle il se pourrait très bien que tout le monde reste à la campagne, elle n'en a pas l'air très satisfaite en effet la vie doit complétement rechanger plus le même confort ni les mêmes habitudes et puis il fait plus froid qu'à Pessac. Chère Yvonne, Germaine est un peu colère après toi je vais te dire pourquoi elle se plaint que tu ne lui écris pas assez souvent pour lui donner des nouvelles du pays et que tu aurais dû lui raconter comment tu avais passé de bons moments à cette noce d'Irène. Je comprends bien que tu ne dois pas avoir toujours le temps en arrivant de travailler que tu as à t'occuper du ménage car vous chers parents je me doute que le soir vous devez être occupés après les bêtes. La pièce le Malade imaginaire que j'ai été voir est bien la même tu me fais rappeler ma petite Yvonne que celle que nous avions été voir jouer au château de Fargues c'était très amusant naturellement plus intéressante à suivre car vraiment les acteurs étaient plus comiques et interprétaient mieux. Puis pour terminer un vaudeville très comique c'était l'hypnotiseur qui faisait faire des folies à tous les invités d'un comte même au personnel de la maison c'était tordant de voir cela tellement que le comte lui-même ne savait quoi faire pour empêcher tout cela des scènes d'amour malgré eux enfin je te raconterai tout cela dès que nous nous retrouverons ensemble. Pour les colis postaux sans doute je ne tarderais pas à les recevoir. Paul en a reçu un qui n'a mis que quinze jours je vous le ferai savoir. Je vois qu'A... profite de sa permission s'il ne doit pas revenir qu'il vous le dise, attendez de lui demander parce que j'ai des camarades qui viennent en permission le 5 novembre si rien n'est changé depuis, ou plutôt ne lui en parlez pas du tout je vous ferai écrire par un homme de la banlieue de Paris sur qui on peut compter c'est notre chef de baraque, si A... n'était pas revenu d'ici lors vous pourriez leur envoyer les souliers il me les apporterait depuis Sauternes jusqu'à Paris un colis postal ou autre et recommandé ne doit pas s'égarer il y en a un de Montauban aussi mais ce n'est pas sûr qu'il revienne car il a plus de cinquante ans. Ils sont 4 à partir dont deux célibataires c'est leur tour et ils sont assez nombreux maintenant je ne sais si avec Paul nous pourrons réussir à venir avant que tous les célibataires y soient allés une majeure partie sont arrivés ici quinze jours après nous, nous allons essayer de faire agir au bureau pour notre fin de contrat il y a paraît-il un convoi le 18 décembre si nous avions ce bonheur nous pourrions passer les fêtes de Noël et du 1er de l'an avec vous. Germaine me parlait que vous lui aviez écrit pour qu'elle aille au bureau où j'avais été au sujet des allocations il me semble que je vous l'avez déjà dit maintenant pour tous ceux qui sont partis avant le 15 novembre 1942 c'est à la mairie que vous devez toucher. Renseignez-vous au plus vite. Puisque la secrétaire vous a dit de demander un bon chaussure d'usage faites-le et si vous l'obtenez surtout prenez les chaussures assez grandes vous connaissez les difficultés que j'ai pour cela. Ces bons-là doivent être pour des chaussures cuir. Pour les permissions il y a un nouveau contrôle ici au départ il y a autant de responsables que de permissionnaires s'ils ne reviennent pas les camarades qui auront signé n'iront pas ou du moins celui qui a signé pour celui qui n'est pas revenu maintenant à savoir si ça ne compromettra pas les autres de ce fait les convois ne seront peut-être pas à nouveau supprimés. Celui qui ne reviendrait pas et qui ne serait pas en règle serait salaud bien entendu sur le nombre des copains il y en a qui se moquent des autres, maintenant tout dépend de la firme. Pour l'autre colis, expédiez-le au plus tôt ils mettent plus d'un mois environ 35 jours pas plus tard que le 1er novembre ou pas du tout. Vous savez ne vous privez pas pour moi pour le moment nous ne sommes pas mal et chez nous la vie doit être dure tout va pour le mal puisque pas même les châtaignes ne sont bonnes. Je vois que pour les acabailles malgré les restrictions P… vous a très bien soigné, là aussi vous n'avez pas dû vous ennuyer puisque le célèbre Henri vous avait suivi. Dites bien le bonjour à Henri ainsi qu'à Mme Pierre qu'il me tarde de revoir pour discuter avec elle pour déceler son opinion. Je me doute qu'Henri ne doit pas manger à sa faim en ville et puis la perte de sa femme a dû lui en donner un coup. Les planqués de Léogeats ont donc été obligés à partir. L… Armand lui avec son pied aurait dû se débrouiller il me semble. Les mariages vraiment ces jours-ci alors se succèdent. […] Léonce G… doit être en colère s'il ne prend pas de palombe. Bonjour chez Pierrot et aux Bernille et remerciez Clozure à l'avance. Je vous quitte chers parents, recevez mes meilleurs baisers et que j'ai le bonheur de vous revoir bientôt. Robert

Vienne le 7 novembre 1943

Chers parents, chère Yvonne,

Je m'empresse pour faire réponse à votre lettre du 26 octobre que j'ai reçu avant-hier qui contenait les articles que vous avez été aimables de m'expédier. Je les connaissais déjà nous l'avions appris par le journal que nous recevons ici, les montrer au bureau n'aboutirait pas une solution tout au contraire car ici il n'y a pas danger qu'on obtienne cette satisfaction. Quant aux autres papiers que je vous demandais dernièrement ne les expédiez pas mais procurez-les tout de même ; si je viens ça me ferait un autre appui avec Clozure. Vendredi matin avec quatre camarades sont partis en permission comme je vous le disais sur ma dernière lettre. Celui de Paris devait dès son arrivée vous envoyer un télégramme et vous donner des renseignements pour que vous lui expédiiez les souliers pour me les apporter. Je lui en ai parlé parce qu'il est très gentil et on peut compter sur lui pour le retour et que sur A… ce n'est plus la peine je crois bien d'y compter vraiment pour les chaussures là je n'ai pas de chance quant aux colis postaux je ne les ai encore point reçus. Pour la permission à ma fin de contrat ainsi que Paul j'ai fait la demande, l'interprète a affirmé à Paul qu'il en avait parlé au bureau il n'y a encore rien de fait si vous n'avez pas encore expédié le gros colis dont vous me parlez gardez-le au cas qu'on aurait satisfaction avant d'avoir réponse faut attendre le retour des camarades qui y sont actuellement. Le 28 octobre j'ai reçu une lettre du 18 recommandée depuis Pessac elle me racontait la vie de Pessac de certains, vraiment c'est honteux et malheureux d'être dans des situations pareilles vivement que la fin approche pour que la vie reprenne son cours normal. Pour ma santé ne vous en inquiétez pas je suis et me porte très bien, l'épidémie s'est arrêtée là les copains n'ont heureusement rien eu. Maintenant faut commencer à faire attention au froid dès que nous sortons aussi bien de l'usine que de la baraque partout c'est bien chauffé et au dehors il ne ferait point encore trop froid si ce n'était toujours de ce petit vent des montagnes tout de même aujourd'hui l'eau était un peu prise. Je n'ai pas assisté au concert, c'est le cinquième qui se joue à cette salle depuis peu de temps, tant que ça ne se déplace pas tout va bien. Je travaille toujours aux machines, le travail a un peu repris il y en a encore qui font les manœuvres. Le rendement n'est toujours pas brillant. Je n'ai pas été encore voir Jeannot vraiment il doit penser que je l'oublie totalement. Je ne sais encore quand je pourrai y aller. Hier après-midi nous sommes partis à cinq travailler pour la grand-mère notre épicière chercher des tuiles en ville avec un camionneur Français et son patron et les apporter à trente kilomètres d'ici elle fait bâtir une villa en campagne et ce matin nous sommes repartis de bonne heure par le train pour approcher les tuiles tout en haut à l'intérieur de la maison en escaladant par des échafaudages en escalier tournant et nous étions de retour pour manger à midi, je vous assure nous avons dû lui faire plaisir, nous avons été tous bien récompensés, j'y reviendrai souvent, et puis ça change un peu la vie avec le camion nous avons passé en pleine montagne il y a certains passages assez scabreux ; c'est à se demander il y a des moments comment que certains blocs de pierres et terre peuvent rester sans bouger, vraiment ça fait une certaine impression c'est l'hiver que ça doit être beau quand c'est recouvert de neige. Jeannot de Négrille a vraiment de la chance, moi aussi cette fois je crois qu'il joue la comédie, ne serait-ce pas le sarrois qui se débrouillerait pour lui car lui non plus n'a pas été ré-embêté tant mieux pour lui s'il peut s'en tirer ainsi. [...] Je ne vois plus grand-chose à vous raconter pour le moment toujours la même vie, dites bien le bonjour à Sauternes et à Léogeats. Il faudra que je me décide à leur écrire mais maintenant les soirs sont de suite passés ayant changés l'heure et le matin on se trouve si bien au lit qu'on devient flémard pour se lever. Bonjour aussi à Bernille et au quartier. Je vous quitte, bonne santé, à bientôt de vous revoir. Mes meilleurs baisers, Robert.

Vienne le 13 novembre 1943
Chers parents, chère Yvonne
Je voulais attendre d'avoir une de vos lettres pour vous écrire, votre dernière est celle du 26 que j'ai reçue le 5 de ce mois. Je vous ai envoyé de mes nouvelles lundi dernier et le soir même j'ai reçu un de vos colis et l'autre le lendemain ils sont bien arrivés intacts, avec un peu de retard pour des colis postaux. Quant au gros que vous deviez m'expédier, j'espère que vous

m'aurez écouté que vous l'aurez gardé, pour cela j'attends impatiemment votre prochaine car voilà je crois s'il n'y a rien d'extraordinaire et que les permissionnaires chez nous actuellement reviennent que le 3 décembre ce sera mon tour ainsi que celui de Paul et d'un parisien. Paul faisant le délégué de nous tous en remplacement vient de nous apprendre que le bureau venait de faire des démarches pour les places au convoi. Aurons-nous enfin ce bonheur de pouvoir nous retrouver parmi nos chers parents. Pour les souliers, j'espère que l'autre camarade aura fait le nécessaire pour me les apporter car vraiment je commence à être mal en point malgré tout ce n'est pas cela qui m'empêcherait de faire le voyage. J'espère aussi que vous avez reçu mon mandat plusieurs camarades ont reçu des nouvelles de leurs familles leur en accusant réception depuis le 30 octobre. Aujourd'hui nous devions aller retravailler pour la grand-mère, au dernier moment ce jour-là a été remis à plus tard, mais voilà il va falloir que tout de même j'aille voir Jeannot avant de venir ainsi que les autres camarades. Cet après-midi je vais au photographe. Il y a quelques jours que j'y ai été aujourd'hui c'est pour que j'ai mes photos d'ici peu car il demandait un délai assez grand comme tous d'ailleurs et je ne devais les avoir qu'à la mi-décembre. Puis je vais aller faire une virée en ville. Hier et aujourd'hui le temps menace la pluie vaut mieux la douceur de ce temps que le froid. Ici la pluie n'est pas de durée, pas même pour un jour. Quelle différence à côté de chez nous. Je n'ai pas eu d'autres nouvelles de Germaine non plus depuis le 28 du mois dernier. Je ne vois plus grand-chose à vous raconter pour le moment bonjour à tout le monde comme d'habitude. Mme Pierre elle n'est-elle pas repartie j'en doute, car la vie de Paris a dû la satisfaire pendant qu'elle y était et sûrement pour quelques jours. Je compte sur vous en attendant de vous voir recevez chers parents et chère sœur mes meilleurs baisers, à bientôt. Excusez-moi si je ne vous ai fait une longue lettre aujourd'hui il est temps que je parte si je veux promener à 4h30 il fait noir. Robert

Vienne 29 novembre 1943
Chers parents, chère sœur Yvonne
Mercredi j'ai reçu votre lettre du 6 que j'attendais tous les jours avec impatience, cela faisait 19 jours que je n'avais rien reçu, je la croyais perdue puisque j'avais reçu le colis depuis le 16. J'en ai été un peu étonné puisque je n'avais encore point eu de lettre m'affirmant qu'il m'avait été expédié. Voyez il n'a pas mis plus de temps que les postaux tout au contraire ; j'ai bien tout retrouvé dans les colis. Chère sœur tu me disais avoir mis deux boîtes de miel tu as dû faire une erreur je n'en ai retrouvé qu'une seule et la caisse je crois bien n'a pas été ouverte car elle me paraissait bien intacte. Je vous en remercie beaucoup, je ne sais trop comment vous en remercier et ne m'attendais point a en recevoir autant. Les châtaignes avaient beaucoup séchées il y en avait pas mal de gâtées, tout de même avec Paul nous nous sommes régalés, il nous tardait d'y goûter. Quant aux conserves et le vin je les garde pour les fêtes de Noël et du 1er de l'an pour que nous soyons un peu plus gais pour nous faire oublier un peu le chez nous et nous chasser le cafard. Je vois maintenant qu'une fois de plus nous allons les passer ici, inutile de compter à la permission pour cette année tout était prêt mais les quatre copains n'étant pas revenus ils ne veulent pas nous laisser partir. Espérons qu'ils seront assez raisonnables de revenir. Quant aux fêtes de la Toussaint ici nous ne nous en sommes même point aperçus. Le lundi travail et le dimanche comme d'habitude. La femme à Georges a dû être je me doute heureuse d'avoir passée ces deux jours à Sauternes quoique le coin ne soit pas trop intéressant ça la sortait un peu de chez elle et puis est-elle toujours en famille avec son beau-frère, dès que vous lui écrirez, dites-lui un bonjour pour moi ainsi que pour Georges. La semaine qui vient de s'écouler j'ai reçu un deuxième colis de Germaine, des biscuits et des pommes excellentes très douces pour des reinettes canadas elles doivent sûrement venir de Camblanes quelle différence de goût avec le fruit d'ici. Ce n'est pas pour dire rien ne vaut le produit français. Dimanche dernier j'ai été pour voir L... de Preignac quelle n'a pas été ma surprise de retrouver A..., j'ai été encore plus stupéfait quand il m'a répondu qu'il n'avait pas amené mes souliers. Son départ dit-il a été si précipité qu'il n'en a pas eu le temps, la veille il a

esquivé les gendarmes du coup en a-t-il décidé de repartir au plus vite je crois que c'est un bobard vraiment je n'ai pas de chance, enfin ! Tout de même je suis vexé, je ne sais trop quoi penser. J'aurai tout de même cru qu'Alban L… cause sa jambe aurait réussi à se défendre, tout de même s'il n'est pas trop mal ça peut aller quant à Marc qu'il ne se plaigne pas je voudrais bien être à sa place, quand je suis parti c'était normal puisque nous n'avions pas combattu de venir ici et je vois que maintenant même dans les journaux qu'ils autorisent toutes ces jeunes classes à rester ; ici ça rouspète un peu surtout qu'il y en a qui approchent la cinquantaine et surtout depuis que le démenti des articles que vous m'aviez expédié a paru. Je crois que nous sommes jusqu'à la fin qui j'espère ne tardera pas. […] Hier j'ai été avec Paul voir Jeannot je l'avais averti par lettre dans la semaine. Il nous a très bien reçu il avait préparé un bon petit gâteau ma foi très bien réussi. Il est toujours en bonne santé et vous envoie un bonjour cette fois nous ne sommes pas restés longtemps ensemble car il ne fait pas très bon poiroter dehors. Je lui ai appris les toutes dernières nouvelles, Georges D… lui a écrit mais ne parlait point du mariage de sa sœur avant de nous quitter il m'a donné une de ses photos faites tout récemment cela m'a fait plaisir, ça sera un souvenir de plus du pays. Demain je vais écrire à Titine et lui envoyer une photo vous lui demanderez si elle l'a reçue. Je ne vois plus grand-chose à vous raconter. Recevez chers parents et sœur mes meilleurs baisers, ne vous chagriner pas car cela n'en vaut pas la peine en attendant des jours meilleurs. Bonjour à tous, Robert.

Vienne le 6 décembre 1943
Chers parents et sœur Yvonne
Aujourd'hui dimanche comme je ne vais sûrement pas sortir, je profite d'un instant pour vous écrire faisant réponse à votre lettre du 15 que j'ai reçu le 2 et surtout aussi pour vous tranquilliser au sujet des souliers avec lesquels pourtant à force de temps et de commissionnaires je viens de rentrer en possession je vous affirme que j'étais heureux quand j'ai revu Clausmann et qu'il m'a annoncé qu'il m'apportait ce colis lui-même m'a dit de vous écrire au plus vite pour vous tranquilliser parce qu'il m'a dit qu'il n'avait même pas eu le temps de vous

écrire pour vous faire savoir qu'il les avait reçus, il vous en fait les excuses, que voulez-vous, je sais que le temps passe vite en permission à discuter avec les uns et les autres. Sur les quatre permissionnaires pour le moment ils ne sont que deux de rentrés depuis vendredi dernier ils ne sont repartis que le 1er de Paris, que voulez-vous douze jours voyage d'aller compris ce n'est pas beaucoup aussi ont-ils décidé de prendre prolongation d'eux-mêmes puisqu'on n'avait pas voulu leur en donner ce qu'il y a c'est toujours ceux de la même contrée qui ne reviennent pas ils sont encore du pays à Georges, maintenant faut attendre pas de convoi avant le 14 janvier et puis on ne connait pas ce que pense encore le directeur et puis 4 doivent partir avant nous. Excusez-moi de vous avoir dit sur l'autre lettre de n'avoir retrouvé dans le gros colis qu'une boîte de miel il y avait bien les deux je l'avais prise pour des conserves et n'avais pas vu l'inscription. Je ne veux plus chers parents puisque la vie est aussi dure chez nous que vous expédiez des colis, que vous vous priviez pour moi avec cela. J'ai ce qu'il faut pour passer les fêtes, vous allez bien voir par vous-même que je ne souffre pas trop d'après la photo que je vais mettre avec cette lettre. Heureux que vous puissiez obtenir cette carte de producteur qui malgré tout est un petit avantage, êtes-vous arrivé enfin à obtenir une assez bonne vache laitière. Je vois que vous faites encore de l'élevage mais aurez-vous assez de fourrage pour tout et le grand veau est-il venu beau depuis l'opération. Et pour le pain cela va-t-il à peu près depuis que Marc est parti. Son père a-t-il pris un ouvrier ou a-t-il eu recours pour une fois de plus à Pierre sans doute ne lui auront-ils pas tenu rancune. [...] Si vous revoyez Marc dites-lui qu'il se tienne sur ses gardes ici il y en a beaucoup qui étaient comme lui dans les camps de jeunesse et qui au bout d'un certain temps ont été obligés de partir ce n'est ni plus ni moins qu'un premier groupement en effet quel beau boulot doivent-ils faire puisqu'en particulier ils ne connaissent pas le métier. Quelle vie pour eux aussi surtout pour Marc qui savait si bien se soigner. Donnez-lui un bonjour de ma part à la prochaine occasion. Au sujet de l'habillement ici rien à faire, cet article là il y a longtemps que nous le connaissions et que nous avions fait des demandes de vive-voix nous-mêmes à la Délégation. Tout ce qu'ils ont c'est le costume Pétain des camps de jeunesse, pour le reste, rien. J'ai bien reçu aussi l'autre certificat, je l'ai fait traduire voilà ce qui était écrit au verso cela voulait dire que tout ce qui était écrit était vrai, vaut mieux que je ne le montre pas, cela n'avancerait à rien d'ici rien à faire au contraire ça me compromettrait peut-être pour venir. Le 1er de ce mois-ci je vous ai envoyé un autre mandat de 6000. Toujours pareil, dès que vous l'aurez reçu, avisez-moi. Quant à H... puisqu'il en est ainsi, c'est sûrement ses parents qui n'ont pas voulu qu'il vienne chercher mes souliers puisqu'ils vous avaient fait cette réflexion. Pourtant il me semble que je leur avais demandé s'ils avaient des affaires à lui expédier, qu'ils pensent ce qu'ils voudront ça m'est bien égal. Ici pour le boulot c'est toujours pareil voilà quinze jours qu'au montage ça ne travaille plus, aussi ont-ils ramené à 48h cette semaine, la semaine qui vient je crois bien que c'est à 50h. Il n'y a que moi vraiment qui n'est pas de chance, avec deux allemands il me faut faire des heures supplémentaires c'était soi-disant pour deux semaines. Une fois ces deux finies, il fallait en faire une autre le lundi et le mardi je suis parti comme les autres ils m'ont fait céder pour trois jours de plus et voilà qu'à nouveau c'était une semaine de plus alors nous nous sommes un peu fâchés mais que voulez-vous faut en passer par là c'est soi-disant parce qu'à ces machines nous avons du retard dans ces nouvelles séries il y a beaucoup plus de boulot tout étant en bois faut faire disparaître le fer le plus possible et puis je crois aussi que la quincaillerie manque même beaucoup et puis aussi réduction force motrice deux heures de plus que les autres mais tout de même maintenant ça n'arrive qu'à dix heures par jour. Je ne m'emballe pas pour ça, c'est plutôt vexant de voir partir les autres qui bricolent tous les jours pour ainsi dire et puis flatteuses promesses de permission, tapes amicales, enfin j'ai apprécié leur caractère. Ne vous en faites pas, je me tirerai bien d'affaire, je suis en bonne santé recevez mes meilleurs baisers. Votre fils, Robert.

Vienne le 15 décembre 1943
Chers parents, chère Yvonne
Samedi dernier j'ai reçu votre lettre du 24 du mois dernier, en même temps une de la mère à Jeannot. Quant à ta lettre de Capian ma chère sœur ce n'est qu'aujourd'hui que je viens de la recevoir, cela fait exactement un mois vois la différence avec les recommandées double de temps. Comme il n'y avait pas longtemps que j'avais vu Jean je le lui ai écris j'irai probablement le revoir pour le 1er de l'an. Je crois que nous aurons trois jours de fêtes pour la Noël, c'est officiel pour compenser un peu ce temps perdu nous avons commencé

aujourd'hui à travailler demi-heure par jour de plus quand pour les autres heures supplémentaires qu'il me fallait faire. Cela est terminé et je vous assure que je ne regrette pas car il n'y a rien de plus vexant de voir partir tous les copains qui rient pour vous faire marronner. Dimanche dernier j'ai été voir H… et L… pour qui j'avais une commission nous avons causé un moment mais H… n'a pas fait long discours. Il est parti presque aussitôt chercher son repas à la cantine et ne l'ai pas revu c'est-il qu'il a remord de ne pas avoir apporté mes souliers ça doit être ses parents qui lui ont dit d'agir comme ça puisque son père avait tiré une réflexion. Ça m'est égal enfin, j'ai réussi à les avoir. Je n'ai pas été voir ce D… de Langon je vais tâcher d'y aller dimanche d'après l'adresse il ne se trouve pas très loin, c'est je crois dans le même arrondissement. La semaine dernière, j'ai eu deux fois la visite de D… je lui ai demandé s'il le connaissait il m'a dit que oui, je le ré-attends dimanche matin s'il vient nous irons tous les deux. J'attends aussi une réponse de D… pour tâcher d'avoir un rendez-vous avec Lapeyre que je serai pourtant heureux de voir. Je vous ai écrit le 6 ainsi qu'à Germaine et vous ai envoyé une photo. J'espère que vous l'aurez reçue. De Germaine, voilà un mois que je n'ai pas de nouvelles, je sais maintenant d'après votre lettre du 24 qu'elle est venue cinq jours à Sauternes à la cause d'une petite maladie de peau qui j'espère n'aura pas été trop grave. Il y a encore un permissionnaire à rentrer. D'après son camarade il lui aurait dit au mois de janvier je crois que de celui-là ce n'est guère la peine de trop y compter. Ici, il neige assez souvent, de petites bourrasques heureusement qui disparaissent assez vite pour le moment il ne fait pas plus froid que chez nous on ne s'en aperçoit pas beaucoup la semaine, les ateliers étant chauffés. Sur votre prochaine lettre tâchez de me donner l'adresse de Camille je lui écrirai pour savoir de ses nouvelles. Quant à Marc ça ne m'étonnait pas qu'il vienne lui aussi vers nous. Ces groupements ne doivent être ni plus ni moins que la composition d'équipes prêtes pour les premières demandes […], je vois que la vie dans la commune continue. A Brouquet il y a un cousin de plus et Aimé à Bernille pour quand c'est-il qu'elle attend, je vois que les conseils de notre chef sont écoutés. Vous me dites qu'Edouard de Boni devait me récrire, jusqu'à présent je n'ai rien reçu de lui 300km c'est un peu loin, nous ne pouvons aller sans autorisation à plus de soixante. On pourrait peut-être bien se voir tout de même. Maintenant à partir du mois de janvier nous allons être taxés pour les lettres, nous avons une feuille qu'il nous faudra faire tamponner à chaque correspondance parait-il que nous aurions droit qu'à deux lettres par mois, ce n'est pas beaucoup nous allons nous récrier, les prisonniers ont droit à quatre. Je vais en profiter tant qu'il en est encore temps pour écrire un peu partout. A part cela, toujours la même vie, je ne vois plus grand-chose à vous dire. Recevez chers parents, chère Yvonne mes meilleurs vœux de bonne et heureuse année nous voici au seuil de l'année 44 qui j'espère apportera la fin de cette maudite guerre pour que la vie reprenne son cours d'avant, cela me fait de la peine de penser et de voir que je dois passer une fois de plus ces fêtes de Noël et du jour de l'an séparés encore de vous et de ne pouvoir vous adresser mes vœux de vive voix et de vous embrasser. Transmettez mes vœux à Mme Chapé, Mme Pierre, chez les deux facteurs, chez Pierrot et à tout le quartier pour moi. Je vais écrire à Bernille, au bourg et à Léogeats et de Baris. Avez-vous sa visite ou des nouvelles depuis qu'il a quitté Bordeaux. N'oubliez pas chez Marraine. Je vous quitte chers parents et Yvonne une fois de plus, bonne santé pas trop de mauvais sang et courage. Mes meilleurs baisers, à bientôt. Robert

Vienne le 17 décembre 1943
Chère sœur Germaine,
Je me décide à nouveau à te réécrire pour te donner de mes nouvelles qui sont excellentes pour le moment espérant que ma lettre aie le bonheur de t'en trouver de même, de tes lettres voilà un mois que je n'en ai point reçues la dernière datée du 5, quant à moi cela fait la troisième que je t'expédie depuis. Dans la dernière j'y ai mis une de mes photos faites ici, cela a demandé du temps pour les avoir, deux mois, je t'assure qu'il me tardait de pouvoir t'en expédier une. J'espère que tu l'auras reçue. D'ici une huitaine, les fêtes de Noël passées je t'écrirai à nouveau car je te préviens, faut en profiter tant qu'il en est encore temps à l'avenir. Ne t'étonne pas si tu ne reçois plus de mes nouvelles si souvent à partir du 1er de l'an. Parait-il que

nous avons droit qu'à deux lettres par mois, cela doit être vrai, nous avons déjà signé des feuilles traduites en toutes langues qu'il nous faudra présenter pour faire tamponner chaque fois que nous enverrons des nouvelles, demain nous serons mieux renseignés, notre chef de baraque va à la Délégation, nous pourrons correspondre à volonté par carte postale mais cela n'est pas pareil, ces cartes-là seront de suite garnies, c'est tout juste si nous pourrons donner signe de vie. Cette semaine j'ai reçu des nouvelles de Sauternes qui m'en donnait des tiennes en même temps et d'Yvonne, de son séjour à Capian et me disait qu'elle avait été toute étonnée de retour de te retrouver à Sauternes. Es-tu bien guérie de ton éruption de boutons, si cela n'était rien, tu auras toujours profité de ces quelques jours pour te promener et te reposer ; cela vient sans doute de la nourriture qui n'est à ne pas douter de bon choix comme avant-guerre. Alors comment as-tu trouvé ce nouveau petit cousin de Brouquet [...] ; et à Bernille pour quand cela est-il. Ici la température a baissé, il ne se passe pas de semaine sans qu'il y ait de la neige qui heureusement disparait aussitôt, maintenant il fait un vent glacial qui n'est pas agréable, heureusement aussi que nous n'avons pas grand parcours à faire pour aller au travail et que les ateliers sont très bien chauffés cela fait que nous n'avons pas grandement le temps de s'en apercevoir il n'y a que le dimanche aussi parmi nous sont pas nombreux ceux qui sont décidés à sortir et à Bordeaux quelle température y fait-il. As-tu toujours de bonnes nouvelles de Robert n'a-t-il pas encore eu la veine de passer civil pour que son genre de vie s'améliore un peu, n'a-t-il plus autant le cafard comme il y a deux mois quand il apprit la mort de son père. Elise et Constant vont-ils toujours au marché où sont-ils devenus rentiers. Pendant ton séjour chez nous, comment as-tu trouvé que se débrouillait nos parents pour vivre, est-ce que papa a meilleure mine que lorsque je suis venu en permission, je l'avais trouvé changé. Aujourd'hui 18 à l'instant même je viens de recevoir ta lettre du 7 je te remercie beaucoup de ta gentillesse et de ton dévouement pour moi, j'ai bien reçu tes deux colis, les pommes étaient très bonnes et intactes, je te recommande surtout de ne rien m'envoyer, ni les souliers de travail non plus pour les permissions lundi nous allons redemander au bureau. Que se passe-t-il chez nous alors les gens prennent un drôle de caractère ils viennent aguerris plus que jamais, la gentillesse et le bon cœur des Français où est-il parti. [...] Pour la Noël je te souhaite de bons moments de plaisir quant à nous ici nous nous sommes entendus à plusieurs avec nos réserves bien entendus un peu petites pour les trois jours que nous avons de congé, nous arriverons bien malgré tout à les passer assez bien j'ai un peu notre bon vin blanc de chez nous et nous allons tâcher d'en procurer un peu ici. Je ne vois plus grand-chose à te raconter, reçois mes meilleurs baisers. Je t'adresse mes meilleurs vœux de bonne et heureuse année pour 44 que cette vie finisse au plus tôt pour que nous puissions nous retrouver ensemble, transmets-les aussi à Elise et Constant, à tes patrons et à tes camarades de la maison Curat. Je te quitte une fois de plus, bon courage. Bonne santé et à bientôt l'espoir de te revoir. Transmets-les aussi à Robert qui les recevra un tardivement mais qui lui feront plaisir tout de même. Ma chère sœur je t'embrasse bien fort. Ton frère qui pense très souvent même à toi. Robert

Vienne le 29 décembre 1943
Chers parents, chère Yvonne
Ce soir je m'empresse de vous écrire ces quelques lignes pour vous donner de mes nouvelles qui sont toujours excellentes j'espère qu'il en est de même pour vous tous. Je n'ai pas de nouvelles depuis le 11, lettre datée du 24 novembre. Ce soir j'ai reçu des nouvelles qui m'ont un peu étonné, qui m'ont fait grand plaisir, je me demandais au premier abord d'où c'est qu'elles venaient enveloppe tampée de Paris en entête juste la date et m'appelant cousin et bien c'est la cousine Ginette de Léogeats d'après ce que je comprends elle a dû concourir pour la plus belle lettre d'enfants destinée aux parents étant à l'étranger, dès que tu la verras chère sœur remercie-la bien et embrasse-la bien fort pour moi, elle m'annonçait la naissance et le baptême du nouveau petit cousin Claude. J'espère que tonton et tante de Léogeats auront reçu ma lettre dans laquelle je leur adressai mes vœux de bonne année et dans laquelle je les priai de bien vouloir les transmettre pour moi chez Maurice. En même temps j'ai aussi écrit chez tante à Bernille et au bourg à Sauternes. C'est demain le dernier jour que l'on peut écrire à

volonté. Après ce délai pas plus de deux lettres par mois. C'est peu et les cartes postales n'ont pas encore fait leur apparition. Jeudi dernier j'ai été avec un autre copain et l'interprète au bureau de police pour établir mon passeport cette dois je crois bien que je viens en permission nous devons partir sept le 14 janvier j'ai prévenu Germaine pour qu'elle vienne m'attendre à la sortie de la gare, le voyage sera plus long que l'autre fois c'est un vendredi encore que je pars d'ici. Cette fois je n'arriverai pas sitôt beaucoup plus de retard à la frontière et Châlons en plus, Clausmann m'a dit qu'il était arrivé à Paris le dimanche matin à 4h à savoir s'il y a le dimanche de la correspondance pour Bordeaux je n'arriverai sûrement qu'à la nuit en gare St Jean s'il est trop tard je coucherai à Pessac et ne rentrerai à Sauternes que le lundi matin, vivement que ce jour-là soit là pour que je me retrouve auprès de vous tous mes chers parents. Recevez mes chers parents une fois de plus un peu tardifs mes meilleurs vœux je vous quitte bien le bonjour à tout le quartier et à bientôt. Votre fils qui vous embrasse bien fort et ton frère chère Yvonne qui a hâte de te revoir aussi pour bien te remercier de tes gentillesses et aimables lettres. Robert, à bientôt, c'est du peu j'espère cette fois.

Révigny le 2.2.44

Chers parents et petite Yvonne

Quelques mots pour vous donner de mes nouvelles jusqu'ici le voyage s'est très bien passé ce matin avec Paul nous sommes arrivés à Paris à la pointe du jour et ne sommes repartis de la gare de l'Est que vers onze heures le voyage de Bordeaux à Paris s'est très bien passé quoique assis dans un bon siège n'ai bien pu me reposer. J'ai passé l'après-midi d'hier avec Germaine et avons poussé une visite chez les S… à St Augustin chez qui d'ailleurs j'ai soupé. Nous avons déjà fait viser nos billets de retour et ne devons partir que demain je ne sais encore trop vers quelle heure nous allons être ravitaillés et coucher dans des baraquements organisés exprès pour nous. Au sujet de toucher de l'habillement et des chaussures nous allons réclamer demain matin ce centre existe en particulier pour les sinistrés. Je vous raconterai la suite sur ma prochaine lettre. Je vous quitte à tous chers parents et Yvonne en vous embrassant bien fort. Robert

Révigny, le 3-2-44
Chers parents et petite sœur
Hier je vous ai déjà écrit j'espère que vous aurez déjà reçu ces nouvelles, nous partons d'ici ce soir à cinq heures, j'espère que le reste du voyage se passera malgré tout assez vite nous aurions préféré ne pas faire d'escale trop longtemps ici que voulez-vous cela m'a permis de me reposer cette nuit nous avons pu nous reposer un peu. Ici il pleut depuis que nous sommes arrivés tout de même j'ai un peu exploré les alentours petit bourg assez gentil mais ayant été victime lui aussi des hostilités. Tout de même si j'avais cru cela j'aurai bien passé quelques jours à Paris ou bien auprès de vous. Dites bien le bonjour à Pierrot ainsi qu'à Bernille [...]. Chère sœur ne m'envoie pas de pochette j'en ai acheté à BX avec Germaine qui d'ailleurs devait te le dire et puis comme j'en ai acheté une autre ici comme souvenir. Je vais tâcher d'écrire à Germaine depuis ici. Recevez tous les plus gros baisers de votre fils et frère qui vous aime beaucoup. Bonjour aussi à la famille Lapeyre.

Vienne le 5-2-44
Chers parents et Yvonne. Juste quelques lignes pour vous faire savoir que je viens d'arriver ce matin même à la première heure je vous assure qu'il me tardait pour pouvoir me reposer un peu cette nuit je suis arrivé à une heure et il a fallu cette fois encore dormir à moitié. Nous avons quitté le convoi à peu près à moitié route le restant du trajet à nous de se débrouiller un bon train express pour terminer. Ici le coin à l'air toujours pareil avec Paul nous sommes les premiers rentrés. J'ai bien retrouvé vos lettres ainsi que le colis de la patronne à Germaine. J'espère que vous aurez reçu mes deux lettres de Révigny. D'ici deux ou trois jours je vous réécrirai. Vous pouvez dire à Mme Chapé que j'ai retrouvé aussi une lettre de Jean qui vous envoie bien le bonjour. Bonjour à Berthe et à Louis que j'ai oublié de voir avant de partir. Recevez les plus gros baisers de votre fils et frère.

Vienne le 12-2-44
Chers parents chère sœur Yvonne,
Voilà aujourd'hui huit jours aujourd'hui que nous sommes de retour ici, le camarade Parisien lui est revenu depuis ce matin, il m'a dit qu'il vous avait envoyé un télégramme mardi et qu'il a reçu le vôtre mercredi matin, il ignorait tout de la lettre que je lui avais écrite pendant mon séjour à Sauternes, il n'était pas chez lui il a passé tout son congé avec sa mère qu'il a amenée en campagne dans la Sarthe et ne l'a retrouvée qu'en rentrant au moment pour bien dire du départ moi aussi je vous affirme que si c'était à refaire j'attendrai bien mais que voulez-vous Paul était tellement pressé il a eu peur les voisins causaient déjà de lui, hélas tout est passé n'en parlons plus. Aujourd'hui j'ai reçu des nouvelles réponses de mes lettres celui de Fargues vient cet après-midi et Jeannot m'attend demain, il est tout heureux me dit-il de pouvoir me revoir tu penses me dit-il le jour qu'il a reçu ma lettre 24 ans aujourd'hui cela tombe à pic pour me remonter le moral. J'ai reçu aussi des nouvelles d'Alban L… c'est un fait exprès nos lettres ont du se croiser puisqu'il ne fait pas allusion à la mienne, c'est après avoir reçu mon adresse par ses parents qu'il m'écrit. Au point de vu logement il n'est pas trop mal, c'est plutôt en nourriture qui n'est pas fameuse à part cela il est toujours en bonne santé. Le 20 décembre il pleuvait me dit-il depuis plus une goutte vaut mieux car dehors il n'y fait pas bon, il me disait en terminant qu'il serait heureux que j'aille le voir si ce n'était pas trop loin vous pensez c'est complétement impossible nous ne pouvons être plus mal placés pour cela complétement aux deux extrêmes. Quant à Camille je lui ai écrit aussi, sera-t-il assez raisonnable pour me répondre je l'espère dès que je saurai quelque chose de lui je vous le ferai savoir. Dès que vous m'enverrez le colis avec le veston mettez quelques tubes de dentifrice avec celui que j'ai emporté le nycotis il ne vaut rien il est trop sec. Pour l'expédier voyez pour le mieux si c'est plus sûr par le mari de la postière par BX surtout avisez moi dès le départ. J'ai repris mon boulot lundi matin cela est un peu dur de s'y remettre après trois semaines sans rien faire bien vivre et se promener, je ne voulais pas revenir travailler aux machines il a fallu que j'y retourne pas de boulot au montage pour le moment ça marche toujours par

moments tel que je vous l'avais raconté, le contremaître m'a promis de me changer de place dès que ça reprendrait. Beaucoup parmi nous font encore les manœuvres, pour le moment il n'y a pas d'heures supplémentaires. Chers parents ne vous chagrinez pas lorsque je vous ai quitté j'ai vu que à nouveau ça vous faisait de la peine même toi cher papa lorsque tu m'a embrassé la dernière fois sur le quai moi aussi je t'assure je n'ai pas pu m'empêcher de verser des larmes et n'ai même pas eu le courage de regarder par la portière pour te suivre du regard dans ton retour vers la gare, je me doute que tu ne fais plus à ton aise tout seul pour le travail mais que voulez-vous on ne peut faire autrement tout cela faut espérer finira bientôt que nous puissions nous retrouver tous définitivement. Pour le moment je ne vois plus grand-chose à vous dire transmettez de mes bonnes nouvelles à Léogeats sans oublier chez Maurice qui me traité d'ingrat de ne pas avoir été les revoir avant mon départ que voulez-vous il nous semble avoir le temps et total pas le temps de se reconnaître, à Bernille à tout le quartier et à Nautet aussi. Bien le bonjour à Pierrot et à ses parents vous pouvez dire à Léonce que j'ai passé dans les parages où il a été Kaiserslautern je n'ai pu voir grand-chose de ces coins là car j'y suis passé la nuit. Bonjour aussi au bourg en les remerciant à l'avance d'avoir voulu se mettre tous au travail pour mon veston qui sûrement doit être terminé. Je vous recommande surtout de leur payer la façon, la semaine prochaine je leur écrirai par carte postale naturellement. Nous avons avec Paul à notre retour touché chacun une paire de bleus de travail, dès que nous avons été partis les autres ont touché caleçon et chemise en plus nous maintenant c'est fini je crois bien, pour les bleus n'en parlez pas la mairie ne le saura pas dès que je recevrai le colis de Mme Massé je vous le ferai savoir. Je vous quitte chers parents je vous embrasse bien fort à tous ne vous faites pas trop de mauvais sang et courage pour nous par moment le moral est à peu près bon. Dites à Pierre qu'il dise bonjour à son frère Roger dès qu'il lui écrira de ma part en espérant de nous revoir bientôt. Robert

Vienne le 7 mars 1944
Chers parents et chère sœur Yvonne
Hier j'ai reçu vos deux lettres datées du 18 et du 21 une le matin l'autre le soir je vous ai écrit une autre lettre le 26. Pour le moment je suis toujours en bonne santé et suis très satisfait de savoir qu'il en est de même pour vous. Depuis que je suis de retour à peine qu'une couche de neige a disparu qu'une autre arrive le cas s'est encore produit hier matin à notre réveil il y en avait au moins 20 cm malgré cela il n'y fait pas trop froid. Cela j'espère s'arrêtera bientôt la période du beau temps approche encore un peu plus d'un mois et nous voilà au printemps, du coup je n'ai encore eu le courage de repartir pour aller voir Jeannot dimanche avec René de Fargues nous avons été pour voir D… de Langon il n'y était pas nous devons y revenir samedi, ses copains doivent lui faire la commission et nous ont dit qu'avec lui il y en avait un autre de Langon ; ce D… c'est un grand copain de René du bourg. Si vous voyez la mère à Jean donnez-lui un bonjour de ma part. J'ai envoyé une carte à Pierre de Bernille le 26 et une au bourg le 1er de ce mois. Je vous remercie beaucoup des souhaits que vous m'adressez à l'occasion de mes 24 ans et oui comme tu me dis chère Yvonne toutes ces fêtes qui se passent en silence et tant d'autres vois notre jeunesse où va-t-elle passer lorsque tout ce chaos sera terminé remarque l'âge que l'on aura déjà surtout que vaudrait mieux que je me trompe mais je n'en vois pas la fin cette année. Pour ma part j'ai eu la chance de venir vous voir en permission dernièrement ce coup-là je crois qu'il en est bien fini un d'entre nous aujourd'hui a été à la délégation nous avions entendu quelques échos il a demandé des renseignements ils lui ont répondu que c'était officiel qu'elles étaient supprimées pour des causes qu'ils ne peuvent pas dire, qu'ils viennent d'en avoir confirmation aujourd'hui même et pour tous les travailleurs étrangers. Sûrement qu'il va s'y passer quelque chose, ce qui n'est pas à souhaiter si cela existe mes chers parents je crois que nous ne nous reverrons qu'au retour définitif. Ici il y a deux camarades qui devaient partir vendredi puis retardés au 24 vous pensez ce soir ils n'étaient pas contents et donc René qui me disait encore dimanche qu'il allait y aller au mois d'avril. Sur vos récentes lettres je m'attendais à ce que vous me disiez que

vous aviez reçu l'argent tous les mandats expédiés du mois de janvier sont arrivés. Je vous ai envoyé 1200 frs le 29 février. Dans le colis de la patronne à Germaine il y avait des biscuits, une boîte de pâté, des nouilles et dix cigarettes, je lui ai envoyé une carte de remerciement. Je vois d'après ce que vous me dites que tous ceux qui ne sont pas revenus de permissions ne sont pas heureux ici ils ont été signalés par l'usine aux hautes autorités de Paris même ceux du mois de Juillet pour les faire retourner. Moi ici je prends le plus de distractions possibles samedi dernier encore j'étais au cirque quant à toi chère Yvonne ne te prive pas de sortir exécute tes meilleurs projets et tes plus grands plaisirs à nous ça nous change complétement les idées. Les papiers que vous avez reçu de BX la femme à Paul aussi les a reçus ne répondez pas ça leur fera du bien de se déplacer et de chercher un peu. Au cas qu'il y arrive quelque chose expédiez moi le colis avec le veston au plus vite il se pourrait fort bien que toutes nos relations en seraient coupées. Ma chère maman quel conseil me donnerais-tu je n'ai point pensé t'en parler lors de ma permission pour que j'ai un pardessus de retour si tu achetais le drap ou bien attendrais tu mon retour pour que je choisisse tu devrais tout de même procurer la doublure tant qu'il y en a pour mon costume. [...] Chère Yvonne es-tu toujours satisfaite de tes voyages à Capian pour toi une fois rendue as-tu un repas de plus et ta camarade Ginette est-elle toujours aussi sage ? Je vous remercie à toutes les deux des chansons que vous m'avez envoyées que voulez-vous ce soir elles n'ont pas été très bien accueillies c'est plutôt discussion de perme et du retrait. Etes-vous malgré tout assez tranquilles avec les nouveaux habitants bien assez nombreux pour le petit coin de Sauternes. Cette semaine tous ceux qui travaillent aux machines nous débauchons je ne sais pas pourquoi à 3h ½ et 4h ½ suivant les jours bref 48h au lieu de 55. Cette fois c'est notre tour de se moquer un peu des autres. Je remercie Pierre et Aimé de me faire part de la naissance de cette petite cousine mais je suis un peu vexé de n'être pas resté deux ou trois jours de plus auprès de vous au moins avant de repartir j'en aurai fait la connaissance. Pour le moment je ne vois plus grand-chose à vous raconter lorsque Pierre S... reviendra à Nautet invitez le à manger avec vous pour le récompenser de ce qu'il m'a hébergé

le soir de mon départ je lui avais dit de vous le dire je me doute qu'il n'aura pas osé vous le dire. Bonjour à Pierrot et à ses parents, embrasse pour moi la petite cousine Nadine un joli nom qu'ils ont trouvé Germaine et toute la famille à mon tour je vous embrasse bien fort mes chers parents et à toi ma chère Yvonne. Sur mon adresse mettez la mention et à gauche 12 A.
Robert

Vienne le 19-3-44
Chers parents,
Avant-hier j'ai reçu votre lettre du 7 mars ainsi que celle de Germaine de la même date aussi moi je vous ai écrit le même jour. Pour le moment je suis toujours en bonne santé et suis très heureux d'apprendre qu'il en est de même pour vous tous. Samedi dernier j'ai été faire la connaissance de D… le coiffeur de Langon avec lui il y a le petit fils de Théodore, Robert lui je n'ai pu le voir. D… est je crois un gentil garçon lui non plus n'est pas trop mal m'a-t-il raconté. Dimanche dernier j'ai été visiter le musée Technique c'est très intéressant de remarquer et de comparer le tout a fait ancien avec les progrès réalisés d'aujourd'hui c'est surtout les maquettes qui m'ont intéressé un gros navire représenté à environ 4m de long avec tous les accessoires quel travail de patience que cela a dû être et tant d'autres choses des locomotives au réel et aussi un moteur d'avion en verre que l'on peut voir tourner et admirer tous les mécanismes en marche. Le matin j'étais avec des camarades et l'interprète à visiter l'Arsenal là aussi pas mal d'armements modernes et anciens des nations belligérantes de cette guerre des chars détruits, là ma foi beaucoup d'objets ont été enlevés mesure de précaution de cette façon le temps nous paraît moins long. Je vois que vous avez bien fêté le baptême de la cousine Nadine je me doute que vous avez dû vous amuser tous ensemble. Je vois aussi que vous êtes bien encadrés, le plus embêtant c'est ce qu'il en résulte comme à Bazas, gare aux châteaux. Encore de nouveaux départs alors que va-t-il y rester comme personnel quant à Maxime faut qu'il soit fou une première leçon ne lui a pas suffi tant pis pour lui. Lorsque j'ai reçu votre lettre j'avais déjà écrit à Mme Clara, aujourd'hui j'ai aussi écrit à Guy à l'adresse que j'ai n'est-ce pas lui qui avait eu

sa maison détruite je ne sais si la carte arrivera bien ou trouvera leur nouvelle adresse. [...] Mon cher papa je vois que toi aussi tu es embêté falloir veiller la nuit cela doit t'être pénible est-ce que cela se renouvelle souvent et n'as-tu pas de risque. Si vous n'avez pas encore reçu mon mandat de janvier réclamez à la banque de Paris. Paul a eu le même cas l'année dernière. Tâchez de me donner des nouvelles d'Hubert. Je viens d'acheter une paire de souliers neufs de travail. Bonjour à Bernille et à tout le quartier. Votre fils qui vous aime. Robert

Vienne le 26-3-44
Chers parents et chère sœur Yvonne,
Aujourd'hui dimanche comme je ne sors surement pas je me décide à vous écrire je voulais attendre de recevoir une de vos lettres mais que voulez-vous les deux lettres auxquelles nous avons droit faut les déposer au bureau au jour que ces messieurs fixent de façon à les faire déranger le moins possible si cela se trouve c'est peut-être bien demain que j'aurai de vos nouvelles votre dernière et celle de Germaine que j'ai reçu en même temps il y a 9 jours était datée du 7 et ai fait réponse par carte le 19. Pour l'instant je suis toujours en bonne santé et je suis heureux de savoir qu'il en est toujours de même pour vous. La semaine dernière j'ai écrit à Guy à Paris en même temps qu'à Pierrot j'ai écrit aussi à Maurice de Léogeats je n'ai pas de réponse à part qu'il n'ait pas reçu ma carte et à René du bourg le 1er et cette semaine j'ai eu des nouvelles d'Alban L... lui aussi est toujours en bonne santé mais il me dit qu'il commence à trouver le temps long. A part cela ici rien de changé toujours la même vie le temps ne s'est pas encore amélioré ce matin il y a eu un peu de soleil mais il s'est bien vite recaché c'est toujours un temps de neige ou de pluie malgré que nous soyons au printemps. J'espère ma petite sœur que tu es de retour de Capian et que tu es passé de ton mieux et que tu te sois bien amusé malgré que tu y sois allé pour travailler. Et à Sauternes êtes-vous toujours en surnombre de population ici il en est un peu de même aussi il commence à y arriver d'autres étrangers naturellement vous devez vous douter de quelles régions les derniers ne sont mêmes pas restés ici pour travailler nous devons sûrement être assez surtout que maintenant nous ne

faisons plus de carrosserie pour les autos de l'armée la fabrique de moteurs et châssis ayant été détruite il y a déjà deux mois. Voilà trois semaines que je ne travaille plus aux machines d'ailleurs je n'en suis pas fâché maintenant je travaille sur des autocars électriques autrement les trolleybus qui doivent rouler sur les lignes des tramways. Je place avec un autre camarade à l'intérieur le plafond en contreplaqué le plancher, les sièges et la carcasse étant métallique. Le nouveau travail entrepris vous ne devineriez sans doute pas quoi des silhouettes de tanks grandeur réelle en bois, c'est du boulot grosso modo et fait en vitesse c'est sûrement pour faire tirer les avions dessus. Ce qu'il y a de plus à craindre c'est que s'ils ne trouvent pas d'autres boulots, c'est qu'ils nous changent d'usine ou alors qu'il y est pas mal de ces engins à faire faut espérer qu'on en arrive pas là, il n'est quand même question de rien ni nous n'avons pas entendu la moindre parole à ce sujet faut tout de même pas se faire du mauvais sang à l'avance. Je vois que les départs ne sont pas encore suspendus puisque Robert D… est lui aussi de partir à Léogeats tout de même ils sont assez nombreux ceux qui réussissent à se tirer d'affaire et là aussi ceux qui devraient venir un peu pour les dresser ont la chance et Marc du moulin est-il toujours à Lacanau dès que vous le verrez donnez-lui un bonjour de ma part et à ses parents et ceux qui travaillaient à Bx y sont-ils toujours. Les permissions sont à nouveau supprimées avant-hier ils étaient deux ici qui devaient partir ils ont été eux aussi retardés les trois derniers partis depuis notre retour ne sont pas eux aussi revenus c'est tout de même embêtant mais n'ont pas donné de motif pour l'arrêt des permes c'est sans doute sans crainte de nouveaux événements paraît-il qu'elles doivent reprendre vers le 15 mai c'était voyez-vous bien le moment lorsque je suis venu au mois de janvier. J'espère que tout de même lorsque mon tour reviendra que tout sera fini et que ce sera définitif en tout cas il y a ici deux camarades qui finissent leur dix-huit mois dans trois semaines leur fin de contrat leur est refusé faut maintenant plus se faire d'illusions nous sommes ici jusqu'à la fin. Il y a dix jours ce qui s'est passé comme vous me disiez sur votre dernière lettre à La Réole et à Bazas s'est produit ici vous avez dû l'apprendre sur le journal chez nous ne vous inquiétez pas c'est encore assez loin de chez nous en dehors de la ville et de la façon que cela s'est passé ce ne devait pas être même pas pour la région qui je crois n'est pas bien visée surtout je vous recommande ne vous faites pas de mauvais sang sur ce sujet. Dès que les beaux jours seront revenus qui j'espère ne tarderont pas vous pouvez dire à la mère de Jeannot que j'irai rendre visite à son fils et que je lui en donnerai des nouvelles. Passons un peu aux nouvelles de la jeunesse de chez nous [...], je crois qu'avec Jeannot L... lorsque nous retournerons chez nous nous serons les plus vieux de la bande. Et ce fameux colis d'Yquem offert par la commune qu'en est-il devenu ou cela aussi est-il tombé à l'eau ce qui ne m'étonnerait pas du tout si ils ont encore parlé de cela pour ne rien faire vaudrait mieux qu'ils n'en causent pas du tout. Je n'ai pas revu voilà une quinzaine de jours René D... pour savoir si ses parents avaient reçu mon mandat, si je ne reçois rien ou plutôt que par vos lettres vous ne m'accusiez pas réception du mandat de 2000frs que j'ai envoyé au mois de janvier je n'enverrai rien à la fin de ce mois-ci, j'ai redemandé aux copains ils m'ont dit qu'ils avaient reçu le leur chez eux voilà un mois. D'après votre lettre je vois chers parents que vous avez passé une bonne journée à Bernille au baptême de la petite cousine Nadine, vous étiez encore ce coup là assez nombreux Pierre avait dû se débrouiller un coup de plus je me doute comment se fait-il que les Landiras n'y étaient pas je me doute qu'ils ne doivent plus être du tout d'accord c'est Roger qui a dû avoir le cœur gros quand il a appris tout cela je me mets à sa place depuis les temps qu'il n'a pas vu sa famille. Plus grand-chose à vous raconter pour le moment embrassez bien pour moi tante et les cousins de Bernille, bonjour à Gaston de Capérot et à tout le monde chez lui et à tout le monde chez lui et à tout le quartier sans oublier le bon vieux facteur. Je me vois dans l'obligation de vous quitter une fois de plus recevez chers parents et Yvonne mes meilleurs baisers votre fils et frère qui vous embrasse bien fort et qui pense à vous. Robert

Vienne le 6-4-44
Chers parents
Je reprends un peu de courage pour vous écrire car voilà depuis le 19 du mois dernier que je n'ai point de vos nouvelles ni de

celles de Germaine, et tous les copains en étaient réduits au même point, personne de nous ne sait d'où cela provient et ce n'est qu'aujourd'hui qu'il y a eu du courrier et un colis aussi aujourd'hui je vous assure le caractère était un peu meilleur quant à moi je n'ai cessé de vous écrire, maintenant je ne sais pas si vous receviez mes lettres. A part cela je suis toujours en bonne santé et j'espère et souhaite qu'il en est toujours de même pour vous tous, maintenant je crois que l'hiver a fini par disparaître voilà que depuis dimanche il y fait un soleil magnifique la température aussi en est-elle radoucie, nous marchons sur l'heure d'été et le soir à la débauche le soleil tarde encore. Paul a reçu lui aussi une lettre et m'a fait part de quelques nouvelles et événements passés aux alentours de chez nous ; quant ici tout va encore bien ne vous inquiétez pas le calme règne. Si le colis est parti avisez-moi si vous ne l'avez déjà fait. Nous voilà au seuil des fêtes de Pâques je ne sais encore trop là où je vais les passer dimanche je crois voir Lapeyre j'ai trouvé une combine un de ses copains devait lui faire la commission et lundi j'irai peut-être voir Jeannot qui m'attend toujours avec impatience il m'a écrit plusieurs fois et lui n'a pas reçu mes lettres. Plus grand-chose à vous communiquer pour l'instant donnez bien le bonjour comme d'habitude à tous nos parents en attendant de vos promptes nouvelles. Recevez chers parents et petite Yvonne à qui je souhaite les meilleures distractions, de celui qui pense souvent à vous les meilleurs baisers et qui espère rentrer bientôt auprès de vous. Robert

Vienne le 10-4-44
Chers parents et sœur Yvonne
Vous pouvez me croire, c'est avec grand plaisir que je me suis empressé de lire votre aimable lettre que j'attendais tous les jours avec impatience c'est samedi dernier que je l'ai reçue celle datée du 21 mars vous me disiez que vous m'en aviez envoyé une autre avant je ne l'ai encore point reçue, je vois que vous aussi vous ne recevez pas toutes les miennes, la dernière que je vous ai expédiée est une carte du 6 en ce moment je crois qu'il y a beaucoup de correspondance qui n'arrive pas à peine 5 à 6 lettres par semaine pour les douze que nous sommes voyez

ce n'est pas beaucoup, les colis arrivent toujours bien dès réception nous devons l'ouvrir pour montrer au chef de bureau ce qu'il contient une nouvelle mesure de précaution au cas qu'il y aurait dedans qui ne sait quoi. Je vois que René du bourg n'a pas l'air de vouloir se débrouiller pour terminer mon veston depuis les temps voilà déjà deux mois pour peut-être un jour de boulot il aurait tout de même pu avoir la gentillesse de le terminer. J'espère qu'il ne me fera attendre guère plus longtemps. Le 26 du mois dernier j'ai aussi écrit à Pierre S.... Voilà donc les deux jours des fêtes de Pâques de passés, j'en ai profité pour me promener et respirer le bon air, depuis dimanche dernier il fait beau temps, un soleil magnifique, température très radoucie, les plantes qui bourgeonnent partout vraiment ça sent le printemps, les oiseaux qui gazouillent de toutes parts tout cela me rappelle le petit coin tranquille de Nautet dans lequel je préfèrerai vadrouiller à cette belle saison, ce changement brusque de température si brusque a fait fondre les neiges si vite que les eaux du Danube ont tellement montées qu'elles sont étalées jusqu'aux bords des digues assez éloignées chose qui ne s'était pas produite l'année dernière. Dimanche j'avais donc fixé rendez-vous avec Lapeyre pas de chance tous les dimanches il va au cinéma c'est là avant qu'il entre que je devais pouvoir le trouver voilà que pour ces fêtes, ni lui, ni ses camarades n'y assistaient. Aujourd'hui cet après-midi j'ai été au stade voir jouer au football j'ai assisté à deux matchs, je commence à ne plus savoir trop où aller pour visiter de nouveaux coins. Je suis toujours en bonne santé, j'espère que ma lettre vous en trouvera de même à vous tous et que toi ma chère maman que tu ne ressentes rien de tes douleurs au bras, vraiment pas de chance dans notre famille si ce n'est pas les uns c'est les autres toujours quelque chose. Question de nourriture toujours à peu près pareil je vois que ça recommence à tirer un peu plus chez nous question de viande je vois aussi qu'à Yquem ils ont fait un beau geste envers les habitants de la commune, quant à ce fameux colis je ne l'ai encore point vu, sûrement que ça a été oublié un coup de plus. Je suis heureux de savoir que vous avez reçu le mandat de janvier, la mère à D... vous-a-t-elle remis le reste elle ne tardera sûrement pas à le recevoir non plus. Samedi prochain René doit venir me voir il m'a écrit peut-être

me dira-t-il quelque chose pour ces fêtes me disait-il il devait les passer avec le jeune Jugi de Fargues qui est devenu travailleur libre il ne le savait pas ici il était à peine à 500m de lui. Puisqu'il en est ainsi vous faites bien je vous donne le choix pour le pardessus vous verrez ce qui peut être le mieux. Soyez sûr à mon retour je serai heureux d'être habillé au moins proprement ce qui j'espère ne tardera pas. [...] Depuis que je suis de retour de permission j'ai écrit trois fois au neveu de Mme Chapé et n'ai pas de réponse pourtant lorsque je suis arrivé ici j'ai retrouvé une de ses lettres pourtant pas vieille est-ce que depuis à son tour est-il allé en perme a-t-il changé d'usine ou bien lui est-il arrivé quelque chose tâchez de savoir quelque chose par sa grand-mère. Je ne vois plus de grandes nouvelles à vous communiquer le boulot a un peu repris donnez chers parents le bonjour chez tante et les cousins à Bernillle ainsi que chez Pierrot. Je vous quitte chers parents et sœur en vous embrassant bien fort de celui qui aurait le grand plaisir de se retrouver bientôt parmi vous pour reprendre ses anciennes habitudes une fois de plus recevez mes meilleurs baisers soyez tranquilles. Robert
12A cela est pour que les lettres nous parviennent plus vite et cela diffère avec les régions inscrivez le bien à part du reste de l'adresse et entourez-le d'un cercle.

Vienne le 12-4-44
Chers parents, chère Yvonne,
Le jour même que j'ai fait réponse à votre lettre du 21 j'ai reçu celle du 16 que je croyais perdue voyez elle a presque mis un mois ces deux derniers jours le courrier a l'air d'arriver. C'est lundi soir que je vous ai écrit et par lettre. Aujourd'hui j'ai reçu une carte du neveu de Mme Chapé et une lettre de Lapeyre de Noaillan. Jean est toujours en bonne santé, est souvent dérangé par les alertes mais pas de bombardements pourvu que cela dure me dit-il et vous envoie le bonjour. Quant à Lapeyre je ne risquerai pas de le voir ses copains ont bien réussi à lui donner le mot que j'avais rédigé pour lui, il n'est plus au camp, il vient de passer travailleur libre et me fixe rendez-vous pour dimanche maintenant nous allons pouvoir nous causer librement. Aujourd'hui j'ai écrit à Camille dès que j'aurai une réponse je

vous le dirai, quant à C… je lui écrirai demain. Ici il fait toujours beau temps aussi nous avons eu de la visite comme d'habitude heureusement pour nous au loin comme de chez nous à Bx environ, tout en haut nous avons vu dégringoler un oiseau qui avait été touché. Je suis toujours en parfaite santé j'espère que ma carte vous en trouvera de même et que toi ma chère maman tu sois complétement guérie de tes rhumatismes au bras. Et du cousin Roger qu'en faites-vous s'entend-il toujours avec son frère. Je devais aller voir Jeannot dimanche de ce fait je ne vais pouvoir y aller, j'espère que d'ici peu vous m'enverrez le colis pour le gilet tâchez de faire dépêcher René. Plus grand-chose à vous raconter donnez le bonjour de ma part à Mme Pierre et du Suissot et Casquette ne change-t-il pas de caractère. Recevez chers parents et sœur les meilleurs baisers de celui qui vous embrasse bien fort. Robert

Vienne le 20-4-44
Chers parents et Yvonne,
Je rends réponse à votre lettre du 2 que j'ai reçue avant-hier avec une de Germaine que j'attendais tous les jours avec impatience cela faisait exactement un mois que je n'avais rien reçu d'elle. Aujourd'hui aussi j'ai reçu une lettre de Camille réponse de la mienne par laquelle je lui donnais l'adresse de C…. D'après ce qu'il me raconte il travaille dans une usine d'avions située en pleine forêt dans laquelle il va se promener avec des jeunes filles de l'est je crois qu'il devient amoureux, il pratique aussi le sport, la boxe un peu brute dit-il mais il se régale quand même à part cela pas trop mal. Dimanche dernier j'ai enfin vu Lapeyre il est travailleur libre maintenant nous pourrons nous rencontrer assez souvent quelle joie pour nous deux de pouvoir discuter du pays et de notre vie d'ici il a tout de même bon moral malgré les années qu'il a passées ici pas toujours très roses surtout au début. Le 12 avril je vous ai envoyé une lettre je vois que chez nous d'après ce que vous me dites il fait très chaud si cela continue c'est encore une année de misère qui s'annonce quel malheur ! Surtout en ces moments critiques. Je vois aussi que vous êtes surpeuplés et que vous avez besoin de faire gaffe surtout le soir, quel veinard tauton il a du succès dans son braconnage et René est toujours aussi

acharné pour le sport. J'espère que je recevrai mon veston avec le colis car jusqu'à présent ici rien n'a été perdu. Les jeunes ont encore de la veine de retourner chez eux au bout de deux ou trois mois de boulot surtout qu'il y arrive toujours quelque nouveau. Je suis toujours en bonne santé je souhaite qu'il en est toujours de même pour vous. La nature cette semaine a drôlement reverdit les arbres fleurissent et les feuilles apparaissent et le gazon pousse aussi. Recevez mes meilleurs baisers votre fils et frère qui vous aime beaucoup. Robert

Vienne le 27-4-44
Nous voilà rendus en fin de mois aussi je ne puis plus guère retarder pour vous écrire la dernière lettre à laquelle j'ai droit ce mois-ci, j'attendais de vos nouvelles cela fait 9 jours que je n'en ai pas j'en aurai sûrement le lendemain ou le surlendemain comme d'habitude. Je suis toujours en bonne santé j'espère que ma lettre vous en trouvera de même à vous tous et que vous ne soyez pas trop fatigués des premiers travaux que vous avez dû déjà terminer au point de vue semence ; mais voilà le mois de mai et c'est la vigne qui va maintenant vous occuper. Ici la végétation est très retardée nous en sommes au plein de la floraison des arbres fruitiers et les feuilles aussi s'annoncent ; voyez le retard à côté de chez nous je me rappelle très bien l'année dernière dans deux jours lorsque je partais en permission c'était à peu près pareil et quelle surprise ai-je eu lorsque j'aperçu les premières vignes de Bx et les petites cerises qui rougissaient hélas ou est-il cet heureux jour qui coïncidait départ d'ici avec ma fête la St Robert cette année-là je crois que ni mes camarades ni moi n'auront plus ce bonheur car la date de reprise est de nouveau retardée. Bref tout cela me rappelle bien des choses. Dimanche dernier avec Paul j'ai été pour voir mon cher petit Jeannot c'est tout juste si nous avons pu nous dire bonjour en nous croisant pas moyen de pouvoir se causer je vous assure j'ai eu mal au cœur à ce moment-là je ne sais pas trop ce que j'aurai fait je n'en ai tout de même pas trop surpris car il m'avait un peu prévenu quelques jours auparavant par lettre. Je ne désespère pas tout à fait ils deviendront peut-être un peu plus doux. Dimanche j'ai rendez-vous avec Lapeyre et nous devons sortir ensemble l'après-midi et devons aller gambader je

ne sais encore trop où, je vous raconterai ce passage lundi je vous enverrai une carte. Avez-vous reçu celle du 20. Je me rappelle pas si je l'ai dit j'ai reçu une lettre de Georges dont voici les principaux passages ayant su que je suis venu en perme avec Paul par une de vos lettres il me dit que si je lui avais écrit assez tôt il aurait peut-être pu quelque chose pour nous et il lui tarde de nous revoir quand de vous tous chers parents ils sont très contents des bons jours qu'elle est venue passer avec vous et que si vous étiez obligés pour des causes qu'on ignore encore de partir qu'ils se débrouilleraient pour vous. Je n'ai toujours pas de réponse de toutes les cartes que j'ai expédiées autre qu'à vous au cousin Maurice, de René, de Pierre des S… de Bx ni de Pierrot ni de Guy de Paris ou alors que les réponses soient égarées. Etes-vous toujours aussi tranquilles de nos nouveaux locataires ici toujours pareil. Nous avons appris par les journaux toute cette semaine des choses très affreuses qui se passent dans plusieurs villes de chez nous entre autre Paris le moral doit vraiment changer et la population doit aussi vraiment crier ils sont vraiment dégueulasses d'agir ainsi pour d'après eux des amis. Quant à notre sort ici surtout ne vous inquiétez pas du tout et ne vous alarmez pas si vous lisez que notre ville est bombardée la ville est drôlement étendue il y a même la campagne qui y est comprise la vrai ville jusqu'à présent n'a rien eu dimanche dernier encore ce sont encore les mêmes parages qui ont été visés et cela se trouvait encore à une vingtaine de kilomètres tout à fait au sens opposé de chez nous en tout cas soyez sûrs que je ferai mon possible s'il le fallait pour me tenir à distance. Le boulot ne force toujours pas de trop, c'est souvent en ce moment que je pense à toi cher papa nous voir ici et puis dire que je te serai si utile à travailler avec toi qui doit être très embêté surtout à ces premiers moments de belle saison. As-tu fini d'exploiter le bois de chauffage et combien as-tu sorti de mètres et labouré touton du bourg est-il venu en ramasser pour dégager le chantier surtout fais-moi le plaisir de débiter les billons et tous les bois que tu as achetés entre autre les frênes assez tôt ne les laisse pas avarier. Et puis quasi cette année tâche de récupérer quelques essaims sûrement que lorsque tu recevras ma lettre les premiers ne tarderont pas à sortir les années précédentes je prenais les premiers à la

floraison de l'acacia. A part cela comme distraction toujours pareil au début du mois prochain je vais revenir au cirque, c'est le soir que nous trouvons le temps un peu long lorsque nous débauchons le soleil est encore très haut. Plus grand-chose à vous raconter pour l'instant est-ce que les parents de F… et C… savent quelque chose en tout cas ces jeunes jusqu'à présent ont de la veine au moins certains puisqu'ils rentrent chez eux au bout de quelques mois et Marc est-il toujours au même endroit dès que vous le verrez donnez-lui un bonjour de ma part ainsi qu'à ses parents. Pour une fois de plus je vous quitte chers parents, bonne santé pas trop de mauvais sang votre fils qui vous embrasse bien fort et qui espère revenir au plus tôt auprès de vous sans t'oublier ma petite Yvonne à qui je souhaite de bonnes distractions et de bonnes balades maintenant qu'il fait beau une fois de plus mes meilleurs baisers et bonne nuit.
Robert

Vienne le 1er mai 1944
Chers parents, chère Yvonne
Je m´empresse de vous écrire ces quelques mots pour vous donner de mes nouvelles par un copain qui vient de passer un séjour dans notre cher pays de cette façon vous aurez de mes nouvelles toutes fraîches il part d´ici après demain à la fin de la semaine vous l´aurez sûrement. Pour l´instant la santé ne peut être meilleure j´espère que ma lettre vous en trouvera de même à vous tous. Depuis le 18 je n´ai pas de vos nouvelles ni de Germaine j´espère que ça ne tardera pas. Voilà deux jours de fête de plus de passés, deux jours de fête qui n´ont pas été trop agréable cause du mauvais temps. Hier après-midi j´ai été rendre visite à D… et avons discuté un bon moment lui non plus n´a pas de nouvelles il ne sait pas si sa mère a reçu le mandat. Aujourd'hui j´ai été voir des matchs de football et de rugby presque toutes les équipes étaient françaises. A part cela ici toujours pareil cela fait 15 jours que nous sommes tranquilles ne faites pas de mauvais sang croyez-moi nous n´avons encore rien vu ici tout s´est jusqu´ici passé loin de nous quoique les journaux mentionnent les environs la distance qui nous sépare est d´au moins 30kms. Cette semaine j´ai reçu une lettre de C… et de Jean L… d´après la visite de dimanche

dernier. J´ai tout juste pu le voir pas moyen de le causer cela devient très dur il me dit que cela ne vaut plus la peine que je me déplace, vraiment j´ai eu le cœur gros. J´ai eu aussi des nouvelles de Georges je vous prie chers parents de bien vouloir donner de mes nouvelles qui sont récentes j´espère à Germaine. Je vous quitte car le copain est pressé de faire ses valises, excusez-moi de ne pas vous en dire plus long, je crois que vous serez tout de même très heureux. En attendant de vous revoir ou plutôt de me retrouver définitivement parmi vous ce qui j´espère ne tardera je vous quitte mes chers parents, je vous embrasse bien fort à tous, un bonjour de ma part aux parents et au petit quartier. Surtout soyez tranquilles pour moi. Robert

ZWICHAU 14-5-44
Chers parents, chère Yvonne
Aujourd´hui dimanche je profite d´un petit moment de tranquillité pour vous écrire, j´espère que cette lettre ne vous étonnera pas en voyant le nom de la ville depuis laquelle je vous écris car j´espère que vous aurez reçu ainsi que Germaine ma carte du 8 d´après laquelle je vous annonçais mon arrivée ici. Au cas que vous ne l´auriez pas reçu je vais vous retracer comment cela s´est passé. Cela faisait bientôt deux mois que nous ne travaillions plus à vrai dire pour l´armée manque de moteurs et châssis cause vous devez vous douter du motif je ne crois pas que ce soit réellement pour cela parce que depuis que nous sommes ici il y ait arrivé encore près de cent autres français de plusieurs usines différentes chose bizarre travaillant tous pour la même marque de voiture la majeure partie carrossiers et ici nous sommes pour travailler au montage de châssis travail qui est plutôt mécanique pas un seul bout de bois alors juge pour des spécialistes. Nous sommes venus d´après notre directeur faire un apprentissage pour monter nous-même les châssis à Vienne, les autres nous ont dit que c´était pour faire une avance de châssis. Avant nous il y était parti une vingtaine d´Autrichiens et depuis il y en ait arrivé quelques autres. Nous sommes ici depuis le 6 les papiers qui nous ont été remis figurent que nous sommes en déplacement pour une durée de 8 semaines donc jusqu´au 29 juin et nous avons tous ces papiers pour le même laps de temps, j´espère et je souhaite que

passé ce délai nous puissions retourner à Vienne. Nous sommes situés à 70km environ au sud de Leipzig et pas très loin de la frontière Tchèque pays que nous avons traversé lors de notre voyage. Le trajet a duré 14h la majeure partie du trajet s´est faite de nuit tout de même j´ai pu remarquer que presque partout c´est le bled régions presque pas agricoles très boisées du côté de la Tchéco très marécageux c´en est loin de rivaliser avec notre beau pays. Ici c´est une ville pas très conséquente dès notre arrivée nous nous sommes aperçus qu´il y faisait plus froid qu´à Vienne. C´est à peine si les arbres fruitiers fleurissent jugez du retard avec chez nous j´espère qu´en ce moment les cerises doivent êtres rouges. Ici je ne m´y plait pas de reste la ville n´est pas intéressante à visiter. A la baraque nous en sommes loin d´avoir le confort de Vienne premièrement nous sommes trop nombreux dans chaque pièce et puis pas de placard pour nos affaires obligés de tout garder dans les valises au point de vue travail ça va mais très salissant, ce matin il m´a fallu travailler ainsi que Paul et d´autres camarades c´est embêtant il y en a même qui sont de nuit, ce n´est pas pour cela que nous en faisons beaucoup plus, tout au contraire mais il faut se rendre à l´usine je n´ose vous dire le peu de travail que j´ai fait ce matin. Au point de vue nourriture nous ne sommes pas trop mal non plus nous ne touchons pas nos cartes mais nous touchons les mêmes denrées avec la différence que la cantine était meilleure à Vienne pour les mêmes tickets nous mangions beaucoup plus de viande et puis nous ne pouvons pas nous débrouiller non plus si facilement si cela n´est que pour deux mois nous patienterons un peu je crois que nous retournerons car le directeur ne voulait pas nous laisser partir et voulait nous faire laisser des affaires si nous n´en avions pas besoin et puis les autrichiens qui sont au même point que nous ne se trouvent pas bien ici et puis ils ne savaient où trop nous caser. Les derniers qui sont arrivés nous ont apporté notre courrier justement j´avais trois lettres la vôtre du 24 une de Germaine du 26 et une de Pierrot qui a mis plus d´un mois pour me parvenir. Chère sœur je te remercie beaucoup de ton aimable et longue lettre dans laquelle tu me racontes beaucoup d´histoires. Je vous remercie beaucoup de m´avoir offert ce joli petit bouquet en l´honneur de ma fête à laquelle nous avions pensé comme à celle de tous les copains comme de coutume que nous avons arrosé avec de la bière. J´ai écrit à Lapeyre et à Deloubes pour les prévenir avec Lapeyre nous devions sortir ensemble vraiment avec lui je n´ai pas de veine. Je me doute de la surprise qu´ont dû avoir les parents d´André et la joie que lui-même devait avoir de retourner chez lui au bout de quatre années de captivité. Quant à nous maintenant je crois que nous ne rentrerons qu`à la fin soi-disant que même les permes actuellement sont totalement supprimées pourvu que ce temps-là ne soit pas trop long. Jusqu´au 15 du mois prochain vous n´avez qu´à m´écrire ici je verrai comment que cela se passera je vous ferai savoir quelque chose et mon colis l´avez-vous expédié je n´ai pas eu de lettre de confirmation cette fois vous me parlez de celui qu´on devait recevoir d´Yquem mais pas du votre. Et mon mandat de 1200frs du mois de fin février l´avez-vous reçu juste avant notre départ j´en ai envoyé un autre de 2600. Que pense la population de tous ces bombardements qui se passent dans notre pays, ça a l´air de s´intensifier de plus en plus; les jeunes de Sauternes ont vraiment de la chance d´être revenus chez eux après si peu de temps et Marc est-il toujours au même endroit. D´après ce que me raconte Pierrot la jeunesse ne doit plus guère s´amuser plus de cinéma à Sauternes, les amusements de la Hargue supprimés vraiment c´est je me doute un coin à s´embêter maintenant. Chers parents et Yvonne je ne vois plus grand chose à vous annoncer pour le moment. Dites bien le bonjour de ma part chez Pierrot ainsi qu´à tout le quartier et à tante et aux cousins de Bernille et la petite cousine est-elle belle. Est-ce que Mme Pierre est-elle toujours à Nautet sans doute qu´elle n´a pas idée je pense de retourner en ce moment à Paris. J´écris aussitôt une carte à Germaine je vous quitte chers parents et petite sœur Yvonne, je vous souhaite bonne santé pour moi pour l´instant je me porte toujours bien recevez les meilleurs baisers en vous embrassant bien fort et à bientôt. Robert

ZWICKAU 19-5-44

Chers parents, chère Yvonne

Je viens répondre à votre lettre du 4 que j´ai reçu lundi et mardi j´en ai eu aussi de Germaine qui me raconte un peu les dernières nouvelles de Bx et les conditions de vie depuis quelques jours je vois que cela n´est pas du tout agréable en effet elle fait bien de vous envoyer de ses affaires. J´ai eu aussi des nouvelles de Lapeyre qui vous envoie bien le bonjour. Je vous remercie beaucoup et vous pouvez croire que je suis très heureux d´apprendre que vous m´ayez procuré le drap pour mon pardessus de cette façon lorsque je reviendrai je serai équipé tout au moins le principal et la couleur me plait et remerciez beaucoup René et un bonjour chez lui à tous. Ici j´ai un peu le cafard je m´y ennuie c´est bien à l´opposé de chez nous le matin il y fait encore un peu froid encore plus de retard qu´à Vienne les lilas ne sont pas encore fleuris et puis quel changement de nourriture un peu de système D nous sauve un peu demain à ce qui paraît le chef du personnel doit venir et nous allons lui causer au sujet de notre retour à Vienne pour voir ce qu´il en pense. Une petite affaire qui va vous faire rire nous avons décidé de nous laisser pousser la barbe jusqu´à notre retour à Vienne ce pari a commencé dès le début de notre arrivée ici vous pensez des plaisanteries qui nous sont faites et des paroles moqueuses. Je suis toujours en bonne santé, j´espère qu´il en est toujours de même pour vous. Bien le bonjour à Bernille et au quartier. Recevez chers parents et Yvonne les meilleurs baisers de celui qui vous embrasse bien fort. Robert

ZWICKAU 27-5-44

Chers parents, chère Yvonne

Voilà aujourd´hui huit jours que je ne vous ai pas écrit aussi faut pourtant que je me décide à faire réponse à deux de vos gentilles lettres que j´ai reçues samedi dernier une datée du 19 avril et qui n´ était pas recommandée l´autre du 11 mai voyez la différence de temps qu´elles ont mis la dernière carte que je vous ai écrite était du 19 et aujourd´hui je viens de recevoir une lettre de Germaine depuis Camblanes où elle doit y passer quelques jours. Laissez-moi tout d´abord vous dire que je ne travaille pas depuis jeudi cause que en travaillant au garage les portes étant souvent ouvertes et que en ce moment encore il fait encore froid j´ai pris un rhume et la gorge était un peu prise alors vous pensez je n´ai pas hésité à me faire porter raide vaut mieux arrêter assez tôt. Je suis à l´infirmerie du camp et hier au soir j´ai eu la visite du docteur qui m´a dit de rester encore couché maintenant il ne doit revenir que lundi soir cela va déjà beaucoup mieux et de ce fait j´aurais quelques jours de repos tant pis pour ces fêtes de Pentecôte que je suis obligé de passer en chambre, ça ne me tracasse pas beaucoup, rien d´anormal pour ces deux jours et puis dans ce bled toujours sale temps voilà deux jours qu´il pleut je ne sais au moins si l´été existe ici si oui je crois qu´il ne doit pas être long; ne vous faites pas de mauvais sang à part ce petit bobo je me porte très bien, j´ai toujours bon appétit heureusement que D... s´est débrouillé pour moi vous devez comprendre j´ai reçu une de ses lettres cette semaine et je suis très content de lui; souhaitons que le mois prochain sera vite passé pour que je me retrouve auprès de lui du moins je l´espère. Je vois que quoique la guerre la foire de Langon n´a pas été oubliée il devait y avoir succès surtout avec les manèges qui depuis quelques jours n´avaient pas eu l´honneur de tourner. Sauternes aussi a un peu l´air de vouloir se réveiller depuis que le bourg est dégagé et que tu t´es bien amusée chère Yvonne à ce concert en compagnie de tes camarades. Au sujet des mandats que s´y passe-t-il fin février j´en ai envoyé de 1200frs qui doit correspondre avec celui de 1136frs que vous me dites a passé par La Réole cela m´étonne, j´en ai envoyé un autre juste au début de ce mois-ci de 2600frs quant à celui de 1947frs je ne sais d´où vient-il. Quant à celui de 6000 du 20 janvier vous savez bien que je n´en ai point expédié puisqu´à cette date j´étais auprès de vous en permission vous devez confondre avec ce que j´ai emmené moi-même de Châlons. Je ne peux rien vous expliquer d´autre il doit y avoir un mandat qui ne doit pas être pour moi à part que ce soit une allocation que vous aviez demandé ou en êtes-vous à ce sujet; à vous de voir et de vous renseigner il doit bien y avoir une adresse de l´expéditeur. Au sujet de ce recensement Germaine a bien fait de venir à Sauternes en tout cas si vous étiez embêtées mes chères sœurs défendez-vous dites que je suis ici en Allemagne, mais vous savez je crois que c´est plutôt pour rester dans notre beau pays remplacer les hommes dans les usines. Enfin vous verrez bien à temps comment cela se passe et puis si dans l´agriculture les femmes doivent partir alors c´est la fin des haricots ce coup-là. Y-a-t-il beaucoup de cerises cette année je

ne sais pas si j´en mangerai l´année dernière c´est chez nous que j´étais à cette époque. Encore une fois de plus que l´incendie rôde autour de nos landes de Noaillan malgré tout nous avons un peu de chance de nous en sortir indemnes. Est-ce que cette année il y en a beaucoup. Chère Yvonne je te remercie beaucoup du petit bouquet que tu m´as offert en l´honneur de ma fête. S´il en est ainsi chez nous vaut mieux peut-être que vous attendiez pour m´expédier le veston. En France en ce moment quel moral que doit avoir la population quel malheur de se trouver dans de telles situations. Je vous quitte chers parents votre fils et frère qui voudrait bientôt se trouver parmi vous une fois de plus je vous embrasse bien fort et pense à vous.
Robert

ZWICKAU 5-6-44
Chers parents, chère Yvonne
A l´instant même je viens de recevoir votre aimable lettre du 26-5 et il y a 3 jours j´en ai eu une de Germaine la dernière carte que je vous ai écrite est datée du 27-5. J´ai aussi eu des nouvelles d´Hubert. Je vous remercie beaucoup de l´effort que vous avez dû faire pour composer le colis d´après ce que je vois cela vient dur aussi chez nous. Ici cette semaine la cantine a un peu amélioré ses menus. Je reçois souvent des nouvelles de D… qui se débrouille pour moi, c´est très gentil de sa part de cette façon je m´en sors à peu près bien, en ce moment le soir je vous assure je ne suis pas abattu par le boulot. A partir du 15 continuez à m´écrire à Vienne car si nous y revenons à la fin du mois j´aurai mon courrier là-bas et puis pour nous parvenir ici le courrier ne met qu´un jour de plus. La semaine dernière notre chef de personnel de Vienne est venu nous rendre visite il fait son possible pour nous faire retourner à la fin du mois nous-a-t-il dit. Hier au soir j´ai assisté à des combats de boxe entre ouvriers étrangers qui organisent aussi assez souvent des petits concerts dans les camps cela est très bien et réjouit tout le monde. Vous voilà donc à l´époque des grands travaux pour le foin comment allez-vous vous débrouiller, tâchez de vous entendre pour alléger vos peines. Cher papa à l´atelier n´es-tu pas trop embêté et touche tu toujours […]. Ici tranquillisez-vous nous sommes assez tranquilles jusqu´à présent il n´y pas eu de

danger. Donnez bien le bonjour à Bernille ainsi qu'à tout le quartier. Et Sauternes est-il toujours aussi tranquille. Les permissions sont totalement supprimées même les exceptionnelles maintenant nous n'avons plus qu'à attendre la quille. Chers parents je vous quitte en vous embrassant bien fort. Yvonne amuses-toi. Robert

ZWICKAU le 8-6-44
Chers parents, chère Yvonne
Je m'empresse de vous écrire cette carte qui sera peut-être la dernière car faut s'attendre à ce que le courrier soit peut-être supprimé d'un moment à l'autre. Avant-hier j'ai reçu une lettre de Germaine qui me disait que le ravitaillement de Bx allait mal en ce moment. Nous avons appris les événements qui se passent en ce moment sur notre sol, cela doit être terrible que de gens encore vont être plongés dans le malheur, chers parents si vous voyez le danger approcher, prenez vos précautions assez à l'avance et abritez-vous pour le mieux, cher papa dans ce cas je te recommande de mettre à l'abri les choses essentielles qui concernent notre travail et tout de ce qu'il y a de plus utile. J'ai peur que vous ayez à souffrir car la vie ne va pas devenir rose. Pour moi ne vous en faites pas je suis toujours en bonne santé et ferai mon possible pour que ça dure. Je ne sais encore pas si nous devons retourner à Vienne, je le souhaite pour pouvoir revenir auprès des amis des environs de chez nous; en ce moment cela me ferait passer un peu les idées un peu noires surtout si nous ne pouvons plus avoir de correspondance. Chers parents embrassez bien tous les parents de Sauternes et de Léogeats pour moi sans oublier la petite Nadine de Bernille. Chers parents je vous embrasse bien fort même en attendant de vous revoir bientôt j'espère je vous quitte en vous souhaitant bonne santé, bonne chance et surtout bon courage. Robert

ZWICKAU le 11-6-44
Chers parents et chère Yvonne
Aujourd'hui dimanche en après-midi je profite d'un petit moment de repos pour vous écrire ces quelques lignes il y a trois jours que je vous ai écrit une carte et hier j'ai eu des nouvelles de Germaine, de vous cela fait aujourd'hui huit jours

que j´ai reçu votre lettre du 26 mai à cette date vous me disiez que vous n´aviez pas encore de mes nouvelles depuis ici cela m´étonne un peu le même jour Germaine m´a écrit et me dit même avoir reçu ma carte du 14 les deux premières fois que je lui ai écrit j´ai fait deux cartes aussi pour vous. Au sujet de notre retour à Vienne nous ne savons encore rien d´officiel malgré tout d´après les racontars des copains venus d´autres usines nous en gardons tout de même l´espoir et nous le souhaitons tous de tout cœur, ici on s´embête drôlement [censure] les baraquements ne sont pas à proximité de l´usine. Comme distractions pas grand-chose c´est bien le bled heureusement que dans le camp avec l´aide des ouvriers des autres usines il y a souvent des concerts organisés ce qui distrait tout le monde. Dimanche dernier j´ai assisté à une dizaine de matchs de boxe entre ouvriers étrangers, à part cela pas grand-chose on ne peut guère se promener il fait un sale temps bien à l´inverse de chez nous pour un mois de juin il pleut presque tous les jours; et puis si seulement on pouvait aller visiter les villes voisines qui sont plus conséquentes à Vienne on pouvait circuler jusqu´à 60km ici faut même pas sortir de la ville sans autorisation. Je n´ai pas encore reçu le colis cela fait un [censure] devienne encore plus dure, pourquoi avez-vous vendu le rouget ne profitait-il pas ou devenait-il méchant. Je vous remercie beaucoup de l´effort que vous avez dû faire pour faire le colis je vois qu´en ce moment la misère à l´air de vouloir se faire sentir. Germaine m´a raconté la vie de Bx c´est terrible de voir cela. Chers parents surtout je vous recommande de faire et prendre toutes les précautions possibles faites beaucoup de conserves si vous pouvez cela pourrait bien vous servir un jour surtout qu´on ne sait pas encore ce qui peut arriver, je crois qu´en ces moments faut s´attendre au pire plutôt qu´au mieux. Y a-t-il longtemps que vous n´avez pas eu des nouvelles de Mme Blanche et de ses camarades venus à Sauternes en 40, il se pourrait bien que vous les voyez revenir à nouveau vraiment ils n´ont pas de chance dans ces régions; j´avais écrit à Guy au mois de mars je n´ai pas eu de réponse qu´est-il devenu? Cher papa si tu vois le mal appelé vers chez nous prends tes précautions pour notre matériel tâche de mettre le moteur et les choses précieuses et n´oublie pas la caisse qui repose à côté du buffet; j´espère que tu feras pour le mieux tout de même vaut mieux et souhaitons que tout ira pour le mieux; en ces moments malgré tout je voudrai bien être auprès de vous; pourvu que le temps qui nous sépare encore ne soit pas très long. [...] Pour le moment je ne vois plus grand chose à vous raconter pour le moment donnez bien le bonjour chez Pierrot et remerciez le car je me doute que c´est lui qui a donné les alouettes que vous avez mis en conserve pour moi. Embrasse bien les cousins et tante de Bernille pour moi bonjour aussi à Mme Pierre en attendant de vous revoir ce qui j´espère chers parents ne sera pas très long je vous embrasse bien fort et surtout bonne chance et courage et bonne santé. Votre fils qui en ce moment surtout pense souvent à vous. Vous pouvez dire à la mère de Jeannot que j´ai eu des bonnes nouvelles de son fils il n´y a pas longtemps. Robert

ZWICKAU le 20-6-44
Chers parents, chère Yvonne
Voilà aujourd´hui quinze jours que je n´ai point de vos nouvelles, lettre datée du 26 mai du moins récentes la semaine dernière j´ai reçu celle du 18 mai qui est partie de Langon et qui n´était point recommandée double temps pour me parvenir. De Germaine aussi j´en ai eu et du 31 mai depuis le début de ce mois le courrier n´a pas l´air d´aller trop bien. Nous voilà bientôt à la fin du mois il me tarde pour savoir une solution au sujet de notre retour à Vienne encore rien d´officiel mais d´après les dits-on nous possédons une petite pointe d´espoir il nous tarde à tous car ici nous ne nous y plaisons pas beaucoup. Ces jours-ci la température s´est un peu radoucie mais n´est pas encore trop chaude quel drôle de boulot pour faire les foins qu´ont les paysans. Samedi et dimanche nous avons eu des distractions au camp et en ville organisées par les ouvriers des différentes usines de la ville ce n´était pas très mal les acteurs avaient fait leur possible, ce qu´il y a d´intéressant c´est qu´ils possèdent une fanfare bien entraînée. A part cela rien de changé je suis toujours en bonne santé, malgré que nous n´ayons pas les mêmes avantages. J´ai écrit à l´usine au sujet du colis et n´ai pas encore eu de réponse c´est pour ne pas qu´ils me l´envoient ici si d´ici huit jours nous devons repartir. Et à Sauternes comment

vous en tirez-vous. Je ne sais comment faire, je crois qu´il ne vaut mieux ne plus envoyer de mandat. Avez-vous reçu le dernier de 2600. Chers parents je vous quitte en vous embrassant bien fort et à bientôt de vos nouvelles. Robert

ZWICKAU le 27-6-44
Chers parents, chère sœur Yvonne
Ce soir je m´empresse de vous écrire cette dernière pour vous donner de mes nouvelles qui pour l´instant sont toujours excellentes et je souhaite que ma lettre aura le bonheur de vous en trouver de même. Voilà près de trois semaines que je n´ai plus de vos nouvelles et de Germaine c´est pareil votre dernière est datée du 29 mai et les deux dernières me sont parvenues sans être recommandées. Paul jusqu´aujourd'hui était comme moi mais à l´instant il vient d´en recevoir, et vous recevez-vous toujours les miennes la dernière carte que je vous ai écrite est datée du 20 mai. Ce matin je vous ai envoyé de mes nouvelles qui sans doute marcheront plus vite c´est un camarade que j´ai connu ici et qui jusqu´à présent m´a paru très raisonnable il travaillait près de moi et ce matin il partait en permission en France il est des environs de Lille et dès son arrivée chez lui m´a promis de vous écrire, une permission exceptionnelle vient de lui être accordée sa maison ayant été détruite lors d´un bombardement, il doit vous décrire un peu notre genre de vie ici; et devait vous dire que nous repartons d´ici. Notre chef du personnel est revenu nous voir il est encore là et nous devons partir d´ici jeudi ou vendredi avec lui il me tarde vous pouvez me croire pour pouvoir me retrouver auprès des camarades girondins qu´il m´avait fallu quitter; et avec lesquels j´ai entretenu mes relations. Je viens vous dire que j´ai reçu samedi dernier votre colis intact malgré qu´il ait été ouvert car à la gare il y a douane chose qui n´existait pas à Vienne et il m´a fallu payer 10 marks c´est sûrement pour le vin qu´il m´a fallu payer cet impôt. Rien n´était avarié si ce n´est pas la boîte d´asperges qui avait été piquée sur le bord du couvercle très petit trou qui a dû être fait ici à la gare en la reclouant car elle n´a pas l´air de sentir et vais l´ouvrir demain. Je vous remercie beaucoup de l´effort que vous avez dû faire surtout puisque la situation se complique ainsi dans notre région et remerciez aussi les cousins

de Bernille pour avoir pensé à m´offrir les dragées du baptême de la petite Nadine ce geste je puis vous affirmer m´a fait grand plaisir et j´ai été aussi très heureux de pouvoir déguster le bon vin de notre petite commune cru Batéou qui n´a pas l´air très mauvais j´espère qu´à la fin de l´année je pourrais en déguster à volonté car j´espère que nous aurons bientôt une décision. Au sujet du mandat c´est bien 1700 frs que j´avais donné à D... naturellement il y a les frais d´envoi à déduire ; et puis vous avez le mandat du mois de mai à recevoir de 2600 ; je crois que maintenant ce n´est guère utile de continuer à en envoyer ; de cette façon nous n´aurons qu´une vie plus belle à mener ; malgré que là-bas nous ne nous privions guère. Quant à vous j´espère que tant il est encore temps vous saurez faire quelques bonnes réserves car sans doute des jours encore plus tristes malheureusement pourraient venir ; malgré les nouvelles inscriptions j´espère que vous arriverez tout de même à vous débrouiller ; et puis voir encore les récoltes détruites par la chaleur est encore plus triste tout s´en mêle vraiment ces dernières années lorsque justement ce serait le plus nécessaire de cette façon il n´y a guère que la vigne qui marche. Vous n´aurez qu´à donner de mes nouvelles à Germaine, je ne réécrirai maintenant que lorsque je serai de retour à Vienne. Et la jeunesse de Sauternes est-elle toujours aussi sage [...] ; à part cela puisque le bourg est de nouveau libre est-ce que le cinéma fonctionne à nouveau. Je ne vois plus pour l´instant grand-chose à vous raconter en attendant de vos nouvelles qui j´espère ne tarderont point, les meilleurs baisers de votre fils et frère qui pense souvent à vous et qui vous embrasse très fort. Bonjour à tous les parents et chez Pierrot une fois de plus courage et surtout bonne chance et à bientôt parmi vous. Robert

Vienne le 2-7-44
Chers parents, chère Yvonne
Me voici de retour à Vienne depuis vendredi matin vous pouvez croire que nous sommes tous heureux d´avoir retrouvé notre petit coin ici maintenant nous nous sentons revivre. Je vous assure que pour retourner notre chef a fait tout son possible et cela a été très dur ils ne voulaient point nous lâcher. Je suis tout de même heureux d´avoir passé ce petit séjour là-bas j´ai au

moins connu la mentalité qui est complètement différente de celle d'ici laquelle d'ailleurs je n'oublierai point. Juste avant mon départ j'ai reçu votre lettre du 8 juin je vous ai écrit une lettre le 27 j'espère que vous avez reçu la lettre qu'un camarade devait vous écrire pour moi, il venait en permission exceptionnelle. Aussitôt arrivé j'ai été voir D… pour le remercier de ce qu'il a fait pour moi et aujourd'hui il est venu à son tour me rendre visite et nous avons mangé ensemble ; vous pouvez croire que tout a de nouveau changé se retrouver avec les vieux camarades du pays et puis ce beau soleil et cette nature qui nous rappelle un peu le chez nous dès notre arrivée notre épicière nous a distribué les cerises qui nous revenaient de nos inscriptions à la cantine très bien accueillis et soignés j'espère vite récupérer les 2K500 que j'ai perdus. Cher papa maintenant je crois que tu ne dois pas être à ton aise avec tout ce manque de courant vraiment la vie ne doit pas être belle en ce moment chez nous. Tâchez de ne pas trop souffrir du manque de ravitaillement. Chers parents je vous quitte en vous embrassant bien fort et à bientôt de me retrouver parmi vous. Robert

Vienne le 8-7-44
Chers parents, chère Yvonne
Voilà huit jours que je suis de retour à Vienne et je vous assure que je n'ai pas été long à reprendre mes anciennes habitudes quel changement à nouveau à côté de là-bas nous sommes des heureux. J'espère que vous aurez reçu la carte que je vous ai écrite le 2 de ce moi dès mon retour et aussi la lettre qu'un camarade de boulot de ZWICKAU devait écrire pour moi dès son arrivée. Dimanche dernier D… est venu me rendre visite vous pouvez croire qu'il a été gentil pour moi. De Germaine je ne sais ce qu'il y a voilà un mois que je ne reçois pas de nouvelles et vos lettres ne m'arrivent plus recommandées aussi mettent-elles beaucoup plus de temps. En ce moment il fait un temps superbe une chaleur comme chez nous et les nuits très douces aussi les fenêtres grand 'ouvertes ; autrement ici toujours à peu près mais tout de même espérons que cela finisse cette année, il me semble voir la drôle de vie qui doit se passer chez nous même dans les régions qui ne sont pas éprouvées,

vous tirez-vous toujours à peu près bien d'affaires. Je suis toujours en parfaite santé et souhaite qu'il en est toujours de même pour vous. Chers parents je vous quitte en vous embrassant bien fort et à bientôt de me retrouver auprès de vous. Robert

Vienne le 17-7-44
Chers parents, chère Yvonne
Depuis que je suis de retour à Vienne je n'ai pas encore eu de vos nouvelles j'espère que ça ne tardera pas car en ce moment surtout on trouve le temps un peu long je suis tout de même un peu rassuré car c'est pour tous pareil aussi pouvez dire que je ne vous écris plus souvent je me suis résigné à n'écrire que tous les huit jours ; ma dernière carte est datée du 8 de Germaine j'ai reçu une lettre la semaine dernière. Ici pour le moment il fait toujours beau temps un soleil magnifique presque tous les jours. Aujourd'hui j'étais parti pour faire l'ascension de deux petites montagnes qui se trouvent tout près d'ici, voilà qu'arrivé à moitié route alerte qui a duré assez longtemps ayant perdu trop de temps j'ai fait demi-tour et ai remis la partie à plus tard ; maintenant nous allons décider à repartir le dimanche en groupe pour tâcher de visiter des coins que nous n'avons pas encore vus ; tant que les journées sont longues faut en profiter, vous pouvez croire que je pense à vous assez souvent, en ce moment il me semble vous voir tous les gros travaux qui vous attendent et qui vous font travailler le soir jusqu'à la nuit, moi qui tous les soirs et samedi après-midi n'ai qu'à me reposer, que je voudrais être à côté de vous pour partager vos peines. Maintenant j'ai repris depuis le retour ici le travail du montage j'ai laissé tomber les machines j'en avais assez d'entendre ce bruit assourdissant sans arrêt, là où je travaille en ce moment le temps passe beaucoup plus vite, c'est de la carrosserie sur des remorques d'autocar et le contremaître est très chic il ne nous embête pas pour l'instant nous sommes deux Français ensemble ; à deux pays cela va mieux, on se comprend beaucoup plus au point de vue nourriture toujours pareil nous touchons toujours nos cartes avec lesquelles nous avons toujours les mêmes avantages qu'au début, à la cantine nous sommes plus nombreux maintenant à manger depuis que nous

sommes revenus les Russes mangent avec nous cela se ressent un peu mais tout de même la nourriture est bonne quelle différence à côté de ZWICKAU il n'y a pas de comparaison j'espère et crois en ce moment avoir repris ce que j'avais perdu ; et vous comment vous en tirez-vous la vie doit être dure en ce moment chez nous. Avez-vous reçu l'argent que j'avais envoyé au mois de mai 2600frs les camarades n'ont encore rien su à ce sujet. A part tout cela je suis toujours en bonne santé et j'espère que ma lettre vous en trouvera de même à vous tous chers parents et petite sœur. Et chez René à Sauternes comment ça va sont-ils toujours aussi acharnés pour le sport ; je me doute que les vélos doivent rouler en ce moment. Avez-vous des nouvelles de Mme Blanche j'avais écrit à Guy et n'ai encore jamais eu de ses nouvelles ou à part que lui non plus n'habite plus à Paris et Mme Pierre est-elle revenue si oui un bonjour de ma part. Et tante de Bernille que fait-elle se tient-elle toujours aussi bien et va-t-elle encore travailler. Je termine ma lettre car je ne vois plus grand-chose à vous raconter pour l'instant les idées ne me viennent pas trop bien voilà déjà cinq mois d'écoulés depuis mon retour de permission ce temps-là malgré tout ne m'a pas paru trop long à côté de ceux que j'ai déjà passés ici lesquels d'ailleurs commencent à se faire assez nombreux. Si seulement cette année-ci nous en voyons la fin nous le pensons naturellement mais n'y comptons encore pas trop ; surtout que maintenant pas la peine de compter sur une permission ce coup-là c'est bien fini à part d'avoir un motif exceptionnel qui vaut mieux qu'il ne vienne pas. Chers parents je vous quitte en vous embrassant bien fort et à bientôt de vos bonnes nouvelles. Ma petite Yvonne bonnes distractions. Robert

Vienne le 23 juillet 1944

Chère sœur Germaine

Aujourd'hui dimanche je profite d'un petit moment pour t'écrire ces quelques lignes et pour te donner de mes nouvelles qui pour l'instant ne peuvent être meilleures et j'espère que ma carte aura le bonheur de t'en trouver de même, tu peux croire qu'en ce moment depuis que je suis de retour de ZWICKAU je ne m'en fais pas de trop et entre tous nous faisons pour le mieux pour mener la vie aussi belle que possible. Le 13 de ce mois je

t'ai écrit ma dernière carte que j'espère tu auras reçue, mais de tes nouvelles je n'en ai pas eu depuis le 11 c'était la lettre du 19 juin tu vois que maintenant depuis les événements les lettres mettent près d'un mois. D'après les nouvelles de nous tous ici, la situation dans notre cher pays n'a pas l'air d'être brillante je crois que si vous devez passer un hiver de plus ce qui est fort possible vous allez drôlement vous trouver dans une pauvre situation et Bx en ce moment doit avoir un drôle d'aspect. Ici toujours la même vie je me promène le plus possible les dimanches pour me distraire et visiter les coins que je n'ai encore pas vus les soirs sur semaines ce sont les bords du Danube qui ont notre visite ; maintenant le samedi après-midi nous travaillons jusqu'à 4h30. Chère sœur je te quitte en t'embrassant bien fort et tâche de passer de bonnes vacances.
Robert

Vienne le 23-7-44
Chers parents, chère Yvonne
Aujourd'hui comme il ne fait pas trop beau se balader cause de la pluie qui n'a cessé de tomber je m'empresse de faire cette petite carte. Laissez-moi tout d'abord vous dire que je suis toujours en parfaite santé et que je ne m'en fais pas trop, surtout depuis que nous sommes de retour de ZWICKAU nous menons la vie aussi belle que nous pouvons. Cette semaine j'ai reçu vos deux lettres datées du 22 juin et 3 juillet, la dernière carte que j'ai écrite est du 17, j'ai aussi reçu des nouvelles de C… mais il ne me dit pas s'ils ont encore fait rencontre avec Camille à qui j'ai écrit cela fait bientôt deux mois et n'ai pas eu de réponse qu'est-ce qu'il est devenu ? Je vois et suis heureux que les grands travaux des champs se sont bien passés et qu'ils n'ont pas été trop pénibles malgré tout pour vous, mais le plus grand malheur n'en est pas là je vois que la vie déjà n'est pas du tout belle dans la région sur tous les points de vue, surtout alimentation le reste encore au diable. J'ai peur que vous ayez un très mauvais hiver surtout que maintenant l'année étant déjà avancée il n'y ait aucune solution avant. Comme vous devez être mal à l'aise sans l'électricité et papa aussi pour son travail ; on voit malgré tout la crise de la fin approcher. Avez-vous reçu l'argent que je vous ai expédié au mois de mai je pourrais en

envoyer d'autres mais je ne sais trop comment faire perdre ou à perdre à la fin du mois je vais peut-être tenter le coup. Ce matin malgré le temps j'ai tout de même été rendre une petite visite à Lapeyre et avons passé un petit moment ensemble. Le soir nous allons toujours pousser nos petites visites sur les bords du vieux Danube. Je vois qu'à Sauternes la mentalité est toujours la même, tout de même vous avez reçu satisfaction pour indemnité, c'est pas trop tôt. Chers parents je vous quitte en vous embrassant bien fort. Robert

Vienne le 30 juillet 1944
Chers parents, chère Yvonne
Voilà un mois de plus d'écoulé un mois que nous sommes de retour de cette fameuse ville de laquelle vous pouvez croire j'en garde un bon souvenir depuis que nous l'avons quittée le temps nous paraît beaucoup moins long. Ce soir je profite d'un petit moment pour vous transmettre ces quelques lignes que j'espère vous feront plaisir. Laissez-moi tout d'abord vous dire que je suis toujours en parfaite santé et souhaite qu'il en soit toujours de même pour vous malgré les nouvelles restrictions qui vous sont imposées vraiment la vie chez nous devient pas belle à quel point va-t-on en arriver j'ai l'impression qu'il est grandement temps que cela finisse bientôt car s'il vous faut passer l'hiver qui approche je vous plains encore malgré tout à cette époque vous devez bien arriver à vous tirer d'affaires pour nous ici ça va encore à peu près j'ai repris le poids que j'avais à mon départ au mois de mai. La dernière lettre que j'ai reçue est du 2 juillet actuellement le courrier met trois semaines pour nous parvenir et nous en connaissons un peu les motifs. La dernière carte que je vous ai écrite est du 24. Aujourd'hui j'ai passé presque toute la journée en montagne à une vingtaine de kilomètres d'ici je suis un peu fatigué de l'ascension mais malgré cela je suis heureux d'avoir passé cette journée là, vous pouvez me croire que j'étais intéressé de grimper à travers ces blocs de rochers et ces pistes aménagées en escalier ou en sentier à cet endroit-là soyez tranquille il n'y a pas de passages dangereux au maximum 6 à 700 mètres de hauteur ce n'est pas beaucoup car ce sont les derniers contreforts du Tyrol. Ce n'est point pour visiter cela que j'étais parti c'était pour aller voir sous une de

ces montagnes. J'ai suivi un grand tunnel éclairé naturellement à l'électricité pendant 500 à 600 mètres environ puis après interdit d'aller plus loin cause réparation nous a dit un gardien qui causait notre langue et qui nous a dit que maintenant on ne peut plus les visiter. Là-dedans il fait une fraicheur, il y a une équipe de bagnards gardés qui travaillent là-dedans et qui font des transformations immenses et je me doute pourquoi. L'année dernière des copains d'ici avaient pu les visiter et m'ont un peu expliqué comment qu'elles étaient. Après ce que j'ai vu aujourd'hui il y a plusieurs couloirs il y a même un grand lac sur lequel on peut faire des promenades en bateau, parait-il que tout cela aurait été creusé tout à la main drôle de boulot il y a déjà très longtemps. Je vous assure je retournerai bientôt dans ce secteur là pour pouvoir le connaître davantage et à la fois de cette façon ça me sort un peu. Les rues de Vienne, tout cela est très beau oui mais quand est-ce que nous pourrons vadrouiller tranquillement chez nous ? J'espère que cela ne tardera pas, enfin cette année 44 nous amènera-t-elle à une solution il s'en va temps. Et toi chère Yvonne t'amuses tu toujours bien les dimanches et où les passes-tu […]. Pour l'instant je ne vois plus grand-chose à vous dire j'avais écrit à Georges et à Clara il y a deux mois et n'ai pas eu de réponse et vous avez-vous toujours de leurs nouvelles, si oui donnez-leur des miennes. Je vous quitte en vous embrassant bien fort et en espérant de vous revoir bientôt et de me retrouver pour toujours auprès de vous. Bonjour à tous pour moi sans oublier Pierrot. Robert

Vienne 5 août 1944
Chers parents, chère Yvonne
Un petit moment pour vous raconter un peu quelques histoires et vous donner de mes nouvelles qui pour l'instant sont toujours excellentes, j'espère que ma carte vous en trouvera de même. Lundi de cette semaine j'ai reçu votre lettre du 10 juillet et moi je vous ai écrit le 30 une lettre. J'ai écrit à Jeannot de Moblot et n'ai pas eu de réponse, sa mère a-t-elle toujours des nouvelles sûrement il n'a pas dû recevoir ma lettre. Les jours maintenant raccourcissent mais malgré cela la température est toujours aussi bonne. Paul a reçu des nouvelles hier du 16 juillet il y avait envoyé l'argent qu'en mai et sa femme lui dit qu'elle l'a

reçu et vous l'avez-vous touché tant pis s'il se perd cette semaine j'ai envoyé 2400 frs de plus j'en ai encore suffisamment ; d'après ses nouvelles la vie n'a pas l'air d'aller trop bien en ce moment et le secteur n'a pas l'air non plus d'être trop calme. Pour nous ici rien a changé au point de vue nourriture nous nous sauvons toujours je souhaite que ça dure comme cela jusqu'à la classe qui j'espère ne tardera pas à venir. Je crois que si vous devez passer un autre hiver la vie va être rude surtout chez nous qui n'est pas une région très agricole malgré cela êtes-vous toujours en bonne santé. Je vois que la jeunesse est toujours la même et qu'elle fait toujours parler d'elle [...]. Et le fameux Pierre je crois que lui est indomptable en attendant de vous revoir ce qui j'espère sera bientôt recevez les meilleurs baisers de votre fils et frère qui vous embrasse bien fort. A bientôt. Robert.

Vienne 5 août 1944
Ma chère sœur Germaine
Je dispose d'un petit moment pour discuter un petit peu avec toi, voilà douze jours depuis le 24 juillet que je ne t'ai pas écrit, j'attends avec impatience de tes nouvelles cela fait bientôt un mois que je n'en ai point depuis le 11 juillet de Sauternes j'en ai eu lundi dernier. Laisse-moi tout d'abord te dire que je suis en bonne santé et que ma carte t'en trouvera de même malgré les dernières restrictions qui viennent de vous être imposées ; ici toujours pareil nous mangeons toujours comme avant et nous débrouillons encore en attendant avec impatience que la classe arrive ce qui je souhaite ne tardera pas. En attendant je me distrais toujours de mon mieux et tu peux croire que les dimanches je ne traine pas longtemps dans la piole à la première heure je démarre d'ici dimanche dernier j'ai passé toute la journée en campagne et en montagne à une vingtaine de km d'ici tu peux croire que j'étais heureux d'escalader les petits fossés et les tas de pierre vraiment au fur et à mesure que l'on avance on veut toujours aller plus haut, de là quel beau point de vue vraiment c'est beau de contempler le paysage de la haut y voir à perte de vue et apercevoir les formes du terrain avec un camarade j'ai mangé et fait la sieste tout à fait au sommet. Dans ce coin là il y a de belles grottes avec à l'intérieur un lac sur

lequel on peut se promener en bateau mais en ce moment on ne peut plus les visiter j'y ai tout de même rentré mais n'ai pu voir qu'un petit tunnel éclairé je t'assure qu'à l'intérieur il fait drôlement froid. As-tu pris ton congé et l'as-tu bien passé en attendant de te revoir bientôt chère sœur reçois les meilleurs baisers de ton frère qui t'embrasse bien fort. Robert

Vienne le 13 août 1944
Chers parents, chère sœur Yvonne
Par cette lettre je vais tout d'abord vous donner de mes nouvelles qui pour l'instant ne peuvent être meilleures et je souhaite que ma présente aura le bonheur de vous trouver dans les mêmes conditions malgré les mauvaises mesures qui je vois d'après ce que vous me racontez dans vos dernières nouvelles du 17 juillet que j'ai reçues hier ne vous sont pas du tout favorables, espérons de tout cœur que les mois qui vont terminer cette année qui est déjà assez avancée nous amène la paix et la tranquillité, je crois que dans notre pauvre pays martyrisé à nouveau si l'on peut dire s'il vous faut endurer ces souffrances longtemps c'est-à-dire passer un hiver de plus je ne peux point m'imaginer dans quelle situation vous seriez déjà en ce moment les régions productrices des principales ressources qui peuvent aboutir à améliorer la nourriture sont vouées à la destruction si ce n'est pas honteux de voir cela alors que l'on pourrait être si bien. Nous ici nous ne demandons qu'une chose attendre la fin ici au plus vite et dans les conditions que nous trouvons actuellement malgré tout nous ne sommes pas trop malheureux si ce n'est que nous souffrons un peu d'être exilés et que de temps en temps nous nous faisons quelques idées noires bien mal à tort mais qu'on ne peut s'empêcher d'avoir, enfin souhaitons que tout ira pour le mieux. En même temps que votre lettre j'en ai reçu une du 23 juillet de Germaine c'est bien la première depuis quelques temps qui me parvienne si vite et me raconte qu'elle doit venir passer ses vacances auprès de vous ce mois-ci sans doute qu'à l'heure actuelle elle se trouve auprès de vous. En ce moment d'où je vous écris, depuis ce matin de bonne heure je suis en montagne pas loin de notre secteur à vol d'oiseau il n'y a guère que le Danube à traverser, elle n'est pas très haute 483 mètres mais elle est assez agréable

à un endroit nous pouvons admirer les eaux du Danube complétement du dessus c'est un peu impressionnant. De là on aperçoit bien toute la ville mais il y a mauvaise visibilité comme un nuage de poussière et puis ici on y passe de bons moments de tranquillité se reposer et dormir sur l'herbe des pelouses aux flancs des petits escarpements je vous assure je ne suis pas seul c'est formidable ce qu'il y a comme monde et l'on s'amuse malgré tout un peu comme des fous naturellement. Tout y est pratiqué les uns jouent avec leur instrument de musique ce qui anime déjà beaucoup et égaie les autres pratiquent des jeux de toutes sortes, prennent des bains de soleil etc… tout au haut il s'y trouve un beau restaurant où l'on y mange encore assez bien et puis voyez servi par un garçon français. Et puis en ce moment on ne se prive plus, tout ce que nous gagnons y passe. Devinez, nous nous soignons aux gâteaux pâtisserie viennoises d'ailleurs renommée mais pas mal à tort. Voyez que malgré tout je ne m'en fais pas. Au début du mois je vous ai envoyé 2400 frs tant pis j'ai tenté le coup sans doute pour la dernière fois. Avez-vous reçu celui du mois de mai, la femme à Paul l'a reçu il y a déjà quelques temps. Cette semaine aussi j'ai reçu des nouvelles de Jeannot L…, il va toujours bien et à bon moral. De Camille aussi qui commence à se trouver mal placé et pourrait bientôt se trouver dans une sale situation bien par sa faute par exemple. Vous me parlez de vouloir m'envoyer un colis je crois que c'est fini je vous recommande de ne plus en expédier parce qu'ils n'arrivent plus. Paul en a trois qui ne sont pas encore arrivés. Ici il fait toujours une chaleur accablante c'est je crois bien le mois le plus chaud de l'année. Ça m'étonne un peu la lettre de ZWICKAU ait été censurée de la sorte je ne crois pas pourtant en avoir trop dit il est vrai que les caractères devenaient un peu aigres. […] Enfin je vois que la jeunesse de Sauternes fait toujours parler d'elle et le cinéma remarche-t-il. Et Pierrot que fait-il vous ne m'en parler pas. A l'usine nous nous en sortons toujours, notre samedi après-midi de libre depuis que nous sommes revenus de notre déplacement nous faisons demi-heure de plus par jour c'est tout ce qu'il y a comme changement. Tout de même un drôle de voyage que ça doit être pour venir de Paris ce n'est plus une promenade c'est un supplice à quoi cela est-il dû, c'est qu'il y a des nôtres qui se mêlent de la partie. Pour l'instant plus grand chose à vous raconter. Donnez de mes nouvelles au quartier de Bernille et à Nautet que j'espère revoir bientôt. Pour une fois de plus je me vois obligé de vous quitter. Recevez chers parents les meilleurs baisers de votre fils qui vous embrasse bien fort et qui vous souhaite bonne santé et que vous ne soyez pas trop embêtés dans les jours qui approchent. Robert. La dernière carte que je vous ai écrite ainsi qu'à Germaine sont datées du 5.8.44.

Vienne le 16-8-44
Chère Germaine
[...] un peu retardé à t'écrire ma dernière [...] 5 samedi dernier j'ai reçu ta lettre [...] bien la première depuis quelques jours [...] vite. Laisse-moi tout d'abord te dire que je me trouve toujours en très bonne santé et pour l'instant ne peut être meilleure ainsi que le moral car maintenant je commence à espérer de pouvoir bientôt retourner auprès de vous cette fois définitivement il n'y a qu'une chose qui me tracasse c'est que j'ai peur que vous vous trouviez un jour mal placés mais j'espère tout de même que tout ira pour le mieux. Pour le sujet de tranquillité pour moi ne t'en fais pas cela fait bientôt un mois nous n'avons même pas d'alerte. Tu me dis avoir expédié des biscuits à la maison pour que nos parents me fassent un colis maintenant ce n'est plus utile car il y grande chance qu'ils ne nous parviennent plus et puis nous ne sommes pas mal toujours au même régime et ne demande qu'une chose être dans cette situation jusqu'à la fin. J'espère que tu auras passé de bonnes vacances auprès de nos parents et petite Yvonne et que malgré les restrictions tu as bien pu manger. Je vois que chez nous la vie n'est pas belle en ce moment. Tu me demandes sur chaque lettre si j'ai de bonnes nouvelles qui est ce qui t'a dit qu'elle m'écrivait moi je n'ai jamais eu de réponse, mais veux-tu bien me dire à qui aurai-t-elle demandé des renseignements sur moi. Sur ce je te quitte chère sœur en t'embrassant bien fort et à bientôt. Mille baisers. Robert

Vienne le 23-8-44 (Lettre retournée à l'envoyeur)
Très chers parents et petite Yvonne
Par ces quelques mots je viens tout d'abord vous donner de mes nouvelles qui comme toujours ne peuvent être meilleures et souhaite que ma carte vous en trouvera de même si du moins elle réussit à vous parvenir et je fais réponse à votre lettre du 24 juillet que j'ai reçue le 18 – ma dernière carte est datée du 13. Je suis heureux que vous ayez reçu de mes nouvelles par le camarade de ZWICKAU je vais écrire à nouveau à son frère pour le remercier je vois aussi que le courrier en France ne va pas trop bien. Je me tranquillise un peu au sujet des événements je vois que notre région n'a pas l'air de beaucoup les intéresser si au cas il doit s'y passer quelque chose j'espère que ce ne sera pas terrible. Ici il fait toujours très chaud les derniers jours qui viennent de s'écouler étaient vraiment intenables. Au point de vue de manger du fruit j'ai enfin réussi à manger quelques poires et pommes je vous assure qu'elles n'ont pas fait long feu je crois bien maintenant que les vendanges cette année encore vont me passer sous le nez. […] Pour l'instant plus grand-chose chers parents et sœurs je vous embrasse bien fort et à bientôt de pouvoir vous embrasser de près. Robert

30/12/1942
Cher frère Robert,
Par notre première correspondance à la suite de ton éloignement nous venons t'adresser nos meilleurs vœux de bonheur et de santé espérant que ce temps s'écoule vite pour que tu te retrouves parmi nous. J'espère que le voyage ne t'a pas trop fatigué et que tu sois reposé. Dans ton voyage tu as dû certainement voir du beau pays plus joli que notre contrée. Les S… de Bordeaux sont venus passer les fêtes de la Noël Pierre est reparti le lundi et Ginette et Jeanne ne partent que jeudi. Nous allons t'apprendre que Marc D… est revenu de l'hôpital depuis la Noël. Il va très bien pour son état mais il est toujours alité mais il trouve le temps long. Gaston B… est venu un dimanche nous donner de tes nouvelles de ton départ et nous rapporter ta carte. Pour l'instant rien de nouveau au pays, je termine en te souhaitant de bonnes journées de distractions pendant ces fêtes. Je t'embrasse affectueusement. Ta petite sœur Yvonne.

Sauternes le 31 décembre 1942
Cher Robert,
Nous commencions à être inquiet ne recevant pas de tes nouvelles et à Budos chez les D… c'est pareil ta lettre que tu nous a envoyée n'est pas arrivée et à Budos pareil. Germaine nous a fait parvenir la sienne que nous avons reçu le 28 qui nous a soulagé surtout de te savoir rendu à domicile et être à demeure. Je vois que le voyage a été très long vous avez dû souffrir avant d'être rendu à domicile. Alors vous avez été séparés des 4 que vous étiez. N'étant pas de la même profession faut pas être étonné de cela. Quant à D… tu ne dois pas être bien loin de lui, sûrement tu vas le revoir il est à Vienne sur les bords du Danube – du moins la forge où il travaille et porte le même numéro XXI car il a écrit à son patron et à un de ses cousins hier j'ai été prendre son adresse et son père était à Bordeaux à la Kommandantur pour se renseigner au sujet des colis pour vous envoyer et avoir tous les renseignements utiles pour les expédier car sitôt que vous vous serez rencontrés on tâchera de vous en expédier et vous les mangerez ensemble ; elle envoyait l'adresse d'un de Preignac celui du garde un autre

forgeron qui travaille avec lui à Barsac parti avant vous. Vous verrez de vous arranger pour le mieux, ne regardez pas à l'argent, soignes toi bien. Pour le travail je vois que tu ne seras pas trop mal, cela doit être mécanique sans doute puisque tu es sur l'auto. Fais bien attention cela pourra te servir plus tard on n'est jamais trop savant la vie a beaucoup de revers. Hier au retour de Budos j'ai été voir Marc chez lui car je vais te dire qu'il est de retour de l'hôpital mais pas guéri encore le docteur lui en donne pour deux mois de repos encore je lui ai fait lire ta lettre car il demandait de tes nouvelles, tu lui écriras quelques mots, il est obligé de tenir la chambre. Je l'ai consolé et je lui ai porté un paquet de tabac et des cigarettes, la copé de Fargues me les prend et alors même combine. Au pays rien de nouveau si ce n'est que nous avons porté Gabi à sa dernière demeure la semaine dernière, elle avait fait sa carrière. Quant à Pierre du moulin il se débrouille il a zigouillé son taureau qu'il avait et pense qu'il s'est soigné. Pierre S… et sa famille était à Nautet pour les vacances de Noël et te disent bien le bonjour et t'envoie leurs bons souhaits. Je te joins à la lettre une carte qu'Yvonne t'envoie et reçois cher fils de ton père et ta mère nos meilleurs baisers et espérons que tu reviendras parmi nous sous peu du moins je l'espère. Voici l'adresse du camarade D… Pierre, Mannesmann Trauzl, Scheydgasse 38-40, Wien XXI/155. Tu nous diras si tu as vu L… et B….

Pessac le 06 janvier 1943,
Cher Robert,
C'est avec beaucoup de retard que je réponds à ta lettre que j'ai reçu le 26 décembre qui m'a fait grand plaisir car j'attendais de tes nouvelles avec impatience car à la maison ils n'en avaient pas eu avant que j'ai reçu ta lettre et ils commençaient à être très inquiets ainsi que moi-même mais je sais que c'est très long je suis très heureuse de te savoir en bonne santé et j'espère que ma lettre t'en trouvera de même quant à moi cela va à peu près je t'envoie un colis 4 savonnettes 1 rasoir 4 paquets lames 1 plaque chocolat des bonbons du papier à lettre et des plumes et maman m'a promis qu'elle t'enverrait les feutres, un béret et puis ce qu'elle pourra tu n'auras qu'à demander ce qu'il te faut, nous ferons notre possible pour te l'envoyer surtout soit

courageux avec le temps et la patience la guerre finira bien un jour la veille du premier de l'an j'ai eu des nouvelles de Robert, il commence à en avoir assez surtout de voir qu'il y a beaucoup d'ouvriers qui arrivent et il trouve qu'ils ne reviennent pas assez vite et il me dit bon courage qu'il faut espérer que l'année 1943 le ramènera auprès de nous ainsi que toi et il me dit de ne pas me faire de mauvais sang que vous me reviendraient tous les deux et de te dire bonjour de sa part et qu'il faut être courageux bien le bonjour d'Elise et Constan de ma patronne de la demoiselle et des femmes de journée et ce matin j'ai eu des nouvelles de Monsieur et Madame Laperge et de Thérèze et ils me prient de te dire bonjour de leur part et ils m'annoncent que George C… le père de Georgette est très mal s'il n'est pas mort à l'heure qu'il est c'est une attaque le matin du premier de l'an autrement toujours pareil sauf que cette nuit nous avons eu une alerte de 3 heures de temps rien de plus à te dire pour le moment je te quitte car il est tard reçoit mon cher frère mes meilleurs baisers de ta sœur qui ne t'oublie pas.
Germaine Monguillot.
Excuse-moi car je voulais t'envoyer le colis le 5 et il était trop gros car par la poste on a juste droit à un kilo et j'ai été obligé de me le rapporter et d'en faire deux par la gare j'ai droit à 20 kilos mais il faut un certificat de domicile il faut aller à la mairie et c'est beaucoup plus long et je crois que c'est plus sûr par la poste. Je te quitte cher Robert en t'embrassant bien fort de très loin. Germaine.

Sauternes le 11 janvier 1943
Mon cher petit frère,
En quelques phrases je viens te donner quelques nouvelles du pays toujours à peu près les mêmes. Je pense que tu dois avoir reçu notre première lettre ainsi que la carte de bonne année que nous avons mise dans la même enveloppe elle était datée du 31 décembre. Nous attendions avec impatience car un mois nous paraissait long et je vois combien cela doit être plus long pour toi en attendant la réponse ; espérons que la correspondance marchera assez bien. Maintenant nous avons reçu ta lettre datée du 27 et nous sommes heureux d'apprendre que tu as passé de bonnes fêtes de Noël et du jour de l'an certainement. Tu as

raison de te distraire dès que tu le peux car le temps passera plus vite et te fera passer le cafard qui parfois peut te prendre patience voilà déjà un mois et demi d'écoulé souhaitons que les autres passent aussi vite pour que tu reviennes vite parmi nous dans notre famille. Nous sommes rassurés de savoir que tes boutons sont disparus et qu'il n'en a rien résulté et de savoir que ton rhume est bientôt guéri. Je viens te dire qu'au pays c'est toujours le football comme distraction ; rien de plus mais aussi je ne me déplace pas beaucoup si ce n'est qu'il y a huit jours que je suis allée chez Irène et de là nous sommes passées chercher Germaine L… pour aller à Bommes les voir jouer contre Langon pour passer un dimanche de plus. Chaque semaine dans les environs certains subissent le même sort que toi surtout Langon. Je vais t'apprendre que le fils Cadot et un de ses voisins sont ensemble, dont un de Budos qui vient de partir ces jours-ci. Gaby de Bernille est morte depuis deux jours avant la Noël, dans les derniers jours c'est Antoinette qui est venue la soigner et pour l'enterrement Gabriel y est venu. A Nautet Georges C… est tombé malade le jour de l'an d'un attaque, il va mieux on le lève un peu mais la parole n'est pas revenue encore. Le matelot est parti hier à l'hôpital à Bordeaux pour opération d'une rupture d'une veine dans le nez ; tout cela est venu vite sans prévenir. Le grand camarade de Louis Casquette dont tu lui en parlais souvent est gravement atteint mais il n'y en a pas pour longtemps pour ses derniers jours. Pour l'instant rien de plus, bonne santé, bons dimanches d'amusements et affectueux baisers de ta petite sœur qui pense toujours à toi en attendant de te revoir. Yvonne.

Cher Robert, j'ajoute quelques mots pour te dire que nous avons reçu vendredi ta lettre du 27 nous étions heureux de savoir que tu avais passé de bonnes fêtes de la Noël faut espérer que cela sera la 1ère de dernière que tu passeras si loin de nous. Nous avons la visite de Céline et nous donnant l'adresse de Jean L… n° 258 XVII B Traismauer stammlager G M 36/B à 50 kilomètres de Vienne. Le petit du garde Preignac devait aller le voir ces fêtes de Noël quant à Andréa nous ne l'avons pas eu car elle n'était chez elle mais son beau-père devait lui faire la commission. Cher Robert, j'ai mis des petits poulets j'en ai 9 qui attendent ton arrivée pour les manger ensemble ainsi que le petit dindon pour le colis nous avons beaucoup de choses mais c'est le rasoir et les feutres qui nous retarde. Papa revient aujourd'hui à Langon pour voir s'il en trouve, l'autre jour tous les magasins étaient fermés. Nous avons le dictionnaire pris à la petite Gironde, le béret aussi rien de plus en attendant de te revoir sous peu, milles bons baisers de nous tous, tes parents qui ne t'oublient pas, Pierrot et ses parents me demandent de tes nouvelles pour lui faire plaisir écrit lui, on t'enverra du papier à lettre. Ta mère qui t'aime et pense toujours à toi. Louise.

Bordeaux 11 janvier 1943
Cher Robert,
Voici déjà quelques jours que nous avons reçu ta lettre nous donnant de tes bonnes nouvelles, nous avons été très contents de recevoir ce mot, nous racontant ton long voyage et ton arrivée. C'est très gentil à toi de nous avoir fait connaître toutes ces choses. En effet tu dois trouver beaucoup de changement avec ce coin tranquille de Nautet où l'on est si bien, pour ta première sortie tu as été un peu loin, mais maintenant que tu es rendu là-bas, nous espérons que tu t'y feras vite, en travaillant la journée, puis avec camarades que tu apprendras à bien connaître un peu plus chaque jour. Je crois d'ailleurs que tu es avec un jeune homme de Budos que tu connaissais déjà, tu te trouves moins dépaysé et peu à peu vous vous y ferez. Vienne est parait-il une bien belle ville aussi lorsque tu auras quelques instants de liberté, tu t'empresseras de la visiter, d'après sa position géographique il ne doit pas y avoir grande différence de température avec chez nous, aussi vas-tu t'acclimater beaucoup plus vite et plus facilement, ici il fait une température douce on croirait que l'on est au mois de mars, car il pleut par bourrasques et avec beaucoup de vent, nous sommes loin de l'hiver dernier surtout à pareille époque, s'il en est de même à Vienne tu t'en trouveras mieux qu'avec les grands froids, puis voici venir le printemps et les beaux jours, il faut vivre beaucoup d'espérances. Comme l'année dernière nous avons été passer quelques jours à Nautet pour les fêtes de Noël, il faisait froid mais nous avons pu nous chauffer chez nous et chez toi devant ces beaux feux dans cette grande cheminée, mais

voilà, tu manquais beaucoup et à tous sans compter qu'à ce moment-là tes parents n'avaient pas encore reçu de tes nouvelles et il y avait pourtant quelques jours tu étais parti, puis ils ont appris que ton camarade de Budos avait envoyé des nouvelles à des amis, lorsque moi je suis reparti de Sauternes ils n'avaient encore rien reçu cependant à la rentrée de Jeanne et Ginette 3 jours plus tard, tes parents avaient reçu une lettre de Germaine qui leur faisait part d'une autre qu'elle avait reçu de toi, tu dois d'ailleurs maintenant connaître tous ces détails. Nous te remercions cher Robert de tes bons vœux et quoique tardivement nous t'adressons les nôtres avec nos meilleurs souhaits avec le grand espoir de nous retrouver tous bientôt réunis dans ce bon petit coin de Nautet, où l'on passe de si bons moments. Fernande a été opérée dernièrement et est aussi bien que possible. Marcelle a commencé à faire la classe et est toujours bien belle malgré les restrictions. Ici toujours la même vie, Jeanne est mieux mais n'a pas encore repris son travail. Ginette continue à bien travailler. J'espère que nous aurons de temps à autre de tes bonnes nouvelles cela nous fera toujours plaisir. Reçois cher Robert nos bonnes amitiés. P. S.

Sauternes 19 janvier 1943
Par cette lettre nous venons te donner de nos nouvelles toujours très bonnes espérant qu'elle t'en apporte de même malgré notre si grand éloignement, souhaitant que ce temps s'écoule vite pour te retrouver parmi nous. A cette lettre nous te joignons le certificat que tu nous as demandé (vois à l'intérieur de la lettre). Pour te faire un gros colis nous attendons à la semaine suivante car nous n'avons pas tout, il faut patienter. Nous avons trouvé le dictionnaire, des pastilles, un dépuratif de chez Barré, quant au rasoir on attend la réponse de marraine car ici à Langon papa n'en a pas trouvé, sinon Paris Bordeaux nous en portera un ainsi que le blaireau, ainsi que le reste nous l'aurons cette semaine. Nous avons pris deux cochons chez Max, nous en avons tué un hier et l'autre nous le gardons tant qu'il y a des topinambours, cela va nous permettre de pouvoir t'en envoyer dans ce même colis. La montre marche-t-elle, où as-tu trouvé quelque chose ? Avec D… vous êtes-vous rencontrés où êtes-vous trop éloignés ? Au pays il n'y a pas grand changement c'est toujours calme

comme à ton départ. Le matelot est revenu chez lui et il est guéri, c'était simplement pour lui brûler cette veine dans le nez. Je vais t'apprendre que Pierre T… est revenu ; en ce moment il est encore à Courbevoie où il est hospitalisé. Mady et sa mère sont parties le voir là-bas. Maintenant on ne sait pas s'il va rentrer de suite chez lui. Georges C… va mieux il se lève mais il ne parle pas trop bien encore mais il demande de tes nouvelles dès qu'on va le voir, il faut y être habitué pour le comprendre. La fille de Mme Chappé Emilienne est arrivée à Nautet pour une quinzaine de jours. Celui de la Herrade est arrivé pour un mois, son engagement était fini mais il est obligé d'en reprendre un autre. Capérot nous a donné des nouvelles de Paquet. Ils envoient le bonjour à tous et le mari de la femme Cotté est rentré chez eux mais tout insouciant. Hier nous avons reçu une petite carte de visite de Mr et Mme Couillabin Jules où il adresse leurs vœux et ne te croient pas parti, ils vont toujours bien. Ne sois pas surpris si ton groupe augmente toujours, nouveaux départs des environs. Tu as dû recevoir notre lettre où l'on te donnait l'adresse de Jeannot en cas nous te la donnons de nouveau. Jean L… n° 258 XVII B Traismauer stammlager G M 36/B à 50 kilomètres de Vienne. Traismauer c'est la ville où il se trouve. Nous ne voyons plus rien à te dire. Nous te souhaitons bonne santé, bon courage. Passe de bons dimanches plus gais que Sauternes et à bientôt. Affectueux baisers de tes parents qui pensent sans cesse à toi et qui attendent d'autres nouvelles sous peu. Ta petite sœur Yvonne.
Nous expédions nos lettres cachetées, les reçois-tu comme ça où faut-il les envoyer comme toi ?

DOCTEUR RICARD
PREIGNAC (GIRONDE)

LUNDI, MERCREDI, SAMEDI
DE 1 H. A 2 H.

A SAINTE-CROIX-DU-MONT
LE DIMANCHE MATIN

CHÈQUE POSTAL BORDEAUX 116-16
TÉLÉPHONE N° 13

PREIGNAC, LE 11-1-1943

Je soussigné déclare que Monsieur Mongaillot Gabriel, né le 2 avril 1887, est atteint d'une affection cardiaque avec dyspnée d'effort qui l'empêche de se livrer à un travail pénible et continu.

[signature]

Pessac le 02 février 1943
Cher Robert
Je réponds à ta lettre que j'ai reçu le 31 au matin je l'attendais avec impatience car je pensais que sitôt que tu aurai reçu ma lettre et mes deux colis tu m'écrirais aussitôt et je ne savais pas si tu pouvais écrire autant que tu voulais car pour les prisonniers ce n'est pas pareil j'espère que tu es en bonne santé moi en ce moment je suis enrhumée. J'espère être guérie le 20 février pour aller au mariage de mon jeune patron le repas se fait à Camblanes 4 jours de travail pour nous sans trop de repos je suis très contente que tu es reçu mes deux colis car j'en avais fait un et je n'ai droit qu'à 1kg de poids et c'est pour cela j'ai été obligé de le refaire et je vois que tu as tout reçu d'après ce que tu me mets car ce n'est pas moi qui est noté ce qu'il y avait dedans et je ne me rappelais ce qu'il en était. Les bonbons je n'en avais envoyé qu'une pochette dont tu as tout eu et les biscuits dont madame est très gentille elle me les donne, ne veut pas être payée c'est ennuyeux car nous sommes gênés la demoiselle et moi nous en avons pas eu demandé et quand j'ai reçu ta lettre elle m'a de suite demandé de tes nouvelles et je lui ai lu la lettre et elle m'a dit de suite je vous donnerai des biscuits qu'elle a été me chercher ce matin à l'usine et t'a fait fondre deux petits pots de beurre et l'a salé pour qu'il sa conserve comme elle faisait à son fils quand il était au régiment tu vois elle est très vive mais elle a bon cœur elle est gentille et pour lui faire plaisir sitôt que tu auras reçu mes deux colis car je vais en faire deux, 4 paquets biscuits le dictionnaire et 2 petits pots beurre quand tu auras reçu le tout tu m'écrira et tu la remerciera et un bonjour pour elle tu n'y perdra pas de penser à elle. Tout en relisant ta lettre je crois comprendre que tu n'as reçu aucune lettre de moi pourtant je t'ai écrit en t'envoyant les colis même je te parlais de Robert qui me demandait de tes nouvelles et qui me dit là où il est, il fait très froid et il neige aussi et de te dire bonjour de sa part et il espère revenir cette année et c'est drôle elle a dû se perdre tu vois maman aussi n'a pas reçu ta première lettre elle n'avait pas de tes nouvelles. Rien que quand tu m'as envoyé la première que je lui ai faite passer et elle en a reçu une datée du 27 janvier, c'est tout ce que je peux te dire, c'est ennuyeux car nous ne t'oublions pas au

contraire, j'ai reçu des nouvelles de tante de Léogeats ils sont très bien et elle me dit que René de lamothe est parti lui aussi pour la relève mais je ne peux pas te dire où il y a 10 jours environ. Autrement rien de nouveau bien le bonjour de Constan, d'Elise et de Pierrot qui a bien grandi, je l'ai vu samedi soir chez Elise. J'ai eu des nouvelles de la maison ils sont bien pour le moment comme tu me demande du pain cela n'est pas possible il ne pourrai supporter le voyage il serai moisi car je crois qu'il doit lui falloir quinze jours pour arriver. Est-ce que tu n'en mange pas du tout, on pourrait t'envoyer des biscottes cela doit supporter le voyage sans danger. Tout à l'heure j'ai été chez Cazeneuve et il y a une personne assez bien qui a entendu que je parlais de Vienne avec le boucher elle doit me donner l'adresse d'une personne qui est très bien elle est dans un hôpital et dès fois cela pourrait te servir car elle me dit qu'elle est très bien, mieux qu'à Pessac pour manger et pour se distraire. Elle ne veut pas revenir et sitôt que j'aurai son adresse je te l'enverrai cela ne coûte rien et ton dentier est-ce que l'on te le met là où tu es ou comment fais-tu pour manger sans cela car pour ton estomac j'espère qu'avec tes camarades vous trouverez un restaurant pour manger car falloir vous faire la popote cela ne doit pas être drôle. J'ai envie d'envoyer les colis à Maman pour qu'elle fasse juste un car je lui ai écrit que je lui enverrai les affaires et de te procurer le blaireau je te quitte mon cher Robert en t'embrassant bien fort ta sœur, Germaine.

Sauternes 02 février 1943
Mon cher frère Robert,
Nous n'avons jamais reçu celle du 08 décembre on n'y compte plus. Nous venons faire réponse à ta lettre du 10 janvier que nous avons reçue depuis 4 jours avec retard puisque les autres n'avaient mis que 12 jours. Hier nous avons eu une lettre de marraine qui nous donnait les principaux passages de celle du 17 qu'elle a eu peu après la nôtre. C'est que la correspondance ne va pas toujours bien. Nous doutons que la vie n'est pas tout à fait comme chez nous, principalement c'est question d'habitude. Voilà déjà deux mois d'écoulés espérons que le reste passera assez vite pour te retrouver dans notre famille. Pour aujourd'hui ici c'est la pluie dont ce matin une averse accompagnée de

petites grêles. Depuis ton départ il y a eu quelques journées de froid mais nous n'avons pas à nous plaindre. Les jours allongent c'est pourquoi tu trouves certainement le temps plus long, vous devez faire sans doute les mêmes heures de travail. C'est ennuyeux de ne plus pouvoir manger à la cantine le soir car cela doit demander du temps au baraquement avant que vous n'ayez fait votre popote, ce serait certainement plus agréable si vous pouviez trouver quelque où autre chose. Nous avons fait nos premières semailles ainsi que tes féveroles pour en conserver la semence. Papa s'est déjà occupé de planter les arbres en question et doit ébrancher les fruitiers dont nous espérons te faire profiter des fruits. Demains nous allons te faire un colis par la poste en t'envoyant le béret et la ceinture de flanelle et un peu de ravitaillement et vers la fin de la semaine, nous ferons le gros se composant de tout ce que tu nous demandais, nous avons tout, on doit porter du beurre. Pour le pain nous en avons parlé au père de Marc et il doit en faire pour t'expédier très cuit. Ils ont fermé la boulangerie 8 jours tu dois douter qu'elle en est la raison. Marc va bien il a repris la tournée avec le cheval mais il a maigri un peu. Au pays les nouvelles sont à peu près les mêmes comme distractions toujours le football. J'espère qu'à Vienne c'est un peu mieux que chez nous et que tu passes de bons dimanches avec tes camarades. Les parents et amis t'envoient bien le bonjour en attendant des nouvelles toujours plus fraîches. Les S... de Bordeaux ne sont pas revenus depuis les vacances de Noël. Tu as dû apprendre le décès de Gaby de Bernille sur une de nos lettres et maintenant c'est Georges C.... L'enterrement est ce tantôt à 2 heures, on n'est pas grand-chose sur terre en 1 mois jour pour jour il n'est plus. La fille de Mme Chappé Emilienne est repartie jeudi et t'envoie bien le bonjour ainsi que son neveu Jeannot qui a écrit à Mme Chappé mais il ne te sait pas parti. Lui aussi travaille dans une usine d'aviation à Nancy et de là il pense au bout de trois mois être dirigé dans l'Allemagne. Nous allons t'apprendre le départ de notre cousin René C... depuis 9 jours pour Dortmund, frontière de Hollande, pour l'instant il n'y a pas de nouvelles. A Bommes c'est Titi L... coiffeur dont tu dois connaître, mais pour l'instant il se trouve sur les côtes de France, dans les environs il n'y a que ces deux jeunes gens. As-tu reçu l'adresse de Jeannot et de D...

sinon nous te les donnerons de nouveau. Andréa et Titine sont venues et devaient leur faire parvenir la tienne de façon à vous faire rencontrer. Nous sommes allés à Budos et ses parents ont dit qu'il était seul et que vos deux autres camarades de voyage ont dû être dirigés dans une autre direction. Marraine va au mariage de son jeune patron le 20 février. Le repas se fait à Camblanes et deux jours de fête, ils ont raison d'en profiter puisqu'ils peuvent. Nous t'envoyons du papier pour une lettre dans cette enveloppe. Dans le gros colis nous y mettrons le papier et des enveloppes. Nous ne voyons plus rien à te dire pour l'instant. Nous te quittons en t'embrassant fort, bonne santé, bon courage. Affectueux baisers de ta petite sœur Yvonne. Quant au certificat du docteur nous l'avons envoyé dans une lettre, nous allons en faire refaire un autre visé par le maire.

Sauternes 12 février 1943
Nous venons faire réponse à tes deux lettres que nous avons reçues au début de la semaine. Celle du 24 est arrivée lundi et du 31 mercredi. Nous sommes tous en bonne santé espérant que notre présente lettre t'en apporte de même. Depuis 4 jours nous avons un peu de pluie qui commence à nous ennuyer un peu. Nous n'avons jamais reçu ta lettre du 8 décembre nous n'y comptons plus. Nous pensions souvent à toi de savoir que la correspondance n'allait pas vite, c'est pourquoi cela ne nous surprend pas lorsque tu dis que tu trouvais le temps long. Nous fûmes surpris d'apprendre le petit tour que D… t'avais joué après l'entente que vous aviez eu pour le départ. Il faut croire qu'il a réfléchi puisqu'il a agi en meilleur camarade à ta seconde visite. Ne t'en soucie pas trop, ne lui prête rien, méfie-toi car il n'a pas bonne renommée. Papa a été chez le garde de Preignac qui lui a donné l'adresse de son fils dont la voici : L… Jean Usines Gräf et Stift Wien XIX Berggasse 72 (Deutschland) ainsi qu'A… qui se trouve avec lui. Mais nous pensons que tu dois le savoir du moment que tu nous parle de lui. Samedi dernier je suis allé à Léogeats, j'ai donné de tes nouvelles à tous. Toute la famille de Maurice ainsi que touton et tante t'envoient bien le bonjour et bon courage. A mon retour j'ai vu Hubert et Robert qui eux aussi t'envoient bien le bonjour en attendant une de tes lettres. Une quinzaine après son arrivée, Hubert est allé à

Bordeaux, maintenant il s'occupe à travailler chez ses parents, il est tout heureux et tranquille puisqu'il touche sa paye comme avant tout cela. Marc D… est tout à fait rétablit, il fait la tournée avec le cheval. Cette semaine, son père a eu un accident en portant le pain dans Sauternes. Ça s'est produit devant chez Madelon. Il avait laissé son cheval blanc au bord de la route pour aller se faire payer, c'était vers 6 heures du soir soit disant le cheval se serait placé au travers, à ce même moment Roger D… se trouvait de passer en auto. Le choc a été si violent que le cheval a été tué sur le coup, et un brancard de la voiture brisé et Roger s'est retiré sain et sauf et son auto est abîmée. Pierre du B… dit G… a été jugé et condamné à 400frs d'amende, E… à 200frs et Joseph V… à 600, cela fait qu'on les a mis tous d'accord d'après ce procédé pour en finir. Quant au camarade de Louis son état devient inquiétant car sa maladie s'aggrave de plus en plus. Eloïse de Bernille est à Langon et à subit une opération car il s'était formé un abcès à son cou qui aurait pu tourner en phlegmon. Nous avons déclaré le vélo de papa et le mien ; c'est pour délivrer les bons nécessaires qu'il a fallu faire cette déclaration. Quant à toi soit tranquille il est huilé et dort, défense d'y toucher. Nous sommes heureux d'apprendre que ton nouveau travail n'est pas pénible, que la cantine à reprit car vous deviez manger à des heures impossibles avant d'avoir fait votre popote et surtout de savoir qu'on s'occupe du dentier car tu ne peux pas rester sans cela pour maintenir ta santé. Papa va aujourd'hui en gare pour t'expédier un gros colis (2 boules de pain bien cuit mais sans sel, 3 boîtes poudre de savon, 2 savonnettes, 2 bouteilles de vin, (1 petit pot de confiture et 3 crousti de marraine), 2 fromages, beurre salé, ventrèche, petit sceau contenant de la sauce et l'autre boîte de rôti, une boîte pastilles, papier à lettre avec enveloppes, un béret, une paire de feutre, la ceinture de flanelle, dictionnaire et blaireau. A la caisse se trouve ce signe X sur la couverture à la planche du milieu, c'est écrit intérieurement la composition du colis avec la suppression de 2 paquets de pâte par les 2 savonnettes (petite erreur). Au sujet des tickets de Paris, tranquillise-toi nous avons tout reçu et cela maintient toujours notre avance. Je vois que tu sais te débrouiller pour ta cuisine d'après ton menu de ce dimanche dont tu nous parle et qu'à ton retour tu me donneras peut-être quelques petits conseils où recettes dont tu aurais pu apprendre pendant la période. Je ne vois plus rien à t'apprendre pour l'instant, je te souhaite de bons dimanches auprès de tes camarades dont j'espère tu garderas de bons souvenirs, bonne cuite et bonne santé. Le 8 février Marc du moulin a reçu ta lettre ainsi que Pierrot. Chez Michel et nous aussi, tous le même jour. Propos du travail papa te détaillera sur une autre lettre d'ici deux ou trois jours à laquelle nous allons y joindre un nouveau certificat du docteur égalisé par le maire. Il doit demander l'indemnité dont tu nous parle et dès que nous aurons reçu ton mandat nous te le ferons savoir. Bons et affectueux baisers de tes parents qui pensent sans cesse à toi et comptent te revoir bientôt. Ta sœur Yvonne.

Sauternes 16 février 1943
Mon cher Robert,
J'ai été hier à la Mairie de Sauternes où j'ai rencontré Mr le Maire au sujet du certificat que tu me demandes. Je l'ai obtenu il ne voulait pas trop me le faire mais je lui ai dit que c'était pour toi toucher là-bas alors il me l'a délivré tout en tenant compte de celui du docteur tout de même. Je te l'envoie et tu verras ce que tu peux faire quant à l'indemnité dont tu me parles il lui semble qu'il y a quelque chose il doit regarder et me le dire c'est toujours bon à prendre. Hier j'ai vu René du bourg qui m'a dit qu'il avait vu H… de Preignac qu'il lui avait parlé d'un jeune homme de Sauternes qui avait vu son fils alors René lui a expliqué que c'était toi alors tu as fait sa rencontre ainsi sans doute celui du garde aussi et ils ont dû être content de te voir car son père en est satisfait. Quant à celui de Budos tu me diras s'il est toujours le même cela ne m'étonne point car sa mère m'avait bien dit que c'était un gâté et ça lui donnait de la peine qu'il soit parti mais cela ne lui fera pas de mal et ici toujours quelques nouveaux départs 4 à Bommes 2 que tu connais peut-être un nommé D… marié et un autre B… au Chons et les deux autres je ne les sais pas et c'est pas fini on recense à partir de ceux qui sont nés en 1912 jusqu'à 1921 ce n'est pas pour des prunes. Je vais te dire aussi qu'à Bommes il y en a 2 partis d'une autre façon ils sont au fort du Hâ à Bordeaux celui de D… et celui qui vient chez Capèrot A… ils dévalisaient

le bureau de tabac à Bommes tabac liqueurs vin tout leur convenait mais à présent à l'eau claire et D… doit y être pour quelques jours récidiviste à fargues même aventure 3 de bouclés dont 1 tu le connais le muletier de C… des tuileries de Fargues qui habite chez P… pour vol de roues de vélo et tout ce qu'il trouvait tout leur convenait tout ça est à l'abri à Bordeaux à purger. Quant au travail il ne manque pas encore. J'ai planté devant Bergey 4 règes de vigne Noah racinés et je vais faire barbotines de Seibel et 1020 et autres pour le printemps prochain. J'ai mis des pommiers et cerisiers 13 à 14 règes de seigle et par la suite quelques pommes de terre et l'atelier j'ai livré le tombereau à Farbos et Guicheney. J'ai fait une brouette aux deux jumeaux de Roaillan, je l'ai faite payer. Closure m'a envoyé deux paires de roues pour 1 tombereau léger et 1 charreton pour l'usine c'est des roues légères avec rayons comme celles de Baudé. Je vais pas le faire et pour mieux m'arranger voilà que lundi en allant chercher 4 volèges à Bernille je voyais de ne pas arriver à Nautet de mon mal de dos comme il y a quelques ans et voilà depuis 8 jours je ne travaille pas. Ça va mieux mais je ne sais si je vais pouvoir recommencer. Je vais toujours essayer. Aujourd'hui on prépare des boîtes de conserves pour t'envoyer. Pierre de Bernille a porté un beau morceau de veau sitôt que tu auras reçu la caisse tu le diras et regarde qu'il ne manque rien et dis-moi si le pain est en bon état car autrement on le fera faire en petites miches. La copé m'a dit ça irait peut-être mieux, je vais te dire aussi que à Noaillan j'ai reçu pour renouveler le bail ma fois je ne risque que 300 frs. Je ne le fais pas au prix qu'est le foin je le garde pour moi je tâcherai de me le faire travailler pour le regain et pacage ou bien j'irai me le faire je gagnerai mon temps le foin s'est vendu jusqu'à 1000 frs le quintal c'est fou. On t'avait déjà dit que le grand ami du voisin Latestère était malade il ne va pas mieux sa maladie empire son docteur lui ordonne des bains de pieds et avant longtemps ça pourrait lui faire du bien. Quant à notre voisin C… il n'a pu le rétablir de son attaque et est mort et quelques temps avant demandait de tes nouvelles. Tu me diras aussi si tu as encore de l'eau de vie si non, je t'en enverrai d'autre le brûleur n'est pas encore venu, le Noah est parti 3500 frs. J'ai aussi passé la commande de l'essieu à Belin pour

Joseph à Fargues il va arriver un de ces jours j'avais obtenu la monnaie matière pour autrement toujours pareil je ne puis arriver à … le versement chez Bodin et Ricard, il m'a promis du fil de ronce, je vais en prendre 3 ou 4 rouleaux puisque tu travailles à la chignole dis-moi si cela va bien je n'en doute pas elle est électrique et qu'elle puissance elle a et le rendement obtenu, si c'est intéressant j'en achèterai une plus tard. Je ne vois plus grand-chose à te dire et à ce moment nous sommes en bonne santé à part mes douleurs. Ton père qui t'embrasse de loin espérant que cela finisse vite et que nous ayons la paix. Gabriel

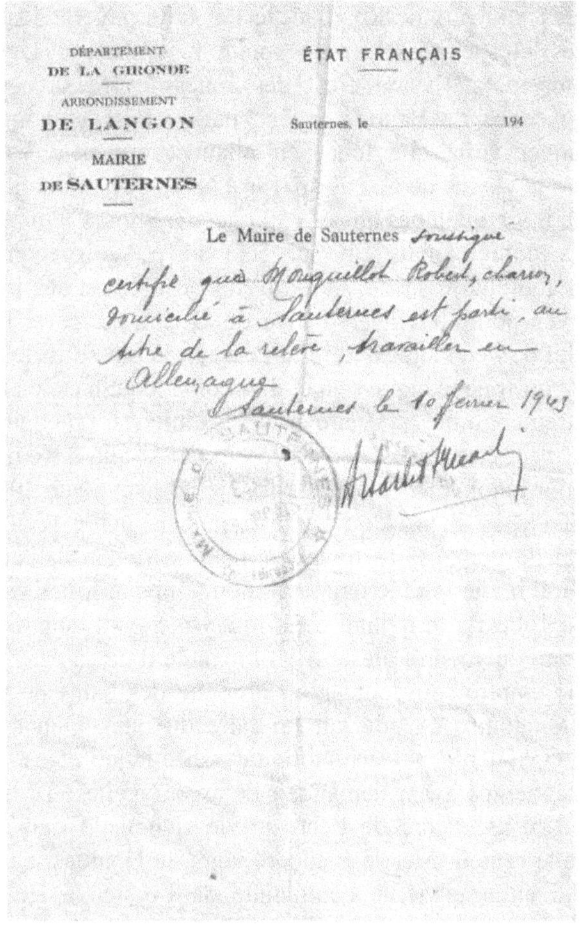

DÉPARTEMENT
DE LA GIRONDE

ARRONDISSEMENT
DE LANGON

MAIRIE
DE SAUTERNES

ÉTAT FRANÇAIS

Sauternes, le 194

Le Maire de Sauternes soussigné certifie que Mouquillot Robert, charron, domicilié à Sauternes est parti, au titre de la relève, travailler en Allemagne

Sauternes le 10 février 1943

[illegible]

DÉPARTEMENT
DE LA GIRONDE

ARRONDISSEMENT
DE LANGON

MAIRIE
DE SAUTERNES

ÉTAT FRANÇAIS

Sauternes, le 194

Le Maire de Sauternes

certifie que Monsieur Morquillot Gabriel, artisan charron à Sauternes, ne peut se livrer à un travail continu par suite de troubles cardiaques attestés par le Docteur Ricard, et certifie que son fils, Morquillot Robert doit être considéré comme soutien de famille -

Sauternes le 15 Février 1943
Le Maire
[illegible]

Sauternes le 16 février 1943
Mon cher Robert,
J'ai bien reçu ta lettre qui m'a fait bien plaisir. J'avais déjà pris des nouvelles chez toi surtout au début quand il y avait déjà trois semaines que tes parents n'avaient pas de nouvelles. J'allais voir presque tous les jours pour avoir de tes nouvelles. Je suis été content quand j'ai appris que tu avais écrit pour la première fois, et de savoir que tu étais à Vienne où tu avais choisi, tu dois être satisfait à côté de certains camarades, tu fais presque le même métier que chez toi. A part ça chaque

dimanche je m'ennuie sans toi, je pense aux sorties que nous faisions ensembles tous les dimanches quant à Sauternes les dimanches sont toujours les mêmes. Je vais quelques fois à Léogeats voir le football. Dimanche dernier c'était Bommes qui était à Léogeats. Léogeats gagnait 2 à 1 grâce aux meilleurs footballers (Kramer, Lacoste, Lafon etc…). C'est Michel Boudé qui fait garde but, je t'assure qu'il en laisse passer le moins possible. Tous les camarades ne manquent pas de me demander de tes nouvelles. Tes parents ont déjà pu te dire qu'il y avait parti d'autres camarades en Allemagne. René C… vient de partir à Essen moins bien que toi, maintenant c'est à Bommes qu'il y en part deux, un que tu connais Roland B… bon ami de Lulu D… et un nommé D… que je ne connais pas, pour le moment je ne sais pas où ils s'en vont. Ici c'est toujours la même vie le même travail j'ai toujours Néné qui vient. J'écoute toujours le poste j'espère que ce mauvais temps va être bientôt fini et que t'arriveras bientôt pour qu'on puisse recommencer à passer les dimanches ensembles. Je ne vois plus rien à te dire pour le moment. Je vois que tu n'es pas trop mal mais hélas tu préférerais quand même être ici chez toi en famille. Espérons que ton retour ne sera pas éloigné. Te fais pas de mauvais sang. Bons baisers de ton camarade Pierrot. Bien le bonjour de toute la famille. P.

Sauternes 27 février 1943
Cher petit frère Robert,
Nous venons te donner de nos nouvelles toujours très bonnes espérant que notre lette t'en souhaite de même. Mémaine aussi va bien elle a écrit voici 3 jours et nous dit qu'elle est fatiguée après 3 jours qu'elle a passé pour le mariage de son jeune patron car la noce s'est faite à Pessac au lieu de Camblanes. Elle nous raconte certains passages de ta lettre qu'elle venait de recevoir. Nous sommes heureux de savoir que tu te trouves assez bien dans ce pays. Tu as dû passer un bon moment à voir cette course de chevaux, cela t'a distrait un peu et fait passer le cafard. Les camarades de Preignac ont été certainement surpris au cours de ta visite car ils ne pensaient guère te retrouver là-bas. J'espère que vous avez passé un moment agréable et agit en bon camarade. C'est donc ce même jour que tu prends tes 23

ans, toute la famille se joint pour te présenter ton bon anniversaire et bonne santé en espérant de te revoir bientôt auprès de nous et que tu puisse le fêter dès que tu recevras le colis expédié depuis 15 jours. Tu as dû recevoir la réponse de ta marraine ainsi que de Pierrot. Nous t'avons envoyé le certificat que tu nous demandais visé par le maire, quant au mandat nous n'avons rien reçu pour l'instant. Mémaine nous a fait passer le certificat que tu as fait parvenir dans sa lettre pour toucher la prime. Sous peu nous allons te faire un nouveau colis et dit nous dès que tu auras le premier si le pain s'est bien conservé, et tout intact. Dans le prochain nous te mettrons du drap bleu et de quoi coudre pour tes pantalons et autre. Au pays il fait un temps à peu près doux. Depuis dimanche dernier dans notre salle des fêtes délaissée depuis un certain temps la gaieté y renaît on y fait du cinéma. Pour la première fois on y a joué Le Croiseur Sébastopol et pour dimanche Opérette qui est plus beau que l'autre film, et toujours le football ; sans cela le pays est toujours pareil dans le même calme. Voici les nouvelles de Bernille et de Nautet. Chez Pierre tous vont bien, ils t'envoient bien le bonjour sans oublier tante, le matelot est guérit. Héloïse de Bernille est bientôt rétablie de son opération. Les Nautet vont bien aussi, si ce n'est Jeanne de Capérot qui était venue passer quelques jours, c'est son estomac et de l'asthme. Roger vient souvent le soir passer un moment à la veillée. Avec son frère il n'y a pas grande entente car il vient presque chaque semaine se ravitailler à ses dépens et cela provoque de la dispute, la patience vient à bout dans ces conditions. Bien le bonjour de Léogeats ainsi que de Mme Chappé ainsi que deux de Sauternes ils ont ton adresse. Il y a huit jours Mme Pierre a reçu un télégramme de Paris lui annonçant le décès de la femme d'Henri à l'âge de 23 ans. Elle est partie le jour même mais n'est pas encore rentrée à Nautet. Une autre nouvelle triste à t'apprendre. Fernande S… de Paris est décédée le 22 de ce mois mais nous n'en savons pas le cas qui lui a conduite car c'est par une lettre de faire part pour tout le quartier que nous l'avons appris. Devines la situation de ce pauvre Marcel qui ne se souciait de rien et Marcelle de perdre sa mère à ce moment où elle commençait à professer, et si elle doit s'occuper de tout à son âge, cette nouvelle a causé un grand choc pour tous. Quant

aux Bordelais ils ne sont pas revenus depuis les vacances de Noël. La maladie du camarade de Louis s'aggrave toujours c'est à se demander s'il en guérira. Toujours nouveau départ. Tu as certainement reçu notre lettre où l'on annonçait que notre cousin René de Lamothe est parti pour Essen à 2 km de Dortmund frontière de Hollande. Titi Labrousse est à Bordeaux dans un hôpital car il est tombé malade sur les côtes de France. La semaine dernière c'était le tour de Rolland B… et un nommé D…. A Noaillan le peintre Albert S… partait hier mais pour l'instant nous ne savons pas l'endroit désigné. Celui de la Herrade n'est pas repartit certainement il y avait du mensonge. Pour l'instant rien de plus à t'annoncer nous terminons en t'embrassant bien affectueusement bonne santé, bon courage en attendant de tes nouvelles sous peu. Tes parents qui pensent sans cesse à toi. Ta petite sœur Yvonne.
Dis-nous la marque du rasoir si par hasard il fallait te procurer des lames. Dans cette lettre nous te présentons quelques violettes en l'honneur de ton anniversaire puisque nous ne pouvons faire différemment.

Pessac le 23 février 1943
Cher frère Robert,
Je fais réponse à ta lettre que j'ai reçu le 22 au soir datée du 14 qui me fait grand plaisir et surtout de savoir que tu as reçu mes lettres et mes colis le troisième je l'ai envoyé à maman qui devrait t'en faire un grand sûrement que tu l'as reçu ou bien il est en route moi j'ai donné 2 pots de beurre et des biscuits, le beurre est salé c'est la patronne qui l'avait préparé et maman devait envoyer un blaireau et beaucoup de choses pour manger. J'espère que tu es en bonne santé ainsi que moi-même j'ai écrit hier soir à la maison pour envoyer ton papier et de tes nouvelles en même temps je leur dit que tu demandes l'adresse de René de Lamothe. Samedi c'était la noce rappelle-toi que nous avons eu du travail surtout qu'elle ne s'est pas faite à Camblanes, tout à Pessac doute toi le travail après que nous avons eu j'en suis encore fatiguée autrement nous avons eu un temps superbe le matin il fait froid dans la journée on se croirait au printemps c'est un temps magnifique si cela dure je vois que là où tu es c'est à peu près pareil je suis très heureuse que tu puisse voir

quelques camarades de chez nous c'est plus agréable quand on est éloigné des siens on est heureux d'avoir des connaissances de son pays mais je vois que tu commences à être habitué que tu ne t'ennuie plus beaucoup. Bien le bonjour de Constan, d'Elise et de Pierrot pour aujourd'hui je termine ma lettre car il est tard et je tombe de sommeil j'ai eu des nouvelles de Robert qui commence à en avoir assez d'être prisonnier il lui tarde de revenir au pays j'ai eu aussi de bonnes nouvelles de chez maman ils sont tous en bonne santé. Reçois cher Robert les meilleurs baisers de ta sœur qui ne t'oublie pas. Germaine.

Sauternes 09 mars 1943
Mon cher frère Robert,
Nous étions restés 3 semaines sans nouvelles, le temps commençait à paraître long mais c'est avec une grande joie qu'aujourd'hui le facteur nous en a apporté une où se trouvaient celle du 10 et du 1 février où nous voyons que tu es en bonne santé et ici il en est de même. Il fait un temps très doux où l'on sent l'approche du printemps et des grands travaux qui arrivent petit à petit. La semaine dernière Cécile a écrit chez ses parents et nous a fait parvenir la lettre que tu leur avais envoyée. De temps en temps nous nous donnons des nouvelles avec Mémaine, elle nous a fait parvenir le certificat. Papa en avait parlé au maire, il devait en prendre connaissance, sur ces entrefaites le maire est tombé malade cela fait que papa ira voir cette semaine. Pour la patronne de Mémaine écrit lui directement pour la remercier et nous de notre part nous la récompenserons pour toi en lui envoyant un poulet quand ils seront gros. Nous en avons 9 comme un poing et demi, pour débuter nous avons concassé du maïs qu'ils mangeaient très bien. Nous avons 2 nichées de lapins dont cela fait 7 qui ont un mois et 6 quinze jours heureusement que l'herbe commence à pousser. Ces jours-ci on a mis des dindons à couver, tout cela permettra de te faire des colis dès qu'ils seront bons. Tu as dû certainement recevoir le bon certificat du maire ainsi que le colis mais c'est du beurre que tu dois avoir dans ce pot en carton au lieu de la confiture car cela venait de Mémaine avec les biscuits. Sous peu nous allons t'en faire un autre mais nous t'aviserons de nouveau, nous espérons que tu as dû avoir le

premier intact et que l'emballage était convenable. Pour ton dentier souhaitons que cela ne traînera pas trop longtemps et que nous puissions avoir le bonheur de te revoir, car tu ne peux pas rester comme ça. Quant à l'argent nous n'avons rien et soit disant on ne le recevrait pas avant 3 mois, dès que nous l'aurons on t'écrira immédiatement Jeannot sera heureux de correspondre avec toi où bien de te rencontrer si c'est possible. Nous raconterons ceci à sa mère qui certainement sera elle aussi contente. Tu dois faire bonne camaraderie avec les preignacais du moment que tu nous en parle souvent et que tu vas les voir. Vous avez raison de vous entendre, je doute combien il doit être agréable de se retrouver avec quelqu'un de la contrée. D'après ta lettre nous voyons que tu es donc favorisé à côté de tous ceux qui sont à tes environs souhaitons que cela te dure. Le dimanche tu dois en profiter pour visiter le pays avec tes bons camarades. Es-tu toujours avec celui de la Brède et l'autre bordelais et as-tu touché tes chaussures en cours de route, où as-tu oublié de nous en parler ? Au pays les nouvelles sont toujours à peu près les mêmes. Il y a le cinéma tous les dimanches dans notre salle des fêtes, j'y suis allé un dimanche avec Ginette de P… et Irène. Dimanche nous avons voulu aller à Bommes à un concert les places avaient été réservées dans un jour et demi et nous avons été obligées de renvoyer à aujourd'hui puisqu'il se rejouait. Il y avait plusieurs chansons bien jolies chantées par les jeunes filles. Les pièces les plus amusantes étaient Jeantillot en patois et les deux timides. Cette dernière pièce s'agissait de deux jeunes gens qui demandaient la main de la fille d'une bonne maison. Le nommé Garadoux avait acheté une corbeille d'argent pour la mariée et une tabatière pour le beau-père mais la fille ne voulait pas admettre ce mariage elle préférait Frémistin qui était un avocat. Les deux rivaux se sont trouvés ensemble pour demander la fille. Elle a été maîtresse elle a épousé l'avocat et l'autre a remporté sa corbeille et sa tabatière, pendant ce temps le père montrait qu'il était malade car il était embarrassé pour donner sa fille en mariage. Le cousin de Max nommé Norbert que tu dois connaître y jouait aussi. Il a fait rire le public car il était comique en chantant ses chansons, il faisait du pantin. Je ne te raconte que le plus intéressant. Je pense souvent à toi, tu aurais été heureux d'être auprès de nous. La classe 40-41-42 ont passé la visite à Langon mercredi au nombre de 1500 pour le canton dont tous sont pris par trois catégories, forts, demi et extra-forts. Quelques Sauternais pensaient s'en tirer d'embarras, ils ont été bien déçus. Samedi soir ils ont fait un repas à Flous où ils ont invité les filles de la classe mais ils m'ont laissée de côté. Remarque bien que dans le fond je m'en moque totalement mais je leur ferai savoir que ce ne sont que des impolis, ensuite les autres jeunes filles se sont rendues pour terminer la soirée en dansant quelques heures. Albert Simon se trouve en Poméranie et Marty part aujourd'hui mais on ne sait où pour l'instant.

Voilà le programme du concert de Bommes. Tu n'a qu'à lire de l'autre côté.

BOMMES

Dimanche 7 Mars 1943, à 14 heures (solaire)

MATINÉE ARTISTIQUE

donnée par la Jeunesse Catholique de Bommes au profit des Prisonniers de Guerre

PROGRAMME

Sérénade (Pierné) .... Coutures

La ronde des feuilles .... Marg. Thion

Si vous l'aviez compris .... Denise Pujos

CE QUE JEUNE VEUT

Dans son Répertoire .... Norbert Ducos

CE QUE JEUNE VEUT (derniers tableaux)

Jantillot ès malaut

Marie .... Henriette Coutures — Lou Doctur .... Joseph Darros

Janti .... Pierre Clavière

— QUÊTE —

Vous dansez Marquise (Gavotte)

Marquises .... Simone Cocard, Denise Pujos — Marquis .... Suzanne Pauly, Andrée Pujos

Cloches d'automne .... C. Cabenave

La chanson de Marinette .... Marg. Thion

CAMILLE DÉBUTE CE SOIR

Ma mie Annette .... C. Cabenave

Monologues patois .... Marcel Duchamps

Dans son répertoire .... Norbert Ducos

Les deux timides Comédie-Vaudeville

CHORAL DES ADIEUX

Tu nous dis que tu as vu sur un journal la classe qui passait la visite et bien tous y sont repassés pour le moment ils n'ont rien signés nous te tiendrons au courant. Hubert n'a pas pu y aller car il à la rougeole ici c'est une épidémie. Pierrot de Baillet est arrivé en perme papa est allé le voir il est tout à fait impotent bon figure soit disant qu'il ne se tiendrait debout papa l'a vu assis il est en convalescence que veux-tu c'est triste, c'est un microbe qu'il y a de ces côtés et celui qui attrape c'est très difficile pour guérir. Tu nous parle de ton dentier que tu as fort à faire et bien ne rouspète pas trop en cas qu'il te fasse partir plus loin puisque tu es bien dans d'autres directions ils ne sont pas si heureux. Brutal est arrivé mais malade il est gazé et a été très malheureux il y a un petit tonnelier de Bommes habitant le vigneau qui part en Tchécoslovaquie voit pauvres enfants votre destinée. Je ne vois plus grand-chose à te dire, pour l'indemnité de travail nous y avons droit cause que nous payons pour la familiale, sur les journaux que papa reçoit il y a un article pour les ouvriers travaillant en Allemagne pour nous écrire t'a qu'à continuer comme tu fais. Pour l'argent tu n'as qu'à demander au bureau s'ils l'ont expédié, il y en a qui disent que toi-même tu aurais dû l'envoyer, mais il n'y a pas d'importance là-dessus si nous le recevons mais n'en envoie pas d'autre avant d'avoir reçu celui-là. Tous nos parents t'envoient bien le bonjour ainsi que nos amis, si tu peux, tu écriras à pierre de Bernille. Mille baisers de nous tous, à bientôt, ta mère qui pense à toi.

Sauternes le 10 mars 1943
Cher cousin Robert,
Depuis plusieurs jours que je renvoie faut t'écrire pourtant. Je profite d'un instant de tranquillité pour t'envoyer ces quelques lignes qui j'espère te feront plaisir. D'abord laisse-moi te dire que nous sommes tous en parfaite santé et j'espère qu'à la réception que tu auras le bonheur de profiter du même avantage. Chez toi tout le monde va bien. Maintenant passons aux nouvelles du pays, pas grand mouvement hélas ! Si ce n'est que tous les jeunes gens à partir de 20 ans ont passé la visite ils sont tous pris bons et attendent leur feuille de route pour travailler en Allemagne. Hier soir à Bordeaux il partait un train de 800. Aujourd'hui il en partait douze de Langon. Ce qu'il fait qu'il ne

reste plus grand-chose dans la jeunesse. Autrement toujours calme si ce n'est que l'on serre un cran de plus tous les jours à la ceinture. Voici maintenant pour les nouvelles sportives. Pour Sauternes pas grand changement si ce n'est qu'ils se foutent quelques marrons sur la figure de temps en temps comme l'autre dimanche au Nizan. Au bout de 20 minutes de jeu la bagarre s'est déclenchée et au lieu d'une partie de football, c'était un match de boxe. Finalement l'arbitre a dû arrêter la partie et porter le résultat à la ligue. Maintenant je ne pourrais savoir le résultat qu'à la réunion des arbitres à laquelle je serais présent. Quant à moi c'est tous les dimanches que j'arbitre et je te jure je commence en avoir assez. Car il me tarde de prendre mon petit vélo maintenant que le beau temps arrive. Voilà mon cher Robert tout ce que je puis te dire pour le moment et qui puisse t'intéresser. Toute la famille se joint à moi pour te dire bien le bonjour et t'embrasser affectueusement. Je te quitte en te souhaitant bonne santé et pas trop de cafard. Ton cousin qui pense à toi et t'embrasse de cœur de loin. Fais-moi savoir si tu as reçu ma lettre. René Monguillot

Pessac le 12 mars 1943
Cher frère Robert,
Je m'empresse de répondre à ta lettre que j'ai reçu ce matin avec beaucoup de plaisir datée du 28 février et j'ai reçu ta lettre datée du 14 février le 20 février et j'ai écrit aussitôt à la maison et j'ai envoyé ton certificat et maman m'a écrit qu'ils l'avaient reçu et j'ai répondu à ta lettre le 21 février elle doit être en route. Je suis en très bonne santé quant à la maison je n'ai pas su que papa avait été malade je sais que maman a été intoxiquée par la nourriture maintenant elle est guérie et elle ne voulait pas te le dire quand à papa je n'ai rien su je vais leur écrire de suite après ta lettre je saurai quelque chose quant à ce que tu me dis à Pessac c'est pareil tous les jeunes partent le patron il a bien peur lui aussi mais patiente et courage, espérons que cela finisse. Robert est comme toi lui aussi il commence à trouver le temps long il voit qu'il ne reviendra pas avant la fin de la guerre dans la journée il travaille en ville cela peut aller mais c'est le soir qu'il a le cafard car il rentre au camps il y a trois jours j'ai reçu un petit coffret qu'il a fait pendant qu'il avait le cafard c'est

pour mettre des lettres il est très joli et surtout qu'il y a du travail en marqueterie de trois couleurs dans le marron blanc et acajou et il me recommande de le garder en souvenir. Je suis désolé de voir que tu as été peiné quand tu as reçu ma photo car je ne l'aurai pas envoyée si j'avais cru cela mais prend courage car ici on parle que les femmes aussi vont être réquisitionnées et si jamais je suis du nombre je ferai tout mon possible pour venir auprès de toi quand à tes photos ne dépense pas ton argent car j'en ai des tiennes que je regarde le soir quand je pense à toi et surtout quand nous mangeons bien Mlle et moi nous pensons à vous c'est triste de ne pas pouvoir manger à sa faim. Il faut espérer que cela finisse vite et que nous nous retrouvions tous ensemble à la maison car si tu trouves à manger et que tu ais de l'argent achète toi de quoi car l'argent tu en auras après. Soigne toi bien avant pour pouvoir tenir bon je suis heureuse que vous ayez pu fêter ton anniversaire en faisant un bon repas et je suis heureuse de savoir que tu as deux camarades du pays cela est plus agréable et si tu peux voir Jeannot ça lui fera plaisir ainsi qu'à toi car lui aussi le pauvre il doit en avoir assez depuis si longtemps s'en avoir vu ses parents et avoir perdu son père et son grand-père sans avoir pu les voir c'est triste tu lui diras bonjour pour moi quant à la femme de ton camarade je tâcherai d'aller faire sa connaissance un jour comme cela je pourrai avoir des nouvelles plus souvent. Je vais te dire que maman m'a appris la mort de Fernande … de Paris la mère de Marcelle de la Gagère et de la femme d'Henri de Mme Pierre et du jog et Héloïse de Bernille a été opérée d'un bouton au cou elle a été très malade rien de plus à te dire pour le moment j'espère que tu auras reçu ma lettre dans laquelle je te donne des détails de la noce et surtout que tu auras reçu le colis de maman car c'était de quoi manger je te quitte en te disant bonjour de la part d'Elise et de Constan reçoit mon cher Robert mes meilleurs baisers qui t'aime et qui a souffert comme toi d'être loin des siens et c'est pour cela que je t'aime davantage qu'avant. Ta sœur qui ne t'oubliera pas. Germaine.

Sauternes le 19 mars 1943
Mon cher Robert
Tu m'excuseras si j'ai retardé à t'écrire car ma belle-mère a dû aller à la clinique d'un abcès phlegmoneux ça fait que le travail ne nous manquait pas mais enfin maintenant ça va bien elle est tirée d'affaire. Je vois que tu vas bien et que tu n'es pas trop mal tant mieux car le temps ne sera pas si long, autrement à Sauternes c'est toujours la même chose un très beau temps mais beaucoup de sécheresse, et pour le moment les convois sont arrêtés pour Sauternes les jeunes gens ont passé la visite mais sont encore là pas peut-être pour longtemps on n'en sait rien. Nous sommes en bonne santé et t'en désirons de même. Tout le monde se joint à moi pour t'embrasser. Ta marraine qui t'embrasse bien fort. Louise

Sauternes 19 mars 1943
Mon cher frère Robert,
Nous venons faire réponse à tes lettres du 6 mars express et du 9 mars qui nous sont parvenues assez vite. Nous sommes heureux de te savoir en bonne santé espérant que ton rhume passez assez vite. Ici tout le monde va bien, papa est guéri de son dos depuis quelques jours et Mémaine nous a écrit mardi en nous donnant de tes nouvelles elle aussi est en très bonne santé. Tante de Léogeats a reçu ta lettre samedi, elle me l'a faite lire quand je suis allée au Mastroquet. Aujourd'hui une triste nouvelle nous est parvenue par télégramme pour les 3 familles, c'est le décès de l'oncle Abel de Pessac mais nous n'en savons pas la maladie qui l'a emporté. Nous ne pouvons pas y aller car il faut avoir les cartes d'identité visées de ce mois par la mairie pour pouvoir y pénétrer dans cette zone. Nous sommes heureux de savoir que tu as reçu notre premier colis intact, nous avons cru que le petit pot était de la confiture mais erreur c'était du beurre venant de marraine et surtout de savoir que le pain s'était à peu près conservé puisqu'il n'y avait que quelques tâches de moisissure. Nous avons touché de la confiture et mon chocolat qu'il me restait à toucher je n'y ai plus droit on m'a supprimé la carte J3 depuis janvier. Nous te ferons bientôt un colis où nous t'y mettront de tout ça et auquel on y ajoutera d'autre pain, du veau aux champignons et pois de notre cousin Pierre et une

palombe de la part de G… attrapée à l'artigues ; car tout près de chez nous elles rôdent et pas sauvages. Nous allons te faire arranger les pieds-nus demain pour te les envoyer au plus vite. D'après la lettre de marraine nous voyons que tu as fêté un bon anniversaire malgré notre grand éloignement puisque vous avez mangé des crêpes on était bien loin de penser que vous en mangeriez là-bas, vous avez dû vous débrouiller pour vous procurer tout, est-ce vous qui les avez faites et étaient-elles bonnes ; bonne chance, tâchez de bien vous soigner. Nous allons t'envoyer du vin blanc, quant à tes camarades dit leur que nous allons nous renseigner du prix il était dans les 100 francs la bouteille au cas où il aurait changé car il a bien augmenté depuis ton départ nous te ferons savoir le prix exact, d'après cela ils jugeront. Héloïse va bien maintenant, tu excuseras ta marraine de t'avoir négligé, car à la suite de l'opération elle était restée à la clinique pour la soigner, mais elle doit t'écrire ce soir. Tous les voisins t'envoient le bonjour sans oublier Ginette de P… qui te remercie beaucoup dans ton colis nous devons y joindre un paquet de biscuits de sa part. Nous sommes contents de savoir que vous faites bonne camaraderie avec les preignacais qui doivent être plus gentils que D…. Le tout c'est de conserver tes bons camarades. Quant à D… il semble qu'il doit avoir un peu de remord puisqu'il revient. Je suis allé chez Titine, devine la joie qu'elle a éprouvée en lui apprenant cette heureuse nouvelle de savoir que vous avez pu vous écrire. Il est toujours à Traismauer. Demande à aller voir ton cousin Jeannot L… pour obtenir satisfaction quant au preignacais il ira voir son frère. Tout cela est convenu avec Titine mais ne vous exposez pas au danger si cela n'est pas possible ; espérons que vous aurez le bonheur de vous rencontrer. A Sauternes il y a le cinéma tous les dimanches. J'y suis allée deux fois mais ce n'est pas Langon car le son ne se reproduit pas trop par moment cela provient de la salle. J'espère que vous aussi vous profitez de vos dimanches pour vous distraire et y allez-vous au cinéma où bien avez-vous d'autres amusements quelconques. Je vais t'apprendre que M… est parti depuis lundi on ne sait pas de quel côté encore. Il a fini de passer le dimanche dans le Sauternais. De Langon il y en part 3 de Biros et le manchot de chez Cami et d'autres aussi dont on ne connait pas. Brutal est revenu depuis quinze jours, il est gazé et ne peut pas travailler, il était dans une usine. Pierrot de Baillet a demandé de tes nouvelles et t'envoie le bonjour mais lui aussi est infirme, il ne peut presque pas marcher, triste destinée à son âge ; quant à Hubert il est malade et à la rougeole. Nous serions heureux de te revoir bientôt si tu pouvais obtenir une permission. Quant au dentier espérons que tu auras satisfaction un jour quelque part sans trop tarder, car tu ne dois pas rester comme ça. Nous ne voyons plus rien à t'annoncer pour l'instant, nous terminons en t'embrassant bien fort, mille bons baisers de tes parents qui pensent sans cesse à toi et compte te voir bientôt. Ta petite sœur Yvonne.

Sauternes 27 mars 1943
Mon cher Robert,
Tu seras assez aimable de bien vouloir m'excuser si je ne t'ai pas écrit plus tôt. Je sais que tu as écrit à mon frère mais pour qu'il te réponde je crois que tu pourras attendre longtemps. Il est en ce moment trop occupé avec sa petite à Langon. J'ai appris par ton père que tu comptais venir en perme au mois de juin ou juillet. Tant mieux si tu peux, tu nous raconteras ton voyage. Celui du Saillan à Lamothe était parti il y a 2 mois à Essen il est revenu malade ces jours-ci je n'ai pas eu l'occasion de le voir pour savoir ce qu'il a eu. Par ici dans la région surtout à Langon il en part toujours quelques-uns. Moi j'attends toujours mon tour et rien ne me surprendra. Autrement ici à Sauternes toujours pareil peu de distraction, si ce n'est que le dimanche nous avons maintenant cinéma dans la salle des fêtes, à part ça c'est moche. Je suis en train en ce moment de planter de la vigne et je fais toujours du pain. J'espère que tu n'as pas souvent la visite des « cigognes » tu es dans un endroit tranquille. Le Pit est revenu à Bordeaux passer la visite ils lui ont donné trois mois de plus, c'est un veinard. J'espère que tu me répondras en vitesse et que tu me feras une longue lettre pour me raconter ta vie que tu passes là-bas, si tu ne t'es pas trouvé une petite car il ne doit pas y en manquer. Je te quitte en te serrant cordialement la main. Ton copain. P.

Sauternes 30 mars 1943
Mon cher frère Robert,
Par cette lettre nous venons te donner de nos nouvelles toujours très bonnes ainsi que de Mémaine espérant que celle-ci t'en souhaite de même. Ta dernière lettre reçue est du 9 mars qui suit celle où tu nous dit avoir reçu le colis intact. Tes nu-pieds sont au cordonnier, dès qu'ils seront prêts nous les enverrons dans un colis que l'on va faire ces jours-ci, nous avons tué le cochon, c'est Pierre qui nous l'a tué samedi, il est joli mais plus petit que l'année dernière, il faut se contente de cela car il n'y a pas plus gros c'est celui qu'on finissait d'élever. Ca aidera bien pour te faire parvenir des colis. Pour tes souliers papa est allé faire une réclamation. Bastit lui a répondu d'écrire à Bordeaux pour tâcher de les avoir car ils te les doivent, pour l'instant il t'a fait immédiatement un bon de feutre, d'après la réponse on va se débrouiller. Tes pantalons de travail sont-ils toujours en bon état, surtout préserve-les avec le complet que tu as eu à Bordeaux, c'est difficile pour trouver, touchez-vous une carte de textiles pour vous procurer quelque chose. En allant à Langon la semaine dernière papa est passé chez le remplaçant de Lespine et lui a parlé de ta situation pour ton dentier si tu peux venir soit une huitaine de jours il pourra te le faire à condition de passer chez lui les premiers jours, souhaitons que tu es la permission pour obtenir ceci. Toute cette semaine je reste pour aider maman au cochon, ensuite pour qu'on fasse les pommes de terre autant que l'année dernière, nous avons touché onze kilos par personne au ravitaillement c'est de la Arly, aussi pour étendre le fumier à la prairie. Nous espérons que les Preignacais te sont toujours bon camarades. Tu peux croire que Titine est contente que tu as reçu des nouvelles de Jeannot, soit très prudent et ne t'aventures pas pour aller voir ton cousin et celui du garde son frère, il a dû te parler de cette entente, comme il serait heureux de pouvoir vous retrouver et parler un peu du pays. Notre cousin René C… est revenu jeudi soir car il a eu une mauvaise grippe mais il a réussi à avoir une permission de trois semaines mais il n'est pas aussi bien que toi dans ce genre de vie. Au pays bien peu de nouvelles, comme amusements toujours pareil dimanche les enfants des écoles et les jeunes gens vont faire un concert dans notre chère salle des

fêtes qui avait été délaissée depuis si longtemps. A léogeats les 3 classes qui ont passé la visite ont fait une petite soirée récréative dans la cour de chez Barutel, ce jour-là était bien choisi car il y avait un beau clair de lune. Toujours nouveau départ surtout à Langon. A Noaillan hier il devait en partir 9 ou 10 mais je ne sais pas lesquels. Paris-Bordeaux est parti à Halle près de Leipzig. Gabriel de Bernille est lui aussi dans la capitale de la grande puissance. A Nautet Gaston de Capérot a acheté la propriété de Doré il en est maître depuis 8 jours. C'est Capdeville qui était chargé de la vendre. Tu peux penser qu'il a fait une grande surprise à certains voisins. Ils ne perdent pas de temps à tailler la vigne qu'il reste pour l'instant et à défoncer les places. [...] Nous ne voyons rien de plus à t'apprendre, bien le bonjour de nos parents et voisins, bons et affectueux souvenirs, bonne santé et baisers de tes parents qui pensent sans cesse à toi et compte te voir bientôt auprès d'eux. Ta petite sœur Yvonne.

Sauternes le 08 avril 1943
Mon cher Robert,
Je t'ai fait faire le certificat que tu me demandais au dentiste et m'a dit que si tu viens de te présenter à l'arrivée et 8 jours plus tard tu pourras avoir ton dentier c'est toujours le même remplaçant et hier il a fallu que j'aille à Bordeaux car la Kommandantur n'existe plus à Langon enfin j'ai réussi à te le faire viser mais je te remets aussi une feuille que j'ai découpé sur le journal pour les permissions peut-être l'on vous tiens au courant en tous cas tu n'as qu'à te conformer à ces instructions au plus vite car cela demande 1 mois environ. Germaine a reçu ta lettre hier 7 avril. Je l'ai lu avant de revenir chez nous. [...] Mardi j'ai été t'expédier un colis à Preignac dont voici la composition 4kgs pain, 2 bouteilles vin blanc, 1 boîte boudin, 1 boîte rôti cochon, 1 boîte de conserve perpétuelle que tu resserviras et si possible rapportera là dès que tu viendras et 1 boîte maquereaux. Ceci c'est Mme Malerbe qui te l'envoie, 2 autres boîtes 2 colis beurre confiture, café, sucre, fromage, 2 macaroni, 2 crousti dont 1 Ginette de Pontalier te l'envoie 1 tablette chocolat. Quant au vin blanc René Gimbres me l'a donné j'ai été chez Pontalier il vaut maintenant 120 frs et il est

bloqué mais il me le laisse à 100 frs. Je n'ai pas osé l'expédier tu n'as qu'à voir avec tes camarades tu en porteras si tu viens en perme car il m'a dit qu'il m'en donnerait quand même sans congé. Pour toucher la prime c'est toute une affaire il faut obligatoirement être affilié à une caisse et où j'ai versé 50frs cela ne concerne que le bâtiment pour notre corporation c'est désigné il faut que je paye à deux caisses comme artisan rue du Palais Gallien et la 2ème comme propriétaire. La mairie nous a fait signer pour tes souliers, le maire m'a envoyé rue Ste Catherine au 152, il n'y a rien à faire, il faut un bon et rien à faire autrement et le maire doit le faire, je vais le revoir ces jours-ci. Pour le travail il n'y en manque pas encore. Je viens de refuser une charrette à mules pour Dubois marchand de bois on ne trouve plus grand-chose pas de boulons, on nous diminue la monnaie, matière, le charbon et tous les jeunes partent. Chez Bodin tous les commis sont bientôt partis. Ces jours-ci le neveu du boulanger avec V… de Fargues en Poméranie nous n'avons pas tout vu encore. Quand hier j'ai vu le père H… et serait bien content si tu pouvais venir pour leur donner quelques détails de vive voix. Je te quitte et t'embrasse ainsi que ta mère et Yvonne.
Gabriel

LE TRAVAIL FRANÇAIS EN

Avis aux femmes de prisonniers

Paris, 2 avril. — Le Centre d'information du travail français en Allemagne communique :

« Les femmes de prisonniers qui désirent reconstituer leur foyer en Allemagne doivent s'adresser aux bureaux de placement allemands pour obtenir tous les renseignements qui leur sont utiles.

» Ce sont également les bureaux de placement allemands qui sont chargés de leur délivrer des formulaires spéciaux établis pour la signature du contrat de travail dit « contrat d'épouse ».

» On sait que pour être valable, ce contrat ne doit pas seulement être signé par la femme, mais doit encore recevoir l'accord formel du prisonnier. Afin de rendre cette formalité plus facile et plus rapide, des instructions ont été données par les services des communications pour que ces formulaires soient expédiés aux prisonniers de guerre comme lettres ordinaires.

» Il est entendu d'autre part :

» 1. Que le contrat de travail de la femme sera considéré comme rompu par la libération du prisonnier;

» 2. Que le contrat sera également rompu en cas de grossesse de la femme, qui, en conséquence, sera autorisée à faire ses couches en France. »

Les permissions des ouvriers français

Paris, 2 avril. — Le Centre d'information du travail français en Allemagne communique :

« Les ouvriers français travaillant en Allemagne qui demandent une permission (familiale ou exceptionnelle) doivent être munis de leurs passeports.

» Les formalités à remplir pour obtenir un passeport sont les suivantes :

» Dès leur arrivée sur le territoire du Reich, tous les ouvriers français doivent souscrire une demande auprès des services de la police de leur résidence sur un formulaire de couleur bleue. Ils doivent joindre à cette demande trois photographies d'identité.

» Les renseignements complémentaires seront fournis par les employeurs allemands.

» Les demandes dûment vérifiées par les services de la police allemande sont transmises à cette dernière au commandant du Grand Paris. Celui-ci communique les dossiers au service des passeports de la rue des Ursins, qui les établit et les retourne aux autorités allemandes afin qu'ils soient remis aux intéressés.

» La durée approximative de la délivrance des passeports est environ d'un mois. »

Le ravitaillement des ouvriers français partant travailler en Allemagne

Vichy, 2 avril. — Le départ des ouvriers français qui vont travailler en Allemagne a posé le problème de leur ravitaillement.

Le nombre des tickets dont ils disposent et les quantités de denrées auxquelles ces tickets donnent droit sont, en effet, insuffisants pour assurer leur ravitaillement lorsqu'ils sont utilisés dans des centres d'accueil et d'un emploi difficile lorsque leurs bénéficiaires sont en chemin de fer.

Aussi, le ministre de l'agriculture et du ravitaillement vient-il de prendre les dispositions nécessaires applicables aussi bien en zone sud qu'en zone occupée pour faciliter le ravitaillement de ces ouvriers.

Désormais les centres d'accueil, qui relèvent dans la plupart des cas du Secours national, parfois de la Croix-Rouge, pourront nourrir les ouvriers au moyen de tickets et de bons d'approvisionnement, sans remise de titres d'alimentation.

Pour assurer leur approvisionnement, ces centres devront fournir toutes justifications utiles et leurs attributions seront calculées sur la base des rations de pain, viande et denrées diverses attribuées aux consommateurs de la catégorie « T », augmentées des suppléments de boissons, pâtes alimentaires, pommes de terre, légumes frais et éventuellement légumes secs prévus en faveur des cantines.

Pour le ravitaillement des ouvriers en cours de voyage, il sera accordé au Secours national, et à cet organisme seulement, un contingent de conserves de poisson destiné à cette fin.

Le ministère du ravitaillement précise qu'il ne saurait être donné aucune suite aux demandes qui pourraient être formulées soit par des individus, soit par des collectivités en faveur d'ouvriers partant travailler en Allemagne.

Pessac le 08 avril 1943

Je m'empresse de répondre à ta lettre que j'ai reçu hier matin qui m'a fait grand plaisir et je pensai t'écrire Samedi et t'envoyer 1 colis mais j'ai eu la visite de papa hier matin et il a lu ta lettre et m'a dit de ne rien t'envoyer et lui t'a expédié 1 colis le 7 avril en venant à Bordeaux pour tes papiers à la kommandantur rue de Budos et on lui a signé et il allait te les expédier et je lui ai dit que je garde mon congé quand tu viendras nous passerons quinze jours ensemble nous irons flâner si c'est au mois de juin pour nous distraire tu me parle du cousin de Lamothe papa me dit qu'il est revenu malade il était à Essen il a de la phlébite et doit repartir aussitôt guéri. Je vais t'apprendre que tonton Abel de Pessac est mort il y a 21 jours et personne de la maison n'a été aux obsèques ni de Léogeats il n'y a que tonton Gaston et René qui y ont été en vélo et ils sont arrivés juste car le télégramme est allé se promener à Sauveterre et est revenu à tante à Pessac elle en a envoyé un autre qui cette fois est allé à Sauternes et Tonton et René sont partis aussitôt papa n'a pu y aller en venant d'être malade. Autrement Sauternes est toujours pareil il y a Monsieur Pierre T… qui est revenu et Destenave et Brutal c'est tout et à Pessac trois je suis très heureuse que tu ais pu voir Jeannot, cela a dû lui faire plaisir surtout étant du même pays et surtout qu'il y a longtemps qu'il n'avait vu personne de Sauternes ça fait plaisir de se retrouver je suis très contente de voir que tu as trouvé deux bons camarades de Bordeaux dont tu m'as donné l'adresse de la femme d'un dont je tâcherai d'aller le voir sitôt que j'aurai le temps car en ce moment il y a toujours du travail. Je ne vois plus grand-chose à te dire bien le bonjour de Constan et d'Elise et de mes camarades j'ai remercié la patronne pour toi cela serai été mieux si ça avait été toi cela n'a pas d'importance. J'oublié de te dire quand tu m'écris voici mon adresse Germaine Monguillot chez Monsieur et Mme Curat-Dop 22 avenue Jean Jaurès Pessac Gironde France que cela ne te fâche pas c'est mieux que mettre chez Curat-Dop tu comprends car c'est plus poli surtout qu'ils les reçoivent souvent à l'usine. Rien de plus à te dire pour le moment en attendant de nous voir bientôt et bonne santé. Reçois les meilleurs baisers de ta sœur. Germaine.

Paris le 09 avril 1943
Mon cher petit voisin,
Tu dois bien nous maudire de ne pas t'avoir écrit plus tôt mais tu nous pardonneras j'en suis sûre car Yoyo Léon et moi avons été si heureux de ta longue lettre Inès et Gaby l'ont lu aussi mais j'ai envoyé ta lettre à Sauternes et gardé l'enveloppe où il y avait ton adresse et puis pas moyen d'y mettre la main dessus. Yoyo a écrit à Nautet et maman nous l'a envoyée aujourd'hui.

Je t'écris car crois bien que nous pensons et parlons souvent de toi. J'espère que tu n'es pas trop mal nourri. Yoyo t'enverra un petit colis que Léon y ajoutera quelque chose. Nous ne sommes pas trop à plaindre. Léon se débrouille toujours mais toi tu n'es pas comme nous empoisonné par les bombardements, qu'est-ce que nous avons reçu dimanche dernier de malheureuses victimes surtout que c'était l'ouverture des courses enfin qu'on ne puisse pas arrêter ce fléau et que tous vous reveniez près des vôtres Léon est content pour toi que tu travailles de ton métier. Surtout Robert écris nous quand tu viendras en congé et viens chez nous on t'attend yoyo et Léon te feront visiter la capitale tu coucheras et vivra chez nous on t'attend. André P... est toujours à Schleswig province Holstein dans une ferme bien nourri. Yoyo est toujours la bonne grosse mais à une frayeur terrible des bombardements si ça continue elle en deviendra dinguote. A Nautet nous irons à l'été il n'y a rien de bien gai, le pépé fait toujours sa tournée pauvre vieux je voulais qu'ils viennent pour Pâques ils étaient à peu près décidés et puis voilà qu'ils appréhendaient ce long voyage ils y renoncent. Tes parents seront heureux le jour que tu viendras tu es dans un coin charmant profite en de voir le plus possible du pays. Je comprends que le voyage t'a semblé long toi qui n'était pas allé plus loin que Bordeaux alors mon vieux yoyo et Léon se joignent à moi pour te souhaiter bon courage et bonne santé et à bientôt le plaisir de te voir arriver à Paris. Ecris nous Yoyo t'écrira et nous aussi nous t'embrassons tous trois Cécile Léon Yoyo.

La Brède le 28 mai 1943
Monsieur,
Je vous écris aujourd'hui, comme je vous l'avais promis lorsque vous étiez venus à la Brède. J'espère que ma lettre vous parviendra avant votre départ. Je ne vous donne pas de lettre pour Paul, car on m'a dit que tous ceux qui repartent pour l'Allemagne sont fouillés et comme je ne voudrais pas vous faire payer je préfère ne pas vous donner de lettre et puis sûrement que quand vous arriverez à Vienne Paul n'y aura pas longtemps à rester à Vienne car je pense que le départ en permission sera sous peu. Vous voudrez bien lui dire que je suis

toujours en parfaite santé et qu'aussitôt que je serai maman je lui ferai savoir et lui enverrai le certificat qu'il me demande dans sa lettre du 16 mai. Vous voudrez bien lui dire également que lorsqu'il viendra en permission il m'apporte un certificat certifiant qu'il travaille toujours en Allemagne. Avec tous mes remerciements recevez Monsieur mes sincères salutations. J. H.

Sauternes 23 décembre 1943
Cher frère Robert,
Nous faisons réponse à ta lettre du 6 Décembre que nous avons reçue le 20 dans laquelle nous avons eu la surprise de ta photo que nous attendions sous peu, puisque tu n'as pas eu le bonheur d'être parmi nous dès qu'il était question. Souhaitons que cet heureux jour est proche. Nous espérons que ta santé est toujours bonne malgré les heures supplémentaires que tu fais chaque jour, qui faudrait ne dure pas trop longtemps car vraiment c'est révoltant de voir que c'est toujours le même qui est de corvée. Nous voyons bien sur ta photo que c'est bien toi que tu fais un grand sourire ; malgré tout ce n'est pas la même présentation que chez nous en a tu envoyé une à Mémaine qui elle aussi sera surprise. Tu peux croire que ça fait plaisir depuis notre séparation en attendant le bonheur de te revoir en personne. Tu as l'air d'être toujours à peu près le même car tu parais avoir une belle figure fraîche cela tranquillise de voir que tu te maintiens bien. Nous vous souhaitons un joyeux Noël à tous ainsi qu'un nouvel an ; espérons que ce jour-là vous le fêterez bien avec les petites réserves que vous possédez et surtout notre cher Sauternes incomparable à tous et qui vous rappelleront les heureux repas de chez nous. Tous nos plus grands remerciements à Clausmann pour t'avoir apporté les souliers car malgré toutes les malchances ils ont réussi à te parvenir. Comme le temps nous paraissait long sans aucune réponse à ce sujet nous avions écrit chez lui pour savoir s'il les avait reçu à point, sa femme très gentille nous a répondu que tu devais les avoir à l'heure actuelle car son mari les avait emportés et que nous ne pouvions attendre qu'une bonne nouvelle, en effet puisque sur ta lettre tu nous l'annonces. Les retardataires sont-ils tous rentrés car ils devaient penser aux camarades qui attendent avec impatience leur tour. Le petit bœuf profite bien et

papa va bientôt essayer de l'atteler pour l'apprendre à bricoler. Quant à la toute petite vêle elle veut se sauver car à la prairie elle ne perd pas de temps, mais elle nous a fait fâcher longtemps elle voulait téter. Louis D… va bien à la suite de son opération mais il faut le temps pour se rétablir. Depuis que Marc est parti ils ont repris Pierre. Que veux-tu, c'est malheureux leur situation car Marc fait bien défaut. […] Dès que nous recevrons ton mandat nous te préviendrons. Mémaine nous a écrit le 17 elle est aussi toujours en bonne santé. La maison Curat Dop a envoyé le 14 un beau colis à tous les fils, frères et maris des ouvrières de chez eux qui eux aussi sont prisonniers où ouvriers. Pour toi aussi ce sera une grande surprise, tu fais partie du nombre ils sont allés lui demander ton adresse pour te l'expédier. Nous pourrons les remercier un jour car vraiment ils te font de grandes gentillesses pendant ton séjour en Allemagne. Elle ne viendra que dès que tu auras ta permission pour avoir le bonheur de se retrouver tous en famille. Nous avions demandé des bons de feutres pour nous tous quatre, ça était long à venir et pour en finir on nous a livré des bons fantaisie. Pour toi nous en avions demandé un d'usage travail en supplément, nous l'avons obtenu le même jour que les autres. Mémaine étant chez nous en novembre, elle s'est emportée l'usage travail et a réussi à te trouver des souliers semelles caoutchouc mais pas si jolis que ce dont tu as reçus. Alors tâche de ne pas trop les abîmer. Quant aux bons fantaisies il n'y a que semelles de bois nous sommes obligés de les prendre pour utiliser les bons dont pour toi aussi il y en aura une paire. Tu as dû être surpris en apprenant le décès de ce pauvre Roger L… qui en si peu de temps n'est plus parmi ses parents. Ce fut une grande peine pour toute la commune, un jeune homme si gentil envers tous pas orgueilleux comme une grande partie de ces Sauternais et à l'âge de 17 ans et demi. Il y a eu beaucoup de monde à l'enterrement, l'église était presque au complet. Beaucoup de jeunes des communes avoisinantes y ont assisté. La jeunesse de Léogeats lui a acheté une belle couronne ainsi que celle de Sauternes, il y avait aussi de belles gerbes mais hélas tout cela ne l'a point ramené à la vie. Sauternes est toujours le même. Mais il s'y produit un grand vide c'est surtout le dimanche qu'on va s'en apercevoir. Mardi le 22 la classe 43 vient d'être appelée à la visite à Bordeaux sur les 6 de Sauternes il n'y a eu que Pierrot G… qui est resté, son certificat du docteur qu'il a présenté l'a sauvé à la suite de sa visite puisqu'ils l'ont reconnu de sa crise cardiaque qu'il a. Quant aux autres on ne les a point visités du moment qu'ils n'avaient pas de réclamations à faire. Ensuite on les a fait monter dans un autocar qui a pris la direction le Bouscat pour les répartir dans leurs endroits affectés. Il a fallu qu'ils emportent leurs malles en allant à la visite car ils ne revenaient pas chez eux s'ils étaient pris. Devine ces grands paquets tels qu'à ton départ, on les a convoqués le vendredi pour le mardi. De Sauternes il y en a donc 5 de partis qui sont le fils F…, Jean P…, Jean C…, le grand jeune homme qui était chez Descamps dont tu as connu quand tu es venu et le fils R… du Capblanc. A Léogeats il y avait Max D… et un de la Hargue, ils sont revenus tous deux car ils n'ont pas été pris. Hier mercredi c'était ceux de 41. Il y a Georges Lapeyre qui dimanche est passé chez nous en allant dîner à la citadelle pour demander de tes nouvelles et t'envoie bien le bonjour. Albert L… du moulin et Pierrot B… de Carasse étaient aussi à la visite. Dans notre prochaine lettre nous te donnerons le résultat sur leur sort. Ils ont été prévoyants de faire un bon repas les 2 classes ensembles avant d'être séparés car ils n'avaient pas de temps à perdre. Pour l'instant rien de plus à t'annoncer nous terminons en vous présentant nos meilleurs vœux de Noël. Et comme le jour de l'an approche reçois les meilleurs vœux de bonne et heureuse année de tes parents qui comptent te voir bientôt parmi eux pour toujours souhaitant que la nouvelle année nous soit meilleure que la passée. Présente nos vœux à ton camarade Paul et ton camarade qui t'a apporté les chaussures.

J'ajoute un mot pour que tu remercies les patrons de Mémaine quand tu auras reçu le colis tu leur enverras une lettre de ta part en les remerciant tu l'adresseras à Mr et Mme Cura-Dop.
Mille baisers de nous tous, tes parents qui ne t'oublient pas.
Louise Monguillot.

Sauternes le 04 janvier 1944
Cher fils et frère,
Je profite d'un petit moment pour te donner de nos nouvelles que sûrement tu dois attendre nous avons retardé un peu un jour et puis un autre le temps passe nous sommes tous en bonne santé et espérons que tu en sois ainsi ici rien de nouveau il fait très froid puis de la pluie je réponds à ta lettre du 15 sur laquelle tu nous souhaitais une bonne année et faut espérer que ça sera la dernière que nous passons séparés cela n'est plus une vie. Tous les jeunes qui ont passé la visite il y a 15 jours sont à Bordeaux à la base sous-marine couchés à la paille la soupe est très mauvaise mais ils sont venus passer les fêtes de Noël et sont revenus pour 24 heures le 1er de l'an pour repartir dans la semaine pour Biarritz. Il y a Albert L… qui reste à Bordeaux il est séparé des autres et est occupé au ravitaillement avec un espagnol. Le Lapeyre a un sursis mais ne sait pas jusqu'à quand, L… de Léogeats, Robert L… n'ont pas été pris il y a 15 jours et bien hier ils ont reçu pour se représenter aux environs de chez nous presque tous avaient des réclamations mais cela n'a pas duré longtemps. Le Cinini a été appelé hier à Bordeaux tous de sa nationalité sont pris pour venir travailler en Allemagne mais il est trop âgé d'un an alors devine ils se prennent à toutes les branches. Tu nous dis que tu es allé voir L… et que H… n'a pas fait long discours et bien ne lui fait mine de rien car on ne sait pas de qui on a besoin surtout étant si loin D… de Budos est bien malade le docteur lui a ordonné le grand air cela est bien malheureux si est venu se rendre malade là-bas mais pour toi fais bien attention ne t'enrhume pas. Vous avez sûrement passé de bonnes fêtes de Noël et 1er de l'an. Pour Germaine, nous avons eu des nouvelles il y a 3 jours et nous dit qu'ils ont fêté l'arbre de Noël une bonne collation puis ils ont dansé jusqu'à 2 heures et pour nous toujours la même chose silence. Nous avions oublié de te dire que mémé Jeanne de Capérot est morte il y a 15 jours au Cablane, elle était âgée. Yvonne est partie dimanche soir pour aller à Capian pour 8 jours cela l'embêtait un peu. Tous à ceux que tu avais souhaité la bonne année t'en remercient et te souhaitent un prompt retour, cela serait à désirer pour tous. Hier Aimé nous a dit qu'ils avaient eu de tes nouvelles et que tu étais en bonne santé mais tu ne parles plus

de venir en perme. Pour l'adresse de Camille nous ne l'avons pas mais marraine doit nous donner sa 1ere adresse mais il ne leur a pas écrit depuis figure toi il doit être toujours le même au début il demandait à Paula des colis, pour manger et des vêtements. Et toi pour vêtements tu ne nous demande rien est-ce que tu as trouvé des caleçons et chemises si par hasard tu en as besoin fais nous le savoir on se débrouillera comme l'on pourra, pour toucher la prime d'éloignement il nous a fallu relevé tous les impôts que nous payons combien Yvonne et Germaine gagne quoique elle n'est pas avec nous combien nous avions de bétail nous avons mis une vache laitière, pour pouvoir retirer quelques petits sous voit les tracas mais si c'était pour nous donner cela était très simple. Je termine en t'embrassant de tout cœur de la part de nous tous, et à bientôt de te revoir. Monguillot. Tes parents qui ne t'oublient pas.

Pessac le 04 janvier 1944
Mon cher frère Robert je m'empresse de répondre à ta gentille lettre que j'ai reçu ce matin avec grand plaisir datée du 17 décembre et comme je fais chaque fois, j'en ai reçu une des tiennes le 2 novembre datée du 24 octobre et je t'ai répondu je t'ai écrit le 23 novembre en réponse à la tienne du 7 novembre et je t'ai écrit le 7 décembre à ta lettre du 21 novembre et je t'ai répondu le 21 décembre à ta lettre que j'ai reçu le 20 datée du 6 décembre et celle-là est recommandée, les autres deux avant il fallait attendre plus de demi-heure à la poste, cela fait que je l'avais envoyée sans être recommandée c'est sûrement pour cela que tu ne l'as pas eue et aujourd'hui je réponds à celle du 17 décembre j'espère que ma lettre te trouvera en bonne santé, la tienne me trouve un peu enrhumé mais cela n'est pas grave quant à mes boutons cela a duré une quinzaine de jours et c'est tout j'en ai profité pour aller chez nous. Ce matin, j'ai eu des nouvelles de Mme Laperge qui me souhaite la bonne année et me disait que Monsieur Laperge avait vu papa et lui avait donné de tes nouvelles. J'ai eu aussi des nouvelles de Preignac Simone se plaint son mari est prisonnier et il se plaint que le courrier met beaucoup de temps elle est restée 1 mois ½ sans nouvelles et moi j'en ai eu de Robert ce matin avec quinze jours de retard sur l'habitude il est resté 3 semaines sans pouvoir écrire chez lui

et à moi car il attendait que l'on lui donne le papier pour écrire alors on peut attendre avec impatience il est en bonne santé mais est toujours prisonnier. Le 31 décembre j'ai reçu des nouvelles de la maison Yvonne m'a écrit et me dit avoir eu de tes nouvelles le 30 décembre et ta lettre était datée du 15 décembre et elle me dit avoir reçu ta photo dans ta lettre du 6, moi aussi j'en suis très contente elle est encadrée dans ma chambre avec celle où nous sommes tous les trois elle me disait que tu te plaignais de ne pas avoir de mes nouvelles et elle me dis que tu as reçu tous mes colis mais tu me l'as écrit je suis contente que les pommes se soient gardées et maintenant tu ne vas pas tarder d'en recevoir un offert par les établissements Curat-Dop si tu le peux, tu n'auras qu'à leur envoyer juste une carte pour les remercier. Les Sauternais de la classe 1943 sont partis le fils du précepteur, le fils P…, l'ainé C…, le beau-frère de la téchenaire, Roger M… à Arcachon et les autres à Bordeaux ça leur fait du bien de coucher un peu sur la paille. Pierrot s'en ai tiré car il n'est pas très costaud et Albert L…. d'Yquem est parti mais il n'est pas mal. Les Léogeats sont plus débrouillards aucun ne part. Je vais t'apprendre la mort de Roger L… le fils à Madeleine de la République, la mort de Jeanne de Capérot et du Bossu de Budos autrement toujours à peu près il fait froid et il pleut j'ai passé de bonnes fêtes de Noël et du premier de l'an avec 19 personnes à table pour le 1er de l'an voici le boulot, mais j'ai été récompensé 1000 d'étrenne je voudrais que ce soit souvent le 1er de l'an. Pour Noël j'ai eu juste 2 invités le dimanche et nous avons mangé de bonne heure à 3 heures nous étions à l'usine car il y avait l'arbre de Noël pour les enfants du personnel et un goûter pour tous les ouvriers 1 tasse chocolat, biscuits et croissant distribution de jouets un concert très comique avant le goûter et après nous avons dansé jusqu'à neuf heures du soir nous nous sommes bien amusés. Tu me parle que tu auras juste droit à 2 lettres par mois et bien tu écriras à Maman et tu lui diras d'être assez gentille pour moi plus que la fois que j'y suis été avec tes camarades, elle a toujours besoin de vexer les gens enfin il faut penser sur beaucoup de choses c'est maman mais la dernière fois elle m'aurait donné de tout j'en suis été surprise quant à papa lui il a toujours été gentil il se fâche toujours avec elle parce qu'elle se met en colère pour rien. Papa va bien il a bien repris maintenant il ne se prive pas, va à Roaillan 2 et trois fois par semaine il a tout ce qu'il veut chez Maurice et alors cela va bien mieux et puis aux alentours aussi. Ils peuvent bien se soigner s'ils veulent. Reçois cher Robert les meilleurs vœux de bonne année de Constan, Elise, demoiselle et mes camarades et patron ainsi que de moi-même. Que cette guerre finisse vite que nous puissions nous retrouver tous ensemble. Je te quitte mon cher frère Robert en t'embrassant bien fort et je pense très souvent à toi et je voulais t'envoyer des biscuits, je les garde pour quand tu viendras. Bons baisers ta sœur Germaine.

Sauternes 12 janvier 1944
Nous sommes tous en parfaite santé et t'en souhaitons de même. Au pays pas grandes nouvelles à te communiquer si ce n'est que nous avons un temps superbe. Chez toi tout le monde va bien. J'espère que tu as dû rencontrer D… de Langon. Je l'écris en même temps. Reçois de nous tous nos meilleures amitiés. Ton cousin qui t'embrasse de loin et à bientôt pour nous revoir. Bien le bonjour à Jeannot. René
A ta prochaine occasion dis bien le bonjour à Jean L… de ma part.

Sauternes 13 janvier 1944
Cher frère Robert,
Nous venons t'écrire pour te donner de nos nouvelles toujours très bonnes pour l'instant espérant que notre lettre t'en trouve de même. De Mémaine il en est ainsi et nous dit qu'elle a reçu ta lettre du 17 décembre quant à nous c'est celle du 15 dont on a reçue le 30. Nous en attendons une chaque jour avec impatience car ça ne doit pas tarder. J'espère que vous avez passés de bons jours de Noël et de l'an malgré notre si grand éloignement puisque nous n'avons pas eu le bonheur de se trouver tous réunis. Souhaitons que cette nouvelle année nous apportera des jours meilleurs et que les permissions marchent un peu mieux pour que votre tour arrive bientôt car vraiment vous n'avez pas de chance du moment que vous deviez partir en décembre. Ici pour l'instant il fait un temps doux. La semaine dernière il y avait de belles gelées blanches, dans la journée le soleil faisait

son apparition alors la température était supportable et à Vienne quel temps fait-il ? Ne sens-tu pas trop le froid. Dis-nous en fait d'habillement si tu as besoin de quelque chose pour qu'on te le procure. A l'heure actuelle tu dois avoir reçu le colis de la part des Curat Dop qui aura fait une surprise à nous tous. Ces gens-là nous montrent une grande gentillesse envers ta situation dont on pourra les remercier. De l'allocation à la mairie nous faisons toujours des démarches. On a été obligé de se faire faire un certificat d'imposition de Langon et de Villandraut, d'Illats c'est nul pour si peu. Il en a été de même pour moi et Mémaine en spécifiant ce que notre employeur nous donnait par mois. De papa comme artisan ils ne veulent rien savoir. Ils s'attaquent à toutes les branches pour savoir vraiment notre revenu mensuel. De Mémaine il faut le mentionner malgré qu'elle ne soit pas parmi nous. Maintenant ils ont les papiers nécessaires espérons que nous toucherons bientôt. Quelle patience faut-il avoir et comment ferait-on si on ne comptait que sur cela ; si c'était pour en donner il n'y aurait pas ces formalités à remplir. Ces jours-ci nous avons eu des nouvelles de Msieur et Mme Jules de la Somme nous présentant les vœux de bonheur pour la nouvelle année et ton retour prochain. Mme Paquet est morte fin septembre. A Paris la maison de Guya a été détruite le 31 décembre, il ne leur reste plus rien vraiment ce sont des familles éprouvées pendant ces quelques années. Jean le petit fils de Mme Chappé lui a écrit pour le jour de l'an il a eu ses affaires plusieurs fois brûlées mais il est toujours au même endroit. Il a redemandé ton adresse pour t'écrire à nouveau du moment qu'il a tout perdu. Nous te la donnons à nouveau Jean G… Industrie Lager Forstbachweg 3 Stube 19 à Kassel B Deutschland. Alban L… lui aussi a demandé à ses parents de venir nous demander la tienne demain ils doivent lui écrire, ne sois donc pas surpris si tu en reçois une de sa part il se trouve toujours à Brême. Comme tu nous demandais celle de Camille de Bernille nous allons te l'envoyer, il n'a pas écrit à Michel depuis cette fois-là, à Paula paraît-il depuis les vendanges, reste à savoir ce qu'il fait pour lui soit ne doit pas le préoccuper de ne pas avoir des nouvelles des siens au caractère dont on le connait. Voici son adresse quand il a écrit à Michel (L… Paul Rückmarsdorf Post Bohlitz Ehrenberg Deutschland Lager Linde Allemagne). Tu peux lui écrire tout de même tu verras bien si elle lui parvient si tu reçois une réponse. A Nautet toujours le même calme si ce n'est la fille de Mme Chappé Emilienne qui est arrivée dimanche pour une quinzaine de jours, elle est toujours intrépide aux besognes de la campagne. Elle t'envoie bien le bonjour ainsi que tous du quartier auxquels tu adressais tes vœux. Tu vas rire en apprenant cette nouvelle. Le vacher de Pinot a demandé son congé de 15 jours. Il a profité de partir vers Bayonne où il s'est embauché au service des occupants. De là il a écrit de lui envoyer des habits, tu peux croire que chez lui on ne s'en est point soucié de lui envoyer car tu dois te rappeler la vie dont ils menaient en famille, à sa place on y a mis son fils comme vacher, ça ne lui souriait pas trop mais il faut obéir quand on n'est pas chez soi. Le lundi 3 janvier je suis revenue à Capian avec la vieille Mme P.... Un taxi de Libourne est venu chercher la jeune dame c'est pourquoi l'autre à voulu profiter de l'occasion du moment qu'ils passaient à côté. Il devait être le matin à 6 heures solaire à Sauternes. Le dimanche j'avais couché au château pour être plus près, mais il a fallu qu'il fasse d'autres voyages obligatoires et avec ça panne du gazo alors à 9 heures nous nous sommes couchées pensant qu'il ne viendrait plus à peine un quart d'heure venait de s'écouler voilà une auto qui arrivait c'était donc lui. Alors on s'est levée immédiatement, il a mangé vite et nous sommes parties. Heureusement qu'il faisait clair pour transporter nos paquets. Arrivées nous nous sommes empressées de faire notre lit, il devait être bien 11 lorsqu'on est entrées dans notre lit pour la seconde fois et ils sont arrivés à 1 heure de la nuit à St-Martin. Nous sommes revenues vendredi avec les Roumazeilles. Tu peux croire que je me rappellerais de ce jour. Les Sauternais ont eu 2 jours de permission pour Noël et un jour pour le nouvel an. Maintenant ils sont à Biarritz ils font des blockhaus à 4km de là où un autocar les transporte chaque jour. Ils couchent dans un grand hôtel qui les change beaucoup de la paille et pour l'instant bonne popote, ils sont heureux pour l'instant, souhaitons que ça leur dure si c'est possible. Pour l'instant rien de plus à t'annoncer reçois les affectueux baisers de tes parents de nous aussi et à bientôt. Tes parents et ta petite sœur Yvonne.

Sauternes le 05 février 1944
Cher Robert,
Nous avons reçu ta lettre que tu as écrite de Révigny. Je vois que vous avez fait un bon voyage mais long. Tu étais encore à Bordeaux à 5 heures de l'après-midi. J'ai reçu un télégramme de ton camarade de la Sarthe qui te disait qu'il lui était impossible de partir et fixait au 9 pour le départ. Je lui ai fait réponse de suite et lui disais que vous étiez partis avec Paul le matin et que le départ était le soir de Bordeaux. [...] Je vais t'annoncer une autre nouvelle depuis avant-hier à Bernille il y a une petite fille. Pierre est venu à 5 heures du matin passé me chercher pour aller à la Saubotte chercher la sage-femme à peine que je venais de partir tout était fait et tout va bien. Je ne vois pas grand-chose de plus. Je t'embrasse, ton père Gabriel.
Observe bien ce que je te dis souligné.

Pessac le 18 février 1944
Mon cher frère Robert,
Je t'écris quelques mots pour te dire que j'ai bien reçu ta lettre de Révigny et ta carte datée du 5 le 16 et je fais réponse à ta carte et ta lettre me trouvent en bonne santé et j'espère que la mienne t'en trouve de même. A Pessac toujours pareil et à Sauternes aussi [...]. Je vais te dire que Aimée a une petite fille depuis le 5 ou le 6 février elle s'appelle Nadine comme celle de Barsac des noms à la mode autrement toujours pareil je suis contente que tu as retrouvé le colis en revenant car tous les autres ont écrit une lettre de remerciement à la patronne c'est pour cela que nous savions que tous les ont reçu. Dans quelques jours je t'enverrai des biscuits. Rien de plus pour le moment. Reçois mon cher frère les meilleurs baisers de ta sœur qui ne t'oublie pas. Germaine

Sauternes le 18 février 1944
Cher fils,
Je réponds à ta carte que nous avons reçue hier et surtout de te savoir rentré et d'être en bonne santé. Il y a 4 à 5 jours Germaine nous a écrit et nous a raconté ton séjour à Bordeaux elle a reçu ta lettre de Révigny ainsi que nous les 2 sur celle que nous t'avons déjà envoyé nous te disons que Roger B... avait

envoyé un télégramme en disant qu'il ne pouvait partir que le 9 sûrement il doit être rentré, le 14 nous avons reçu une lettre de la Feldkommandatur rue de Budos pour que tu ailles te présenter le 12 à 10 heures du matin pavillon 1 bureau 105 puis si tu ne présentais pas il serait obligé de te faite amener. La convocation était datée du 9 partie de Bordeaux le 11 vois si l'organisation va bien nous ne sommes pas déplacés. La veille de ton départ ils avaient reçu à la mairie que tu n'étais pas rentré. P… lui a dit à Yvonne vois s'ils vous suivent de près à l'usine. De Grignols 20 de pris en fraude amenés où on ne le sait même le fils de l'usine. Celui de Villandraut qui était avec Ouvrard est resté chez Cop à Bordeaux. Paris-Bordeaux n'est pas revenu là-bas. […] Tu nous dis que tu as reçu le colis de la patronne à Germaine et bien remercie là si tu ne l'as pas fait. Yvonne est repartie à Capian pour quelques jours il doit y arriver soit disant des réfugiés. Elle était un peu vexée mais elle ne doit pas t'écrire puisque les lettres mettent un mois. Aimée et Pierre me pris de t'annoncer la naissance de leur petite Nadine le surlendemain de ton départ. C'est moi qui ai assisté à la naissance avec tante. Papa avait été chercher la sage-femme à la Saubotte. Papa à peine était-il rendu là-bas que tout était terminé. Tout va bien je t'assure que méméne ne veut pas la donner, elle voulait pas de petit frère. Elle est marraine avec Robert de Carrasse. Je vais te dire qu'à partir d'aujourd'hui nous avons dans les châteaux et dans les maisons du bourg 500 occupants venant de Russie. […] Je termine en t'envoyant mille baisers de nous tous. Tes parents qui pensent souvent à toi. Louise Monguillot.

Sauternes le 21 février 1944
Cher frère Robert,
Nous venons répondre à ta lettre que nous avons reçue le samedi 19 vois si elle a été vite à côté de quelques fois elles mettent une quinzaine ou plus. Nous écrivons aujourd'hui aussi à Mémaine pour lui transmettre de tes nouvelles. Nous sommes heureux de savoir que le reste de votre voyage depuis Révigny se soit bien passé et naturellement il devait vous tarder car ce sont des voyages fatigants. Nous voyons que tu es toujours en bonne santé, pour Mémaine et nous tous il en est de même.

Avant-hier c'était un vent glacial, hier à notre réveil la terre était recouverte d'une mince couche de neige qui a disparu dans la même journée et ce matin il menace encore vraiment on aurait point besoin de ça surtout pour le bétail. Tu devais être attendu par tes camarades, mais surtout Jeannot qui doit être heureux de savoir des nouvelles fraîches du pays natal dont il doit attendre le retour avec impatience après tant d'années d'exil. Souhaitons que vous aurez passé une bonne journée ensemble. Sur cette lettre à notre tour nous venons te souhaiter un bon anniversaire pour tes 24 ans excuse-moi cette année je ne peux pas t'envoyer un petit bouquet car les violettes ne sont pas fleuries et des autres il n'y en a point. Nous avons dit aux parents d'Alban L… que vous vous êtes écrits et raconté les passages de sa lettre. Ils sont contents de voir qu'il peut correspondre avec toi car dans son camp il n'a personne de la région, malgré cela on doit se faire des camarades. Quant à Camille pour l'instant on ne sait rien de nouveau, aura-t-il le courage de te répondre ? Je vais te procurer du dentifrice bénédictin ainsi que le peigne de poche et le porte-monnaie car il faut que j'aille ces jours-ci porter le vin à Douaix. Quant au veston nous allons y aller voir, jusque on ne nous a rien fait dire, dès qu'il sera prêt et l'on va s'informer du meilleur mode d'expédition. Dans le colis de Curat-Dop y avait-il de bonnes choses, tu ne nous en énumère rien, certainement quelques bagatelles appréciables, nous allons leur faire savoir que tu l'as reçu et les remercier. Tu dois être habitué à nouveau à ton travail et c'est très naturel que vous l'ayez retrouvé un peu dur de vous être séparés une fois de plus de chez nous et la vie n'est point la même. Faut désirer que ce reste de temps s'écoule vite pour que vous repreniez votre vie normale dans notre pays et que toutes distractions nous reviennent car depuis ton départ il n'y a pas de changement. Et dire demain le jour de Carnaval qui va passer aussi triste qu'un jour de la semaine, où l'on aurait pu se déguiser et passer une bonne soirée tous ensemble et surtout le lendemain lorsqu'on faisait brûler. Où est-il ce bon temps, et reviendra-t-il mais pour nous ce sera trop tard. Quant aux bleus de travail tu peux être rassuré qu'on en parlera point car il y a trop de difficultés pour en procurer. Dès que tu auras besoin de quoi que ce soit prévient nous assez tôt pour que tu ne sois pas pris au dépourvu.

Ils ont dû veiller le moment où vous étiez moins nombreux pour faire l'autre distribution pour en avoir moins à donner. Le recensement de 44 est bientôt terminé. Voici deux jours aujourd'hui je suis revenue de Capian avec la vieille dame où nous y étions depuis lundi dernier sa maison allait être réquisitionnée. C'est le taxi de St-Martin qui nous a ramenées en venant porter la jeune Mme sa mère et le frère de Msieur Jean pour passer le carnaval à Sauternes et Msieur Jean est toujours à Capbreton ainsi que les autres sauternais. [...] A Sauternes les nouveaux habitants sont là mais c'est moche pour tout. Dans la lettre je te joins la chanson du Danube Bleu et Beau soir de Vienne qui se rapporte à votre petit coin et qui j'espère parmi le nombre vous chanterez et pour cette occasion les musiciens se distingueront. Prochainement je t'en expédierai d'autres car Ginette de P... me les a prêtées pour vous les recopier. Pour l'instant rien de plus à t'annoncer reçois les affectueux baisers de tes parents qui pensent souvent à toi et courage en attendant des jours meilleurs. Tes parents et petite sœur Yvonne.

Pessac le 29 février 1944
Cher frère Robert
Je m'empresse de répondre à ta gentille carte que j'ai reçu ce matin qui m'a fait grand plaisir de te savoir en bonne santé ainsi que moi-même. Je vois dans ton pays il fait très froid ici aussi depuis le 23 il tombe de la neige qui fond à mesure sauf le 25 elle n'a pas fondue tout été blanc, c'était joli ce beau tapis. Ce matin aussi en me levant c'était blanc de neige mais avec le soleil tout est fondu mais il tombe toujours quelques flocons de temps à autre alors chez vous il doit faire un froid terrible autrement toujours pareil. A la maison tout le monde va bien, Yvonne m'a écrit hier pour me donner de tes nouvelles le 19 ils ont reçu ta lettre datée du 12 ils ont eu celle du 5 et moi aussi je l'ai reçu le 16 février et je t'ai répondu le 18, j'écris à maman en même temps qu'à toi pour lui donner de tes nouvelles et samedi je lui enverrai des biscuits pour te mettre dans le colis dont elle doit t'envoyer. Samedi j'ai reçu une lettre de Robert il t'envoie bien le bonjour et il me dit qu'il commence à trouver le temps long 4 ans sans voir sa famille il me dit qu'il en vient

jaloux d'apprendre que les travailleurs reviennent faire un petit tour chez eux et qu'eux sont obligés de patienter jusqu'à la fin mais il est courageux et il espère que cette guerre finisse cette année rien de plus à te dire bien le bonjour d'Elise et Constan et de mes camarades et de Mme Curat-dop. Je te quitte mon cher Robert car il est tard et je tombe de sommeil, reçois mon cher Robert les meilleurs baisers, ta sœur qui pense souvent à toi. Germaine

Pessac le 7 mars 1944
Cher frère Robert
Je m'empresse de répondre à ta carte que j'ai reçu ce matin qui m'a fait grand plaisir surtout de te savoir en bonne santé et que tu prends un peu de distraction car vous en avez tous besoin. Quant aux nouvelles de Sauternes j'ai eu une lettre d'Yvonne de Capian datée du 1er mars alors regarde elle a mis 6 jours et la tienne depuis Vienne 7 alors regarde si le courrier va bien, elle me disait qu'elle était à Capian et que dimanche dernier qui était le 27 février elle était avec papa, maman et les deux Cinini, mais les Landiras n'y étaient pas, il y avait Yvette et Néné, Maria, Marie de Langon, Robert de Carasse qui était le parrain alors tous les Carrasse, Monsieur et Madame Valirac la fille de Ballan qui est mariée avec Constan de Pujols, celui qui parlait, Andréa Palley. Yvonne me dit qu'ils sont très simples et très gentils tous les deux et Paul de Batatye qui faisait le taxi. Ils étaient une vingtaine en tout mais il parait que la Cinini avait la parlotte doute toi, elle l'a déjà assez comme cela. Autrement personne des Toutiet, ni des Benquétot [...]. Il y a eu des dragées il parait qu'ils les ont gardé pour les absents Roger, toi et moi. Yvonne me dit qu'on doit nous en envoyer. Le château Filhot a des copains, Nautet est toujours calme [...]. La dernière lettre que j'ai reçue de maman à part celle d'Yvonne de Capian est du 21 février et elle était recommandée alors j'ai voulu savoir pourquoi c'est la postière qui a recommandé la mienne au lieu de la tienne alors sûrement qu'elle va mettre du temps sans être recommandée. Dans sa lettre elle me donne de tes nouvelles elle avait reçu ta carte datée du 5 février et me racontait ton voyage le 19 février, ils ont reçu ta lettre du 12 février et elle me dit que tu as écrit à Camille et elle me dit

qu'elle t'écrit le 21 pour répondre à ta lettre du 12, ton gilet n'était pas fini, j'ai écrit à maman samedi et lui ai envoyé 8 paquets de crousti pour t'envoyer, elle doit les mettre avec le gilet. Je suis contente que tu puisses te distraire car il faut en profiter quand on peut. Nous dimanche nous avons eu alerte pendant 2 heures mais cela n'a pas tapé chez nous, nos copains de Bazas et Bergerac ont eu distribution de pruneaux. Nous c'est pour une autre fois, autrement plus grand-chose à te dire. [...] Autrement toujours pareil bien le bonjour de la part de tout le monde de la maison et d'Elise et Constan et de Robert qui ne t'oublie pas et me dit qu'il espère que l'on se retrouvera tous ensemble cette année et de te dire bon courage car malgré ses malheurs il est courageux car il commence à avoir assez de cette vie cela fait la 5ème année pour lui. Je te quitte mon cher Robert en te disant bonne santé bon courage, distrait toi le plus possible, je vais donner te tes nouvelles à maman comme je fais chaque fois, reçois mon cher frère Robert les meilleurs baisers de ta sœur qui pense souvent à toi et à Robert en me demandant quand est-ce que je pourrai vous voir tous les deux à la fois et pour toujours à Sauternes. Vivons dans l'espoir que cela sera cette année. Bons baisers. Germaine

Sauternes le 7 mars 1944
Cher fils Robert,
Je profite d'un petit moment aujourd'hui pour te donner de nos nouvelles qui sont excellentes pour le moment. Faut espérer que tu en sois ainsi. Jeudi nous avons eu des nouvelles de Germaine elle est en bonne santé et nous en donne des tiennes de la lettre du 13 et hier soir Pierrot est venu avec la carte que tu lui a envoyé datée du 19 cela nous a fait grand plaisir surtout de ta savoir en bonne santé, nous voyons que vous ne vous en faites pas trop et bien faites vous passer les plaisirs si vous avez l'occasion comme cela le temps parait moins long. Faut espérer que cela finira avant longtemps et que nous puissions nous retrouver tous dans notre petit coin. Je t'assure que pour le moment nous ne sommes pas seuls, dans tous les châteaux il y en a, où était Barré, c'est l'hôpital. C'est la bombe, pleins tous les jours, ça cherche les filles, se disputent, ce n'est plus les premiers. Ça chante du matin au soir devine 800 ici Bommes,

Villandraut. Aujourd'hui depuis 10 heures ils ont eu la visite des hirondelles qui se trouvent pas loin de chez nous. Yvonne est toujours à Capian depuis 8 jours après ton départ, ils attendaient des réfugiés comme chez nous ils n'étaient pas encore arrivés ces jours-ci. Elle est venue passer les fêtes de carnaval car la jeune patronne leur avait téléphoner qu'elle venait avec son jeune fils et sa mère alors du fait la vieille est revenue et sont repartis en taxi le jeudi qui les a laissé à Capian en passant cela ne lui plaisait pas trop d'y revenir, puis elle est revenue dimanche pour assister au baptême de la petite Nadine de Bernille je t'assure que Mémène est heureuse d'avoir une petite sœur, elle ne voulait pas de petit frère, nous étions 21 à table. Robert de Carasse était le parrain et la petite mémène. Nous avions la fille Ballan avec son mari Msieur Bravo c'est un espagnol charmant garçon mais pas fier ni l'un ni l'autre ce sont eux qui sont les propriétaires de la sansuère. Ballan a fait les partages, personne d'étrangers rien que la famille, du vin blanc de toutes espèces, des cadeaux qu'on avait fait à Pierre, nous lui avons porté 5 bouteilles de vin vieux, nous avons passé une bonne journée et personne n'oubliait pas les absents, Roger et toi. Ils ont eu des nouvelles de Roger par un camarade de Gabarnac qui a été libéré dernièrement c'est le fils du maire très gentil, il se trouve à deux pas de la frontière voit notre pays à vue d'œil. Nous avons bu 12 bouteilles de vin blanc, personne n'était malade, cela a duré jusqu'à près de minuit, puis le lendemain matin vers 10 heures Yvonne est repartie en vélo car elle l'avait amené pour venir elle n'a mis que 1 heure et quart maintenant nous ne savons point quand elle va rentrer. La classe 44 a passé la visite il y a huit jours ici il n'y en avait pas puisqu'ils étaient partis [...]. A Léogeats Robert D... est pris mais pas Parrot et les autres je ne sais pas lesquels que c'est. La semaine dernière nous avons eu des nouvelles de Clara et son mari, ils sont tous en bonne santé et demandent de tes nouvelles ainsi que de Paul il a su que vous étiez venus en perme il a eu mal au cœur de savoir que vous étiez repartis et nous prie de vouloir l'autoriser de t'écrire. Nous avons dit oui alors ne sois pas surpris, ils regrettent beaucoup Bx mais ne savent pas au juste toutefois cela finit s'ils ne reviendront pas, voici leur adresse exacte G... Joseph, 39 cité Emile Peugeot, Pont de

Roide, Doubs. Ne leur écrit pas avant que tu en aies reçu d'eux, en cas qu'il y ait changement, comme cela tu ne seras pas surpris. Il y a 15 jours nous avons eu des nouvelles de Mme Blanche de la Somme elle est allée à Paris et a causé de toi avec Guy tu pourrais peut-être lui écrire, les S… de Paris plaignent misère s'ils n'avaient pas le peu de ravitaillement que nous leur envoyons, ils seraient très malheureux, Marcel est malade et souffre de l'estomac, ils ont beaucoup maigri, pour la situation est la même que lorsque tu es venu, ne t'en fais pas pour nous. Alors je vois que Camille t'a écrit il est vivant et trouve le vin à dire et pense rester chez lui tant pis il paye ses idées. Il a écrit à Michel samedi et leur dit qu'il a eu de tes nouvelles. Nous avions oublié de te dire le surlendemain de ton départ la vieille tante de Preignac est morte, et demain on enterre le cousin Eugène des Claverie à Fargues 78 ans, la sœur à Armand est mariée avec le fils de la somnambule, je t'assure elle a fait une belle affaire noceur comme Armand. Jeudi 2 papa est allé garder la voie à Preignac avec Alban Mussotte et un de Preignac depuis le matin 6 heures du soleil jusqu'au soir 5 heures cela est à tour de rôle, les jeunes la nuit, les vieux le jour, Sauternes prend depuis la gare jusqu'au Ciron du côté de Barsac regarde si cela est intéressant c'est un milicien qui fait la relève et vient depuis Agen jusqu'à Podensac en vélo, les hirondelles hier sont allées au pays de Joseph de la pirote et se sont posées sur un camp alors devine à Bazas toute une famille a trouvé la mort 5 personnes c'est malheureux pour le veston il n'est pas encore fini, j'ai vu René depuis le temps s'ils avaient voulu cela serait fini, je crois bien te l'envoyer la semaine prochaine. Dis-nous si tu as besoin de quelques choses pour manger nous te ferions un colis avant de t'envoyer le veston ou sinon tout ensemble, nous t'enverrons des dragées du baptême que Pierre et Aimée nous ont donné pour t'envoyer. Mille baisers de nous tous. Tes parents qui pensent à toi mille fois dans la journée. Louise Monguillot

Sauternes 16 mars 1944
Cher frère Robert,
Nous nous joignons à toi de très loin toujours naturellement pour te donner de nos nouvelles toujours très bonnes pour

l'instant espérant que notre lettre t'en apporte de même, ainsi que Mémaine qui nous a écrit le 7 nous annonçant qu'elle a reçu une de tes cartes datée de Mars où tu lui racontais que tu étais allé au cirque et que tu allais y retourner le samedi soir. Je doute que c'est une grande distraction pour vous de pouvoir passer quelques bons moments pour vous aider à supporter la vie qui passera plus vite. J'espère que vous deviez vous sentir revivre en assistant à cette représentation française venue dans ce pays pour vous distraire avec ses grands artistes et musiciens qui vous rappellent les beaux temps de chez nous qui je crois ne sont pas prêts à revenir, le tout c'est la patience. Je suis revenue de Capian le 13 dans l'après-midi. Pendant plus de dix jours on attendait avec impatience notre retour car les autos étaient toutes en panne ce n'est pas le rêve ces gazos, tous les laisseront volontiers dès qu'ils pourront s'en passer, à chaque instant il faut réparer. Maintenant il commence à faire de belles journées on sent l'approche du printemps. Voici qu'en ce même moment où je t'écris il y passe des grues un peu hautes. Pierrot fait la chasse à l'alouette dans Prades du côté du chêne. C'est le moment il commence à y avoir du passage. Il commence à faire prise pour les premières journées. Quant à Robert P… c'est au vanneau dans le pré de ses parents à toucher Prades. Il était fier hier paraît-il qu'il avait fait prise. Il en revend à raison de 20 francs pièce il va gagner sa vie pendant ce temps. Nous avons eu de tes nouvelles par Pierrot ainsi que Pierre de Bernille, le temps paraîtra moins long en attendant une de tes prochaines qui ne tarderont certainement pas. Hier soir nous sommes allés voir la petite Nadine qui profite beaucoup, tu peux croire qu'elle veut vivre. Pour le baptême, tu peux douter on a parlé des absents, mais pour vous en faire un petit souvenir on a mis des dragées de côté, patiente nous te les enverrons dans le colis que l'on te fera. Nous reviendrons voir si ton gilet est prêt car ils devaient le faire pour la fin de la semaine. Nous avons décidé de te l'envoyer dans un gros colis. Tranquillise toi nous t'en aviserons le mode d'expédition. Ces jours-ci nous avons reçu des gâteaux de la part de Mémaine que nous y mettrons. Demain je vais à Langon pour te procurer le dentifrice, un peigne et un portemonnaie. As-tu été voir Jeannot de Moblot qui aura été heureux de savoir des nouvelles fraîches du pays.

Samedi dernier nous avons reçu ton mandat de 2000 dont on a touché 1947 après la retenue que l'on nous a fait. Ici les distractions sont toujours les mêmes, ce n'est donc que le football, maintenant depuis l'arrivée des occupants, le cinéma n'a plus lieu car la salle est prise. [...] Il y a eu 15 jours samedi qu'a eu lieu le mariage de Soisson de Budos avec l'ancienne bonne de Cazeaux et le mariage a été célébré à Sauternes. Le pays est toujours dans le même calme. Chez P... la nouvelle bonne est entrée le 1er Mars elle est de Landiras elle a 15 ans c'est une Ginette elle aussi. [...] Pour le dimanche gras les Léogeats se sont bien amusés ils avaient fait la mascarade qui représentait un mariage. Voilà qu'ils ont cessé car toujours cause de mauvaises langues, on les avait dénoncé. Marcel du Tikoy est là depuis 2 jours il est toujours le même, il travaille à Mimizan [...]. Sur ta lettre nous pensons que tu nous raconteras la vie de Camille qui vraiment a dû faire un grand effort pour te répondre. Pour l'adresse de C... nous te l'enverrons sur notre prochaine. Nous irons la chercher, s'il n'est pas changé il se trouvait à Elbing. Pour l'instant rien de plus, nous te présentons nos plus affectueux baisers en attendant de tes bonnes nouvelles. Ta petite sœur et parents. Yvonne

Sauternes 21 mars 1944
Nous nous empressons de faire réponse à ta lettre du 7 que nous avons reçue le 17. Nous sommes tous en bonne santé pour l'instant espérant que la nôtre t'en apporte de même, nous avons eu des nouvelles de Mémaine aujourd'hui qui attend que l'on lui donne de tes nouvelles, nous allons lui écrire en même temps que toi pour la tranquilliser car les premiers qui reçoivent le communiquent. Pour elle c'est toujours son même petit boulot. Nous voici au printemps depuis hier mais hélas pas de pluie pour favoriser nos semailles, va falloir commencer à arroser si l'on veut avoir des légumes. Faut désirer que cette année sera meilleure que la passée pour nous aider à supporter un peu mieux la vie en attendant les jours meilleurs. D'Yquem nous avons touché 50 kilos de pommes de terre par famille, c'est un échange qu'ils ont fait entre eux avec des fermiers dont on ne sait la contrée, c'est un bon geste car ça permet d'économiser les nôtres pour semer, on compte faire la soudure.

Il y a une huitaine que maman a eu un bras rhumatisé et défait, Madeleine l'a frictionnée et massée, et nous ensuite pendant quatre jours nous l'avons frottée avec une pommade et tenu son bras enveloppé dans un lainage. Maintenant elle est guérie, elle n'a plus de douleurs, heureusement que ça n'a pas été de durée car on n'est pas à son aise quand on ne peut manier qu'un bras surtout le malade se trouvait le droit. Chez vous la neige doit fondre maintenant car là aussi le temps doit se radoucir et le beau temps approche. J'espère que tu dois être content de D... car vous vous rendez souvent visite. A la longue vous serez assez nombreux de la contrée pour aller vous voir et cela vous permettra de connaître au large un nouveau petit coin. Etes-vous revenus voir D... de Langon, avez-vous été bien reçus, comme tous il a dû être heureux de retrouver quelqu'un du pays, pour toi ce sera été une promenade. Vraiment à travers tous tu peux dire que vous avez eu de la chance de venir en permission à cette époque, les autres camarades doivent trouver le temps long et s'impatienter jusqu'à ce qu'elles reprennent. Comme l'on t'annonçait sur l'autre lettre nous avons touché ton mandat de janvier dès que nous recevrons ton prochain nous t'en aviserons. D'après ce que tu nous a énuméré du colis des patrons de Mémaine c'était appréciable, ça pu vous permettre de varier un peu vos menus du soir malgré tout c'est des choses un peu rare surtout le pâté. A la suite du papier de Bordeaux nous n'avons rien eu depuis et tu peux croire qu'on n'a pas gaspillé un timbre pour réponse, à eux de se débrouiller. Nous avons causé René du bourg à nouveau et nous lui avons montré la lettre alors il va activer a-t-il répondu et le jour où il l'apportera nous nous empresserons de te faire le colis. A Langon, vendredi dernier j'ai donc trouvé du Gibbs, le peigne et un porte-monnaie qui fait portefeuille. Dans Maubec j'ai trouvé Jeannette C.... Elle m'a donnée l'adresse de son frère que je lui ai demandée. La voici C... Jean Larchwalde N°302 Stube 6 Elbing West Prussen Deutschland. Il est toujours au même endroit. Pour lui ce sera une joie certainement de pouvoir correspondre avec quelqu'un du pays car sa sœur nous disait qu'il n'avait personne de la région. Nous avons parlé chez René au sujet du pardessus. Nous avons décidé de l'acheter pendant que chez Douaix il y en a en réserve et du bon tissu caché, car celui de maintenant n'est pas joli et n'a pas la même solidité. Samedi j'y suis allé chercher mon manteau avec le bon que j'ai demandé alors je leur en ai causé. Ils m'ont dit qu'ils en avaient du joli et que René avait vu les coupons dernièrement quand il y est allé avec Michel de Bernille et Louise. Alors parrain m'a promis de venir avec moi pour me donner un conseil. Nous te le procurerons au mieux et espérons qu'à ton retour tu seras heureux. De cette façon nous l'aurons car vaut mieux tenir que voir venir surtout au temps où nous courrons. Dès que nous verrons Hubert nous lui dirons de t'écrire et au sujet de leur affaire tout est dans le plus grand silence, il l'a échappé belle. Paraît-il que l'on reconnue fille publique ce qui lui permet à Hubert ainsi qu'aux autres d'être à couvert. Voici les quelques nouvelles du pays qui sont assez brèves. Dimanche Pierre S... est venu pour semer quelques pommes de terre et doit revenir pour Pâques. Ce jour nous l'inviterons à manger avec nous car dimanche nous n'avions pas assez pour pouvoir le recevoir. Depuis quelques jours la viande a augmenté et en plus à Langon ils font prises d'une grande quantité pour eux, nous n'avons donc que le reste. Hier le Marcel du Tikoy est reparti, il est donc resté 8 jours, il devait couper de la bruyère pour Casquette pendant son séjour. Voilà qu'au premier jour il en a taillé 3 pilots, il avait bu et avait perdu la faux dans la vigne de Capérot. Heureusement qu'elle était tombée sur de bonnes mains. Tu peux croire qu'Alice a été heureuse de la retrouver. On est à se demander comme il a vécu ; faut croire que c'est par le vin qu'il a pu raccrocher d'une porte à l'autre, c'est toujours le même misérable. Les nouveaux châtelains ne cessent de chanter d'un bout de journée à l'autre, faut croire tout leur va de droit par ici, où c'est-il pour ne pas montrer, c'est surtout à Guiraut la gaîté. [...] La petite Nadine profite toujours elle est bien sage et bien belle. Mémaine est fière de sa petite sœur. A Filhot il y a eu bagarre entre A... R... et P... et A... est bien marqué. Pour l'instant rien de plus à t'annoncer reçois les plus affectueux baisers de tes parents qui pensent souvent à toi souhaitant une fin prochaine pour te retrouver parmi nous. Pourquoi vous a-t-on fait ajouter 12A et ce que ça signifie. Quant à ta lettre du 26 nous ne l'avons point reçue. Tes parents et sœur Yvonne

Pessac le 22 mars 1944
Cher frère Robert
Je fais réponse à ta gentille carte que j'ai reçue ce matin avec grand plaisir de te savoir toujours en bonne santé ainsi que moi-même. Ta lettre est datée du 11 mars et elle est arrivée le 21 et aujourd'hui j'ai eu une lettre de Robert datée du 12 mars et elle est arrivée le 22, elle a mis exactement le même temps que ta carte, il commence à en avoir assez augmentation de travail et diminution de nourriture il maigrit tous les jours il lui tarde que cela finisse et il me prie de bien te dire bonjour de sa part ainsi que Elise et Constan et tout le monde de la maison. Madame me dit qu'ils ont reçu ta carte de remerciements j'en suis très contente autrement du pays toujours pareil sauf hier à 2 heures alerte jusqu'à 2 heures ½ cela n'a pas été grave heureusement car tout le monde commence à avoir peur car là où ces messieurs passent ils laissent des traces. Que cela finisse vite il faut espérer que cette année sera la dernière car tout le monde en à bientôt assez. Heureusement il fait un temps superbe, le printemps a fait son apparition et pas trop tôt et la foire est commencée mais je n'ai pas envie d'y aller c'est un peu partout cela n'est plus pareil à Quinconces on voyait tout maintenant c'est un peu sur toutes les places cela n'est pas pareil autrement toujours pareil la semaine dernière j'ai eu de bonnes nouvelles de la maison et tout le monde est en bonne santé. J'ai envoyé des biscuits a maman pour te les envoyer. Je te quitte mon cher Robert car il est tard et je vais me coucher. Reçois mon cher frère les meilleurs baisers de ta sœur qui ne t'oublie pas. Germaine

Sauternes le 02 avril 1944
Mon cher Robert
Je viens faire réponse à ta lettre qui m'a fait grand plaisir. Excuse-moi de ne pas t'avoir répondu plus tôt (parce que tu sais moi je ne suis pas pressé surtout quand il faut écrire). J'espère que tu es toujours en bonne santé – ici tout le monde va bien, ainsi que chez toi – Ici c'est toujours la même vie sauf nous sommes occupés par les Allemands comme au début. A Léogeats, les amusements de la hargue ont cessés ainsi que le cinéma de Sauternes. […] (A Léogeats un fils L… s'est fait tuer

accidentellement en camion). Ici le dimanche est triste maintenant il n'y a plus rien, l'autre dimanche on est allé au cinéma à Budos. J'espère que toi à Vienne tu ne t'en fais pas trop et que tu te débrouilles afin de t'amuser le plus possible. J'ai fait la chasse à l'alouette avec Néné mais je n'en ai pas pris comme j'aurai dû en prendre. J'ai manqué le premier passage et puis je n'étais pas trop bien installé en ressorts, j'espère que l'année prochaine tu seras ici et on s'installera mieux et assez tôt. Je ne vois plus rien à te dire pour le moment, je te souhaite de bonnes pâques. Ne t'en fais pas trop, espérant que ce mauvais temps ne durera pas très longtemps et que tu puisses revenir bientôt. Bien le bonjour de toute ma famille, à bientôt cordiale poignée de mains, mes meilleures amitiées. P.

Sauternes le 2 avril 1944
Cher fils Robert,
Je profite d'un petit moment aujourd'hui jour de rameaux ici ce n'est guère plus gai que la semaine, nous te donnons de nos nouvelles qui sont très bonnes pour l'instant ainsi que Germaine qui nous a donné de ses nouvelles avant-hier de ta lettre du 11 mars. Nous n'avons rien reçu depuis ta lettre du 7 faut espérer que dans le courant de la semaine nous en aurons maintenant nous trouvons le temps très long depuis que vous êtes taxés, du fait cela fait que ce mois-ci une lettre. Autrement ici toujours la même chose nos habitants sont un peu calme voilà deux ou trois jours mais je t'assure que le pré de Pinaud prend quelques choses ils font les exercices vers les acacias de Commarque mais Pierre du bateau prend quelque chose mais au réel à côté de chez nous depuis le réservoir de l'eau jusqu'au château les chenilles sont tout le long du mur alors devine s'il y en a aussi. Nous aurons du vin tu dois comprendre car il est bon faut espérer que cela finira bientôt cette semaine nous t'envoyons le colis mais pour le veston nous ne savons trop comment faire nous ne voudrions pas qu'il se perde au cas qu'il y ait quelque chose qui se passe. Aujourd'hui nous avons eu une surprise, tonton du bourg est venu chercher papa à midi pour manger du lièvre deux cette semaine, il est veinard. René est allé faire une course de vélo Bordeaux Libourne, une auto les a pris à Preignac jusqu'à Bordeaux il ne risquait pas de rester chez lui.

Je vois que Pierre S… vient passer les fêtes de Pâques tout seul Ginette n'a que 4 ou 5 jours de vacances cela ne vaut pas le déplacement nous le garderons à manger avec nous. Puis les examens se font tous au mois de mai. Les parisiens nous ont écrit la semaine dernière ils sont tous en bonne santé et t'envoient le bonjour. Michel de Bernille va au mariage de sa cousine de Beautiran le 11 avril il a pour cavalière une petite bordelaise ils sont 3 couples puis les époux elle s'en va belle-fille. Les Pessac y vont aussi autrement personne pour des gens riches pas de bêtises et cela c'est le mieux. Louis et Louise y vont pour garder la maison car le repas se fait chez l'époux et c'est Oliver de Langon qui fait le repas. Autrement ici rien de nouveau un bien mauvais temps voilà plus d'un mois que nous n'avons pas vu de la pluie, on dirait que nous sommes au mois d'août, les bêtes nous ne savons plus quoi leur donner. Faudrait bien que cela change un peu autrement de la misère les prés sont tous blanc, nous allons être obligés de faire arroser, vois s'il se passe de belles choses. A Noaillan chez le cousin René on lui a pris une vache de travail jeudi dans la nuit l'écurie était fermée à clef ils n'ont rien entendu samedi au soir ils n'ont encore rien trouvé les gens feront en peu de tout regarde la perte qu'ils ont, pense qu'en ce moment elle doit être liquidée. M° Jean et R… sont revenus, C… et F… sont partis en voyage leurs parents sont inquiets, les autres sont toujours à BX. […] Je termine en t'embrassant mais de très loin. Mille baisers de nous tous. Tes parents qui pensent très souvent à toi. Monguillot

Pessac le 18 avril 1944
Cher frère Robert,
Je m'empresse de faire réponse à ta carte du 2 avril que j'ai reçu avec plaisir car je n'avais pas eu de nouvelles depuis juste ce matin celle du 2 avril. Tout le monde est pareil pas plus des prisonniers que des travailleurs, tout le monde était sans nouvelles et il y a eu un gradé allemand qui a dit à une dame de ne pas être inquiète que c'était général c'était la cause des transports et tu penses si tout le monde pensait que vous deviez trouver le temps long ainsi que nous-mêmes mais nous c'est pas pareil vous êtes loin. Enfin, espérons que cela ne se renouvelle pas trop souvent. Maman m'a écrit cette semaine et me disait

qu'il y avait bientôt un mois qu'elle n'avait pas de tes nouvelles comme tout le monde là-bas aussi je vais te dire André D... le menuisier de Léogeats est arrivé le vendredi saint et il a trouvé son père à Langon il avait envoyé un télégramme il est arrivé le samedi alors tu parles la surprise surtout qu'il ne leur avait pas parlé qu'il allait rentrer alors vois d'ici la surprise. Yvonne me dit qu'il est toujours le même il ne manque plus que Roland pour secouer un peu Bichoulet ça lui fera du bien. Je vois que tu es toujours en bonne santé ainsi que moi-même et à la maison aussi. Je vais écrire à maman pour vite lui donner de tes nouvelles. Elise et Constan vont toujours bien et t'envoient le bonjour. Elle me disait hier que Pierrot l'autre jour lui a demandé de tes nouvelles lui et sa sœur ne s'en font pas la semaine dernière ils étaient à Paris et cette semaine à un grand mariage à Vichy ils sont plus heureux avec le tonton Charles qu'avec leur père. La belle Christiane a trouvé un changement autrement toujours pareil. [...] C'est calme pour le moment les hirondelles passent de temps à autre mais ne font pas trop de ravages dans nos jardins pour le moment maintenant le beau temps arrive et pas trop tôt car l'hiver est un temps à cafard avec le beau temps on est plus gaie et si tu peux te distraire fais le car cela te sortira le cafard car je vois mon frère chéri. Courage comme me dit Robert cela fait bientôt 5 ans mais je vie dans l'espoir que cela sera bientôt fini. Rien de plus mon cher frère à te dire pour le moment bonjour de tout le monde à la maison Curat-dop et reçois les meilleurs baisers de ta sœur qui ne t'oublie pas et pense très souvent à toi. Bonjour à Paul de ma part. Germaine

Sauternes 19 avril 1944
Cher frère Robert,
Nous nous empressons de faire réponse à ta lettre du 26 mars que nous avons reçue le 17. Tu peux croire qu'elle était attendue avec impatience, voilà 3 semaines venaient de s'écouler alors le temps paraissait long. Il doit en être de même pour vous car c'est la correspondance qui ne marchait pas. A Sauternes et les communes environnantes tout le monde se plaignait ni lettres d'ouvriers, ni de prisonniers, pour les familles ça tranquillisait un peu du moment que c'était général

sans quoi on n'aurait su quoi penser. Le principal nous sommes heureux de te savoir toujours en bonne santé car pour Mémaine et nous tous elle ne peut être meilleure pour l'instant. Ta carte du 19 ne nous est pas encore parvenue espérons qu'elle ne tardera pas. Les parents d'Alban L... en ont reçu une le 17 de ce mois qui était datée du 19 du mois précédent, elle a donc mis un mois. Faut souhaiter que la correspondance se rétablisse vite car pour vous c'est plus long en attendant nos réponses et pour vous c'est la plus grande consolation. Nous avons eu de la pluie la semaine de Pâques et les jours suivants en principe ce sont des orages qui ont malgré tout fait de bons arrosages. Il était temps qu'elle arrive car tout aurait souffert. Les prairies sont bien reverdies et les petits légumes poussent vite. Le vendredi saint il y a eu la foire de Langon, je n'y suis pas allée mais il y avait du monde et les manèges de la foire de Bordeaux s'y sont transportés. En ce moment ils y sont encore soit disant c'était pour un mois. Les enfants ont dû en profiter car maintenant on ne connaît plus ces distractions. Sauternes n'est plus surpeuplé depuis la semaine de Pâques, ça fait un grand changement, c'est le plus grand clame qui règne. Dimanche pour remplacer la fête à Sauternes qui hélas ne sait-on quand elle reviendra on a joué un concert pour le profit des prisonniers dont je crois on aura fait une bonne recette. Il a eu lieu dans la salle des fêtes. Elle était au complet, toutes les chaises étaient prises. A cette lettre je te joins le programme. Il était joué par les équipes de Bazas. Jeunes gens jeunes filles ainsi que hommes et femmes mariés et dont les plus âgés pouvaient avoir la vingtaine. J'y suis allé avec la nouvelle bonne de P.... [...] Je vais t'expliquer les principaux passages du concert. Au début des chansons les danses de 1900 étaient la Valse Brune et Vient Poupoule et 1944 Mlle Swing et Toi que mon cœur appelle. Tu peux croire que le Swing c'est horrible ce n'est guère correct. Le déjeuner d'amoureux ne cassait rien. C'était un homme qui était amoureux d'une personne mariée qui profitait de l'absence du mari pour aller la voir. Voilà un jour il l'a invité à déjeuner avec lui. Il avait bien garni la table d'un beau bouquet et avait placé une bouteille de champagne avec un beau nœud de ruban. Dès qu'elle est arrivée ils ont fait la causette un moment. Il l'invite à se mettre à table. Elle lui répond qu'il n'avait pas mis le couvert

alors qu'elle partait et que ce n'était un déjeuner. Sur un petit bureau il avait déposé un mot avec un petit paquet comme inscriptions ça pour mon adorée qui n'était qu'un petit objet dont elle s'est aperçue. Tout de même ils ont bu le champagne elle avait promis de revenir à condition qu'il s'y prenne mieux. Voilà tout à coup que la clochette sonne il va ouvrir c'est son fils qui arrive de l'école. Il lui demande si le maître était content de lui, il lui répondit oui sauf à l'histoire et au calcul. Le garçon s'aperçut de tous ces préparatifs en entrant lui demanda à son père pourquoi il avait fait tout cela et ces inscriptions sur le bureau, pour lui cacher tout il lui répondit que c'était pour lui, il trouvait fort qu'il l'aimait bien tout d'un coup il but du champagne à son tour et ce fut terminé tel. Le comique était épatant dans ses chansons, c'était vraiment tout à fait un guignol, il avait été bien choisi. La cinquantaine c'était des mendiants qui faisaient l'aumône, ils étaient habillés en mauvais habits, ils ont passé parmi la foule et ont monté sur l'orchestre où ils se disputaient avec le contrôleur. Pour en terminer ils ont chanté ensemble. Pour le tour de France c'était des chansons se rapportant au pays où ils passaient tels que la Normandie, la Bretagne, la Gascogne etc. Tout cela ne valait pas celui de Sauternes de l'année dernière ce qu'il y avait de l'organisation.
A Langon il y est arrivé des indous autrement la situation est la même nous avons de la pluie qui a fait beaucoup de bien tout était sec comme au mois d'août, je vois que tu as changé de travail cela doit être un peu plus intéressant car cela devient rengaine. Tous les jeunes qui étaient partis les derniers sont tous revenus voilà 15 jours, il n'y a que Fouquet et Civile qui ont pris une autre direction. Pour Robert D… il est encore là pas moyen de comprendre ce qu'il se passe. […] Henri de lamothe parle toujours la jeune fille de Barsac, elle vient chez lui ils sont fiancés. Je termine car Yvonne va porter la lettre en allant travailler, pour le colis nous allons te l'envoyer la semaine prochaine ils ont été suspendus pendant plus de 15 jours cela a repris. Hubert a sa fiancée jusqu'au 25 de ce mois elle est coquette elle a les cheveux décolorés. Pour l'argent nous avons reçu un mandat le 4 mars de 1947 f la semaine dernière un de 1136,50 par le crédit de La Réole ne portant pas ton nom

sûrement cela doit venir de toi, de celui de Fargues nous n'avons rien su maintenant dis-nous si cela est exact le 20 janvier un de 6 milles. Nous t'embrassons mille fois et nous pensons très souvent à toi. Tes parents Monguillot.

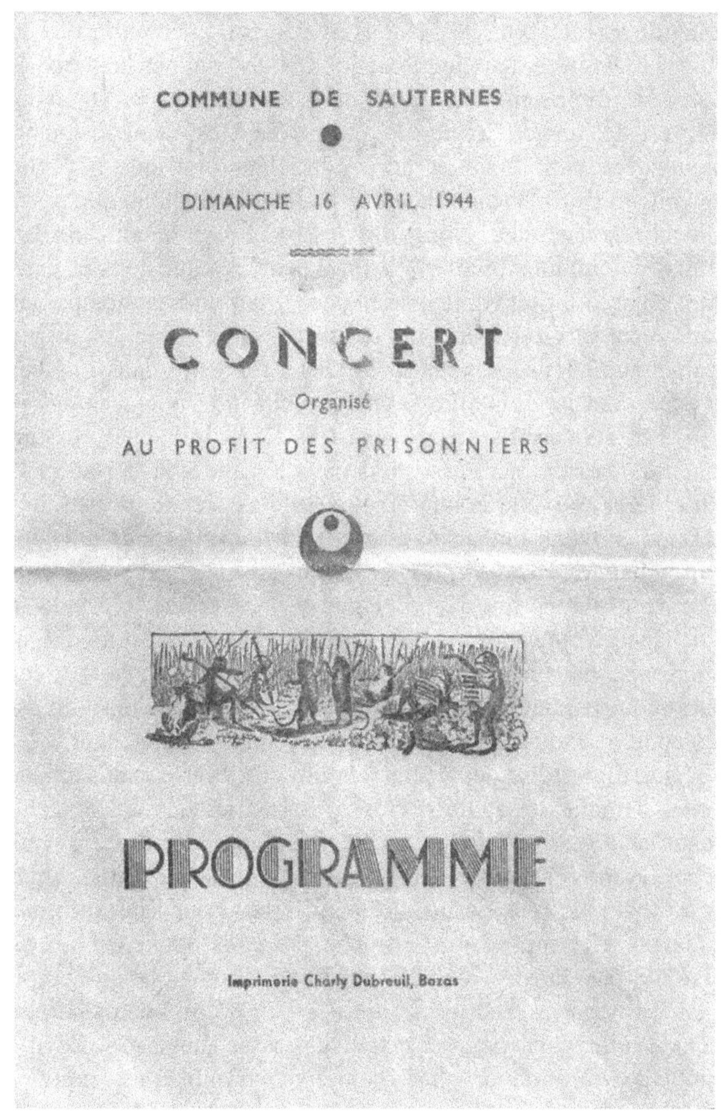

Sauternes 24 avril 1944

Cher frère Robert,

Voici que la correspondance reprend son cours car les lettres arrivent mieux. C'est heureux car elles sont désirées par tous, car des nouvelles assez fraîches remontent le moral et tranquillisent un peu. Le 21 nous avons reçu ta carte du 6 et la lettre du 10 toutes deux le même jour. Nous sommes heureux de te savoir toujours en bonne santé car pour nous tous et Mémaine il en est de même. Comme la saint Robert est samedi nous y joignons ce petit bouquet dans notre lettre puisque nous ne pouvons te l'offrir d'une façon différente, souhaitons que notre rencontre soit proche. Nous n'avons point reçu ta carte du 19, nous n'y comptons plus. Il y en a d'égarées pour nous et dans notre contrée il doit en être de même. Il fait un beau temps, les grands travaux arrivent et tu peux croire que la vigne bourgeonne. Nous avons la visite des hirondelles dans l'atelier de papa dont je crois elles préparent leur nid ; quelques autres se posent sur les fils électriques. Ces fêtes de Pâques se sont donc bien passées ici aussi mais dans le calme. Hier j'ai eu la visite de la nouvelle bonne de P…, elle est venue un peu tard alors nous avons fait un petit tour vers Bernille pour lui faire voir où habite Michel. Vraiment tu n'as pas de chance pour voir Lapeyre espérons que la prochaine sera la bonne, c'est de la malchance. Toutes ces connaissances réunies vous formerez un joli groupe girondin. René du bourg a reçu une lettre de D… ces jours-ci lui parlant de la visite que tu as été lui rendre, il en est très content d'avoir fait ta connaissance et dit maintenant c'est lui à son tour qui se déplacera cela fait que vous connaîtrez vos petites baraques et ateliers, êtes-vous loin les uns des autres ? Quant aux colis d'Yquem on n'entend pas d'échos, je vais tâcher de me renseigner pour savoir s'ils les ont expédiés, faut croire tout cela plus de blague que d'effet. Pour l'instant nous ne savons rien au sujet de l'argent que tu as donné à D…, sa mère n'a pas dû recevoir. Dès que nous saurons quelque chose nous te l'écrirons. Faut croire qu'il a l'air d'être bon camarade car vous allez vous pousser des visites assez souvent. Je devine combien vous devez être heureux ensemble de pouvoir échanger des conversations du pays surtout malgré cette si grande distance qui vous sépare des vôtres. Il a été fier d'avoir retrouvé Jugi si près de lui. Quelle a dû être la grande surprise pour le prisonnier libéré d'avoir des nouvelles des siens depuis quelques mois par un voisin, car depuis si longtemps le moral devait être bas, pour lui ce fût une grande joie et consolation. S'il n'y a pas de changement mardi prochain je vais t'acheter le pardessus avec René du bourg qui me donnera de bons conseils sur le tissu ainsi qu'au coloris, pour cela nous jugerons suivant l'étoffe. Nous te dirons ça sur la prochaine lettre. Tous les Sauternais partis en décembre sont libérés depuis le début d'avril, vraiment ils ont eu de la chance, cela leur a fait environ 3 mois et demi, ils s'en sont tirés à l'aise. C… et F… ne sont pas rentrés de leur grand voyage. As-tu des nouvelles de Clara et son mari Joseph G…, ici nous n'avons pas eu depuis lors que nous te l'avions dit qu'ils devaient t'écrire. Mme Chappé a écrit à ses filles ces jours-ci et leur demande depuis quand elles n'ont pas de nouvelles de Jeannot. Il y a trois semaines environ qu'elles lui en avaient données. Elles doivent avoir peur à Paris ainsi que Marcelle et son père car il vient d'y avoir un grand bombardement qui a fait dans les quatre cents et quelques victimes. Ce n'est point intéressant où cela passe c'est la destruction des familles innocentes et de notre chère capitale. Le jour de Quasimodo papa était de garde à Preignac avec Marti de Capblanc et le facteur de Bazas qui avait remplacé Barrière. Tu peux croire qu'ils ne s'en font pas autant il y en passe dans cette baraque où le feu ne cesse de brûler nuit et jour pour faire la popote. Ils font de 8 heures à 18 heures de jour c'est consécutif. Dans la matinée un fait un tour vers Barsac, l'autre vers Langon, un reste à la cabane, ils font la rencontre d'un milicien qui signe les feuilles à son passage. A la baraque c'est la bonne vie, de bons biftecks du bon vin et café et goutte. Ils sont obligés d'emporter leurs vivres pour la journée. Tu peux penser qu'il y en a qui reviennent contents chez eux ; parfois il y a de charmantes équipes surtout quand il y en a de la partie. Si les miliciens arrivent à point naturellement ils en profitent eux aussi à leur tour, dans ces conditions c'est plutôt la débauche pour certains. Lorsqu'ils sont de nuit on les relève au bout de cinq heures ; en ce moment c'est plutôt des réveillons. Faut croire qu'on a mis cette mode qui s'est propagée. Cette garde est établie par liste marchant par lettre alphabétique et c'est

sérieux s'ils n'arrivent pas à l'heure ; si on ne se rend pas le jour dit on fait une nouvelle convocation, c'est double corvée et une à ses détriments, ça revient le tour environ toutes les cinq semaines. Maintenant passons aux nouvelles de ces beaux amours sauternais [...]. Ginette la bonne fait toujours la vachère, ce métier lui plaît, elle s'apprend à traire maintenant qu'il y a une petite velle ; pour ce travail elle est un peu longue, c'est question d'habitude. René G... se marie dans le courant de mai avec la fille belge. Nous allons te faire une surprise en t'annonçant l'arrivée d'André D... de Léogeats. Il est libéré. En cours de route il avait envoyé un télégramme qui est arrivé le lendemain. A la sortie de la gare il a demandé si on n'avait pas vu quelqu'un des siens comme c'était le jour de vendredi saint, il a donc trouvé son père qui a failli se trouver mal tellement il a été surpris, à son arrivée chez lui il en a été de même et lui aussi a retrouvé son garçon grand depuis voilà bientôt quatre ans et demie. Ils sont venus plusieurs fois à Nautet mais je pense qu'ils ne doivent pas bien se casser les oreilles avec André son beau-frère. Il n'a point changé, nous le voyons toujours le même. Un de plus et souhaitons la libération prochaine de vous tous. Dans l'attente reçois les plus affectueux baisers de tes parents et petite sœur qui pensent souvent à toi et te souhaitant une bonne santé au plaisir de te retrouver bientôt parmi nous.
Yvonne

Pessac le 26 avril 1944
Cher frère Robert,
Je m'empresse de faire réponse à ta carte du 19 mars que j'ai reçu le 25 avril elle n'était pas recommandée, c'est sûrement pour cela qu'elle a mis plus d'un mois à me parvenir les nouvelles sont fraîches après ça heureusement que j'ai reçu celle du 2 avril le 17 avril et je t'ai répondu aussitôt. J'espère mon cher Robert que ma lettre te trouvera en bonne santé et courageux car il faut espérer des jours meilleurs. Ce matin j'ai eu des nouvelles de la maison, toute le monde est en bonne santé et maman me donnait de tes nouvelles ils ont reçu ta lettre du 26 mars, le 22 avril ils ont reçu ta carte du 6 et une lettre du 10 avril cela me console d'avoir des nouvelles fraîches. Il y a à Bordeaux toujours des camarades qui viennent vous retrouver si

cela continue, les hommes seront rares chez nous. Autrement Bordeaux toujours pareil c'est calme mais notre pauvre capitale elle déguste tous les jours c'est lamentable espérons que cela finisse bientôt. Il me tarde car vous serez chacun chez vos cela sera plus gaie mais il faut de la patience avant que cet heureux jour arrive encore si nous pouvons correspondre jusqu'à la fin nous attendrons patiemment mais le courrier marche très mal. De Robert des nouvelles j'en ai toujours le 21 de chaque mois jusqu'à maintenant un jour de retard et pas plus et nous sommes le 26 et je n'ai rien. J'espère qu'il ne lui est rien arrivé que cela est dû au courrier car je vois d'après les tiennes le temps qu'il leur faut. Dimanche le 23 avril nous avons fait le baptême de Bernard il a 3 ans c'était son oncle qui est prisonnier qui devait être parrain mais comme la guerre ne finit pas, ils se sont décidé à le baptiser à 3 ans c'est l'âge cela fait même drôle car les autres avaient un mois à peine nous avons passé une bonne journée, nous étions 23 à table nous avons bien mangé et bu du bon Sauternes, du Haut-Brion 1918 et du Champagne et nous avons eu quelques dragées. J'ai pensé à toi je les enverrai à maman quand elle t'enverra des colis elle leur mettra dedans avec les biscuits que je lui ai envoyé samedi pour toi cela l'aidera à te faire un colis autrement toujours pareil toujours du travail elle parle de donner le congé pas avant deux mois si nous sommes encore vivants on ne sait avec tous les évènements on ne sait jamais quand on trouve une occasion pour se distraire il faut en profiter car on ne sait jamais. Michel de Bernille est allé avec Eloi et Louise au mariage de la fille d'Abel de Beautiran Mme Cazeneuve m'a dit qu'il commence à se dégourdir un peu ils se sont bien amusés rien de plus à te dire pour le moment un bonjour de mes camarades et d'Elise et Constan reçoit mon cher frère Robert mes meilleurs baisers ta sœur qui t'aime toujours et pense souvent à toi.
Germaine Monguillot

Sauternes 4 mai 1944
Cher frère Robert,
Par cette lettre nous nous empressons de venir te donner de nos nouvelles toujours très bonnes pour l'instant espérant que notre présente lettre t'en apporte et trouve de même. Il en est ainsi de

Mémaine dont nous en avons eu ces jours-ci. Elle ne dort pas toujours tranquille toutes les nuits, il y a souvent alerte et dans le courant de la semaine dernière il y a eu du fracas à Mérignac depuis chez nous on entendait très bien. Le lendemain c'était la poudrière à Saint-Médard. Bordeaux à bientôt sa part et toujours notre pauvre pays qui s'en va en ruine et la mort pour certains habitants innocents. Le courrier commence à reprendre son cours normal car les lettres arrivent plus nombreuses. Certaines mettent du temps. Le 21 avril on a reçu ta carte du 6 et la lettre du 10 et le 24 ta carte du 19 mars vois la différence elle n'était partie de Vienne que le 22 du 3e mois, le trajet est donc d'un bon mois. Pour vous il en a dû être de même, souhaitons que ce sera rétabli pour de bon maintenant et les permissions sont-elles rétablies pour ces pauvres retardataires qui doivent attendre avec impatience cet heureux jour. J'espère que vous avez fait une bonne promenade et intéressante en allant visiter le Musée Technique dont tu parles. Ici il y fait toujours de grandes journées de chaleur qui nous gêne beaucoup pour nos semailles la terre étant très sèche, elle vole en poussière dès qu'on la travaille. Souhaitons que la pluie est proche car les petits pois sont en fleurs et auraient besoin d'eau ainsi que les fèves et tous les petits semis, si cela persiste nous aurons une année aussi mauvaise à passer que l'année dernière. Alors qu'elle devrait être des plus abondantes car depuis le temps on compte plus sur les réserves faudrait pouvoir les renouveler. Mémaine nous envoie des colis d'habits dont elle ne se sert pas pour les avoir sûr car si elle devait partir elle ne pourrait pas tout emporter. C'est une bonne précaution qu'elle prend. Mardi nous avons fait l'achat de ton pardessus chez Douaix avec René du bourg. Tu peux te tranquilliser c'est du très bon tissu ancien bleu marine qui forme une petite diagonale. Il nous a dit que tu auras un chic pardessus à ton retour. Nous avons payé à raison de 1500 francs nous en avons 2m 70 le métrage voulu. Ca encourage un peu de nous voir ceci en réserve pour l'heureux retour qui faut espérer soit proche. Pour la doublure du costume il doit s'en occuper, nous en avions demandé, c'était vilain et pas d'usage, il s'en débrouillera. S'il y en a la moindre il sera servi car dans ce magasin il est bien accueilli et a ce qu'il demande si on peut le satisfaire. Depuis une dizaine de jours il y a réquisitions de pneus d'autos à Langon. Voici qu'aujourd'hui c'est à Sauternes, le ramassage est fait par des Indous qui ont l'air de noirs certains et surtout sales, ils viennent charger avec des camions. Question nouvelles toujours à peu près les mêmes. Pierre B… est donc fiancé avec une fille L… de Villandraut d'une épicerie. Elle est employée à la Poste de Langon, du reste c'est là qu'il a certainement fait la connaissance. Pour Rameaux et Pâques ils étaient ensemble côte à côte à la messe et vêpres. Ginette de chez P… t'envoie bien le bonjour et te fait dire qu'elle ne se marie pas avant la fin de la guerre. Elle a reconnu que c'est son meilleur temps maintenant, surtout à l'instant que nous vivons, lorsqu'on se met en ménage on a beaucoup de difficultés à vivre quand on a pas d'avance pour s'installer et sans légumes. […] Pierre S… est venu dimanche dernier pour semer et travailler son jardin. Il nous a porté ta carte et dois te faire réponse ces jours-ci. Ils sont tous en bonne santé malgré les événements. La petite Claudine du Suissot va venir en campagne chez Rolland D… à Léogeats. Ses parents l'envoient pour la sortir de Paris. Berthe et Louis leur avait fait l'offre de la prendre ça les vexe un peu de la voir chez des étrangers. Ne sois pas surpris si tu n'as pas eu des nouvelles du petit fils de Mme Chappé car ses filles lui ont répondu qu'elles venaient d'en avoir tout dernièrement et que le courrier de Francfort a été brûlé, il est donc toujours au même endroit. As-tu réussi de voir Lapeyre qui faut espérer n'aura pas été toujours absent depuis si longtemps que tu veux le rencontrer. Du mandat de D… nous ne savons rien certainement que sa mère ne l'a point encore reçu. Nous n'avons plus grand-chose à t'annoncer pour l'instant reçois les plus affectueux baisers de tes parents qui parlent souvent de toi au plaisir de te revoir parmi eux. Tes parents et petite sœur Yvonne

Pessac le 6 mai 1944
Mon cher frère Robert,
Je m'empresse de faire réponse à ta gentille carte que j'ai reçu hier soir datée du 17-4-44 mon chéri je t'écris mais mes lettres ne doivent pas te parvenir je t'ai écrit le 7 mars le 22 mars le 17 avril le 26 avril en réponse à tes cartes du 1er mars du 11 mars du 2 avril du 19 mars celle du 2 avril est arrivée avant celle du

19 mars alors tu vois d'ici si le courrier va bien. Nous sommes nous aussi tous dans les environs restés un mois sans nouvelles des travailleurs et des prisonniers. Quant à Robert je n'ai pas eu de ses nouvelles depuis le 21 mars cela fait un mois ½ alors tu vois j'espère qu'il ne lui sera rien arrivé mais le temps devient long quand on est longtemps sans nouvelle et on pense surtout à vous qui devaient avoir le cafard de ne pas en recevoir enfin espérons que cette année soit la dernière. Ici nous venons de passer 6 nuits sur 7 très mouvementées et pour nous nous avons rien eu mais à Saint-Médard et Souge ont compris après cela nous sommes restés 3 jours sans eau il fallait aller chez les voisins qui ont un puit alors c'était la procession à l'eau vois si c'est agréable presque plus de gaz 2 heures par jour vois si c'est gai la ville en ce moment. Espérons que cela finisse bientôt et lundi il faut que toutes les femmes célibataires et mariées je ne désespère pas venir d'après tout cela te retrouver ou bien dans une autre direction et je ne peux rien autre car c'est de 18 ans à 45 pour les femmes et les hommes de 16 ans à 60 alors tu vois il y en a bientôt assez. Je suis en bonne santé et j'espère que ma lettre t'en trouvera de même. A la maison tout le monde va bien, j'ai eu des nouvelles la semaine dernière le samedi je suis très contente que tu es retrouvé Lapeyre et maman m'a dit que tu as fait la connaissance d'un frère à jujy de Fargues malgré tout cela est une consolation de trouver des gens du pays. L'autre dimanche nous avons baptisé Bernard et nous avons eu des dragées, je l'ai ai envoyées à maman ainsi que des biscuits quand elle te fera un colis elle te les enverra de ma part autrement toujours pareil bien le bonjour de tous d'Elise et Constan et reçois mon frère chéri les meilleurs baisers de ta sœur qui pense très souvent à toi et qui lui tarde de te revoir pour toujours à Sauternes vivons dans l'espoir que ce beau jour arrive cette année. Mille baisers ta sœur. Germaine.

Sauternes 11 mai 1944
Cher frère Robert,
Nous nous empressons de répondre à te deux cartes que nous avons reçues le 4 toutes 2. Lundi dernier celle du 27 on voit que la correspondance reprend son cours à peu près normal. Nous sommes heureux de te savoir toujours en très bonne santé car ici

elle ne peut-être meilleure pour l'instant. Vendredi Mémaine nous avait écrit pour prendre des renseignements au sujet du recensement des jeunes femmes et filles de 18 à 45 ans. Elle avait jusqu'au lundi à se présenter à la mairie. D'après les renseignements de Pessac qu'elle a pu obtenir on lui a dit qu'elle pouvait se recenser à Sauternes. De notre côté nous nous sommes informés auprès de notre mairie. Samedi donc papa est allé à Mémaine par l'autobus et le soir elle s'en est venue avec papa et elle est repartie mardi matin. Alors elle est recensée à Sauternes mais sa patronne était en colère quand elle a dit qu'elle venait à Sauternes, elle lui a tenu tête car si elle ne lui faisait pas un bon accueil à son arrivée, elle est décidée à les quitter car on doit se débrouiller quand on a droit à se mettre à couvert au mieux. Ici il y fait toujours un temps très sec, le soleil chauffe bien chaque jour. Tout cela ne fait pas bonne apparition pour nos semailles, je crois que ce sera une autre année de misère si la pluie ne vient pas ; aussi avant-hier il y a avait un incendie à Noaillan qui heureusement n'a pas trop propagé car les secours ont été vite transportés. Il est venu à environ deux kilomètres de notre lande. Pour les résiniers devine la perte puisque c'est leur gagne-pain et la ruine pour les propriétaires. Nous avons pu rire au sujet de Camille de Bernille lorsqu'il te disait qu'il se promenait avec des jeunes filles de l'est. Faut croire qu'il a l'air plus gracieux pour les attirer ou qu'elles soient un peu de même caractère, pour lui le départ sera un succès pour ses amours auprès d'elles. Lorsqu'il joue à la boxe, il doit être heureux, ça doit lui être un jeu favori car il est déjà assez brute. Alors avec Lapeyre vous allez être camarade, vous allez pouvoir passer tous de bons moments ensemble et la vie passera plus agréable avec toutes ces connaissances en attendant l'heureux jour de délivrance qui souhaitons soit proche et les permissions sont-elles rétablies ? Je pense qu'il n'y aura pas de fruits comme l'année dernière cela ne veut rien dire d'abord ils deviendront plus beaux et il n'y aura pas tant de perte, certainement il y en aura tout de même assez, maintenant les acacias sont en fleurs, à la nuit on respire cette bonne odeur qui embaume l'air. As-tu reçu notre lettre dans laquelle nous t'avions mis un petit bouquet pour te fêter la saint Robert qui est l'anniversaire où tu te trouvais presque parmi nous. C'est désolant que vous n'ayez point pu vous parler avec ce pauvre Jeannot qui t'attendait avec impatience. Il a du s'y passer bien quelque chose ou sont-ils devenus méchants. De Clara et son mari nous n'avions rien reçu depuis longtemps, vous avez dû être heureux avec Paul d'avoir de leurs nouvelles. Si tu n'as pas de réponse de Maurice, René ils ont dû te négliger, quant à Pierrot il a répondu le 1er avril et S… de Bx est venu il y a 15 jours nous a demandé ton adresse. Pierrot s'est blessé à la main gauche à l'index avec la petite hachette dont ils se servent aux sabots, il a fait une belle entaille on lui a mis 2 agrafes maintenant il se sent mieux. De Civile et Fouquet toujours pas de nouvelles, pense si les parents sont furieux on ne sait quoi douter, pour eux c'est un grand tracas et pour combien de temps alors qu'ils pourraient être tranquilles chez eux en faisant leur travail. Marc D… est toujours au même endroit et vient de temps en temps chez lui, il s'est débrouillé, il a une moto bécane, il fait le trajet sans trop de fatigue. Madame Chappé a eu des nouvelles de son petit-fils hier, il est toujours en bonne santé, mais ils viennent d'être bombardés à nouveau, vraiment c'est une contrée qui ne doit plus tenir car ils ont souvent visite, au moindre bruit tu peux croire qu'ils ne doivent pas mener large, ils se disent est-ce la dernière pour eux. Nous allons t'envoyer le colis papa le préparera aujourd'hui, nous t'enverrons des conserves, le gibbs, le peigne, le portemonnaie les dragées du baptême de Nadine qui nous fait de beaux sourires, elle profite beaucoup et toujours très sage pour l'instant, et aussi il y en a de Bernard de Pessac qui vient d'être baptisé il y a quinze jours, il a trois ans, il s'en va tant et des biscuits que Mémaine a portés. Beaucoup de gares étant bombardées cela fait perte de plusieurs colis c'est pourquoi pour l'instant nous n'osons pas t'envoyer le veston, devine qu'elle en serait la perte surtout avec la difficulté que l'on a pour le procurer. A l'envoi du colis nous t'énumèrerons exactement la contenance par une autre lettre. Pour l'instant les nouvelles du pays sont les mêmes je termine en te souhaitant de bons dimanches auprès de tes camarades girondins. Reçois les plus affectueux baisers et souvenirs de tes parents et petite sœur Yvonne qui pensent souvent à toi en attendant de te voir parmi nous. Yvonne

Pessac le 15 mai 1944
Cher Robert,
Je t'écris quelques mots en vitesse je suis à Camblanes depuis 4 heures jusqu'à lundi et avant de me coucher je profite pour t'écrire deux mots pour te dire que hier j'ai reçu ta carte du 24-4-44 et samedi dernier j'étais à Sauternes car on fait le recensement de toutes les femmes de 18 à 45 ans et les hommes de 16 à 60 ans alors j'ai été me faire recenser à Sauternes c'est préférable s'il y a des ennuis je pars à Sauternes définitivement j'espère que non car la vie de Sauternes n'est pas la même. J'ai appris une bonne nouvelle tu es un cachotier est-ce que ta petite Eliette va bien est-ce qu'elle te fait de belle lettre car il parait qu'elle trouve que tu lui en fais de très jolie j'espère que tu nous réserve une surprise maman la sût et c'est elle qui m'en a parlé et m'a défendu d'en parler à papa, il parait qu'elle aurait demandé des renseignements sur toi à une personne et elle lui aurait dit que tu lui écrivais et cette personne la répété à maman elle en est contente. J'espère qu'elle ne fera pas comme à moi autrement toujours pareil à Sauternes mardi j'ai vu Hubert il doit t'écrire et je lui ai dit de te donner quelques détails sur ses amours. Ce matin j'ai vu Elise elle t'envoie bien le bonjour mardi j'ai eu des nouvelles de Robert c'est toujours pareil pour lui beaucoup de travail et nourriture restriction espérons que cela finisse vite pour tous car il y en à bientôt assez. Nous espérons que cette année soit la dernière car c'est la destruction du monde avec ces bombardements c'est lamentable le nombre de victimes qu'il y a tous les jours et notre belle capitale qu'est-ce qu'elle prend tu me parle de Jeannot je l'avais lu sur la lettre que tu as écrit à maman cela doit être dur de se passer à côté et ne pas pouvoir se parler quand on est grand camarade alors je vois que tu as eu des nouvelles de Mme Clara et son mari. Maman en a eu l'autre jour aussi et ils pensent venir à la fin de la guerre faire une bombe à tout casser à Sauternes car ils trouvent le vin blanc bon. Reçois mon cher frère les meilleurs baisers de ta sœur qui ne t'oublie pas ainsi un bonjour de Robert.
Germaine

Sauternes 18 mai 1944
Cher frère Robert,
Nous venons te donner de nos nouvelles toujours très bonnes pour l'instant souhaitant que notre lettre t'en apporte de même. Il en est ainsi pour Mémaine qui vient de venir le 6 et repartie le 9. Au sujet du recensement de toutes les jeunes filles et femmes de 18 à 45 ans, ça se fait dans chaque commune, reste à savoir ce qu'il va en résulter. Elle est recensée chez nous, toutes deux nous sommes portées donc cultivatrices puisque nous travaillons la terre, pour elle on a pu la faire porter comme moi. La patronne était assez en colère de voir qu'elle venait à Sauternes surtout elle avait peur qu'elle reste chez nous. Ils ne voulaient rien faire pour la gouvernante ni elle sur Camblanes. Chacun se débrouille dans ses droits. Lorsqu'elle est rentrée à Bordeaux son arrivée s'est bien passée, sa patronne faisait le gringonnage de la cuisine, tu peux croire qu'elle en mettait un coup nous dit-elle. Mémaine en riait de la voir. Elle était comme une tomate, quand elle lui a dit bonjour elle lui a bien répondu. Elle lui a demandé si elle devait faire sa valise ou prendre le travail. Elle a répondu qu'elle ne l'avait pas mise à la porte, qu'elle est très vive et qu'elle s'est emportée, elle pensait que tout soit passé de reprendre le travail comme d'habitude. Ce qui l'a bien contrariée c'est que Mémaine lui a dit qu'elle avait chez elle les siens et que de notre part c'était de reste de celui qui est loin de nous sans en y avoir un second. Pourtant elle lui a dit gentiment mais elle l'a tourné au tragique. Elle a voulu parler de Mémaine aux autres au sujet de cette réflexion, les autres lui ont répondu qu'elle lui avait dit pour le lui faire remarquer qu'elle était heureuse de les avoir auprès d'elle et chacun veut en faire autant. Sa fille l'a grondée parce qu'elle met exagération sur tout et qu'il n'y a pas moyen de discuter avec elle. Le lundi soir ne la voyant pas rentrer elle se voyait embêter, si elle avait cru elle serait restée un peu plus pour voir ce qu'elle aurait fait. Elle te racontera tout cela sur sa prochaine lettre. Ici il y fait toujours un temps très sec tout se brûle, c'est la plus grande année de misère qui je crois se présente. Des pois je crois que nous aurons grand peine pour en goûter quelques ragoûts quant à la conserve inutile d'en parler. Pour le foin il en est de même c'est à se demander ce qu'on devra faire du bétail

cet hiver car ça sera une grande surprise de la voir affranchie cette façon. Elle est partie le 10 des Sables d'Olonne. Nous en avons été très heureux d'en avoir de très bonnes nouvelles sur lesquelles on peut compter. Nous doutons que les permissions ont donc repris. Je vois que vous aussi vous avez fêté le 1er mai, à vrai dire chez nous c'est un jour tel que les autres jours de travail. Vous avez l'air d'être toujours bons camarades avec D… puisque vous allez visiter souvent. Quant au sujet du mandat nous ne savons rien encore et il y a longtemps qu'on n'a pas vu ses parents. Ces parties de football et rugby étaient-elles intéressantes et bien engagées, vous deviez être heureux d'y assister car tout cela vous rappelle les petits coins chez nous. C… a dû être surpris quand il a reçu ta lettre ou bien sa sœur lui avait peut-être dit, lui aussi se trouve bien isolé car il n'a personne de la région. Titine et nous avons été surpris lorsque tu nous as annoncé que vous n'avez pas pu vous parler, c'est vraiment navrant de voir chose pareille, ça ne vaut plus ton déplacement, ça serait dépenser ton argent inutilement, désirons que tout cela finisse bientôt. De Clara et son mari il y a longtemps que nous n'avons pas eu de leurs nouvelles, il doit faire toujours son même boulot certainement, et elle que fait-elle ? Ici les nouvelles sont toujours à peu près les mêmes si ce n'est samedi le mariage de René G… avec Yvette D… la belge. La cérémonie a lieu à Sauternes, elle est habillée en bleu marine soit disant, et elle s'en va belle fille. C'est tout naturel car la famille restera encore assez nombreuse. […] Dimanche dernier à Langon il y a eu une fête de l'athlétisme où l'on y faisait un concours. Tu peux croire que René du bourg y était en tête. […] Beaucoup se sont déplacés pour voir ce match. On faisait prêter serment et les jeunes gens des camps de jeunesse ont défilé avec leur musique. Je ne me suis point déplacée je suis allée à Budos chez Reine passer l'après-midi car il y avait déjà longtemps qu'elle m'attendait. Sur le soir il y est arrivé Irène et son mari, elle a changé, une figure maigrie, soit disant qu'il n'y a pas trop d'entente par moment, elle serait un peu jalouse, son mari aurait dit qu'elle ne se débrouille pas trop dans leur ménage et qu'elle a un petit caractère, les premiers temps tout est rose mais c'est la suite qui n'est plus pareil. Vendredi dernier nous t'avons pourtant envoyé le colis. Nous te l'envoyons qu'alors cause qu'ils restaient dans les dépôts un certain temps ce n'était guère engageant car on aurait eu le temps de les visiter. Pour le veston nous ne te l'avons pas envoyé, nous verrons d'ici quelques jours car les gares de triage et autres sont souvent bombardés et qu'il y en a pas mal qui ont péris. Devines-en la perte surtout la difficulté pour le procurer. Tu as reçu maintenant la lettre où nous te disons que l'on t'a acheté le pardessus. Tu peux croire que lorsque tu le mettras tu pourras voir venir le froid et c'est de bonne qualité bleu marine à diagonales. Maintenant je vais te dire la composition de ton colis qui j'espère cette fois-ci encore te parviendra intact. Nous venons nous excuser qu'on a oublié de t'y mettre des cigarettes. Nous avons décidé que dès que Mémaine nous enverra d'autres biscuits nous t'en enverrons un autre soit peut-être par la poste. Pour nous on se débrouille toujours bien, on n'en manque pas jusque-là. Contenance du colis : une boîte d'asperges c'est la grosse plate dont tu as rapportée. Dans le petit pot en carton c'est du beurre salé que tu pourras manger avec les asperges si tu veux comme assaisonnement. Une d'alouette, 1 de miel, 1 haricots et viande mélangée, 1 veau, 2 de viande dont on a oublié de marquer, 14 paquets de croustis, 2 petits fromages, la boîte de pastilles où sont les dragées du baptême de Nadine et du petit patron de Mémaine, 2 bouteilles du vu du Batéou, le portemonnaie, le peigne et 5 dentifrices. Si tu as de la viande salée car les dernières le sont peut-être tu mettras de l'eau à tiédir et y laver la viande, ça les dessalera et ça conserve son bon goût car pour nous on a fait ainsi. Si par hasard D… pouvait avoir le bonheur de venir en permission on aurait une bonne occasion pour t'envoyer ce veston et ce serait plus sûr. Pour cela patience, nous tâcherons de faire au mieux. Pour l'instant rien de plus à t'annoncer, bons et affectueux baisers de tes parents qui pensent souvent à toi au plaisir de te voir bientôt parmi eux, bonne santé à bientôt. Tes parents et petite sœur. Yvonne

Pessac le 20 mai 1944
Cher Robert
Je m´empresse de faire réponse à ta carte datée du 8-5-1944 qui m´a fait grand plaisir mais à la fois très surprise de savoir que tu n´es plus à Vienne car j´étais tranquille de savoir qu´à Vienne ce

n´était pas bombardé maintenant cela m´inquiète, si le coin est calme ça va autrement nous serons inquiets si nous avons pas de tes nouvelles. J´espère que tu donneras souvent de tes nouvelles surtout à maman et espérons que cette maudite guerre finisse très vite car il y en a bientôt assez. Ici à Pessac voilà 2 jours les gens se disputent le pain il y a des boulangers qui n´ont plus de farine alors vois si cela dure ce que nous allons voir espérons la fin cette année. Sois courageux et dis-nous si tu as assez pour manger on tâchera de t´envoyer tout ce que l´on pourra aujourd´hui. Je pars à Camblanes dans une heure et je vais donner de tes nouvelles à maman le plus tôt possible. Bon courage et écris souvent à ta petite Eliette qui te sortira le cafard. Reçois mon frère chéri les meilleurs baisers de ta sœur qui ne t´oublie pas. Germaine

Pessac le 26 mai 1944
Cher frère Robert,
Je m´empresse de faire réponse à ta carte du 14-5-1944 qui m'a fait grand plaisir de te savoir toujours en bonne santé ainsi que moi-même j'ai reçu ta dernière carte où tu m'annoncé que tu avais changé et je lui ai écrit aussitôt à maman. Espérons que ce ne sera que pour 2 mois et que tu reviendras trouver toutes tes connaissances à Vienne mais j'espère que tu as avec toi ton camarade Paul et tâchez de sortir le plus possible pour vous distraire question nourriture cela je vois n'est pas pareil si vous n'avez rien pour faire votre cuisine ou le tenir chaud cela n'est pas intéressant de manger froid espère que deux mois seront vite passés et espérons que cette maudite guerre finisse vite il y en a assez mercredi j'ai attendu 1 heure chez le boulanger pour avoir du pain et ce matin 1 heure ½ et si on s'en va quand on revient il n'y a plus de pain et il y a même des agents pour faire la police car il y en a qui prennent du pain pour stocker en cas d'en manquer il y a davantage de tickets que de pain cela est dû au trafic de fausses cartes il y a huit jours qu'il n'y a plus de biscuits sûrement qu'il n'y en aura plus pendant quelques mois et pour le pain on supprime les tickets et il faut faire une inscription comme pour le beurre et fromage comme cela personne ne touchera plus que sa part et pas davantage mais les biscuits nous les trouverons à dire surtout pour vous envoyer

des colis. Espérons que cette maudite guerre finisse vite que vous reveniez tous auprès de nous et que nous ayons davantage à manger enfin mon cher Robert espérons que ça sera la dernière année de cette maudite guerre. Bien le bonjour de Constan et d'Elise et de la maison ainsi que de Robert qui en a bientôt assez lui aussi. Reçois mon cher frère les meilleurs baisers de ta sœur qui pense souvent à toi. Germaine.

Sauternes 26 mai 1944
Cher frère Robert,
Nous n'avons pas eu de tes nouvelles depuis ta lettre du 1er mai, nous espérons en recevoir sous peu, ce qui nous tranquillise et fait patienter c'est que Mémaine nous a écrit mardi nous disant qu'elle avait reçu ta carte du 8-5-44 et nous raconte les principaux passages. Devine qu'elle ne fût pas notre grande surprise de savoir que vous avez quittés Vienne. Votre voyage n'a-t-il pas été trop fatiguant, faut croire que vous devez être bien dépaysés depuis si longtemps que vous étiez dans ce pays, vous devez en avoir éprouvé une grande différence. Malgré tout cela nous sommes heureux de te savoir toujours en bonne santé souhaitant qu'il en soit de même pour Paul qui lui aussi doit être aussi parmi toi. Pour nous tous la santé ne peut être meilleure pour l'instant espérant que cela dure pour tous en attendant votre heureux retour auprès de vos parents qui attendent chaque jour votre arrivée au pays. Vous avez fait un beau saut pour vous transporter dans ce nouveau coin mais hélas vous êtes toujours à une grande distance. Si vous ne devez y passer que les deux mois cela vous fait déjà le tiers de votre séjour de passé. Le travail est-il à peu près le même qu'à Vienne, le pays est-il aussi beau et comme nourriture cela marche-t-il aussi bien. Quelle va être la surprise de tes nouveaux camarades lorsque tu vas leur apprendre ton départ qui a été si vite précipité sans pouvoir les prévenir ni les voir. Le climat est-il à peu près le même et y-a-t-il des distractions pour passer vos dimanches. Il y a plu à Sauternes voilà huit jours cela a duré du vendredi au samedi nuit, tu peux croire que la pluie était désirée depuis si longtemps qu'elle n'avait pas fait son apparition. Voilà que maintenant le soleil reparaît de plus belle ça ne fera pas longtemps effet, je crois que nous pourrons reprendre l'arrosage

pour faire pousser nos petits semis. Hier pour la première fois nous avons goûté des petits pois en ragoût, on pensait à toi car tu aurais été heureux de pouvoir en goûter aussi, ce qui aurait varié vos repas et rappelé ceux de notre cher pays. Nous n'en aurons guère cette année cause de la sécheresse. Nous tacherons de t'en faire une boîte pour t'expédier dans un prochain colis pour avoir le bonheur d'en apprécier le goût. Quant aux fèves il y en aura à peine la semence, c'est une des années des plus dures à passer si la pluie ne revient pas sous peu car le maïs et les haricots pourraient en souffrir eux aussi. Question arbres fruitiers l'année est bonne, les pêchers sont assez garnis, le brugnon lui aussi, désirons que tout se conserve pour nous permettre de faire de la confiture et nous en mettrons en conserve dans des bouteilles car certains moments on est heureux de retrouver un peu de fruits. Souhaitons que dès les pêches seront mûres tu sois parmi nous pour avoir le plaisir d'en manger car voilà déjà bientôt deux ans tu en es privé, sinon on t'en fera une boîte qui se conservera à laquelle on y ajoute un peu de sucre et eau-de-vie. Quant aux cerises nous n'en prendrons pas une indigestion, les oiseaux les mangent avant qu'elles ne soient mûres. La vigne est assez chargée, si cela dure nous aurons bonne récolte de vin. Voici les grands travaux qui nous tiennent. Le sulfatage commence dans les châteaux et aussi la fenaison. Pour nous il faut attendre quelques jours de plus pour faire le foin, nos prairies du moulin ont bonne apparence et l'herbe pousse encore tandis qu'aux prairies sèches il brûle. Les abeilles commencent à vouloir sortir. Papa y va faire une tournée assez souvent mais voilà que malgré cela un premier essaim vient de partir, il y veille pour en attraper quelques-uns. La réquisition oblige chaque commune à fournir du bétail. Filhot est imposé à en donner 8 dans l'année. A Noaillan, Patique lui aussi en a fourni une, mais voilà qu'on ne les paye pas à la valeur actuelle. Hier nous avons vendu le rouget à notre boucher Maxime lui aussi pour le ravitaillement nous te le détaillerons sur notre prochaine lettre. Les abattages n'ont plus lieu c'est sérieux. Nous t'avons expédié le colis le 12 mai il pesait 18kg 500 en voici son contenu : une boîte alouettes, une d'asperges, un peu de beurre avec lesquels tu pourras t'assaisonner, 2 bouteilles de sirop Batéou, 1 boîte de miel, 2 de viande de veau ou bœuf qu'on a oublié de marquer, 1 de haricots verts et viande, 1 de veau, 14 crousti, les dragées de baptême de Nadine et du petit Bernard de Pessac, 2 fromages, le portemonnaie, le peigne et 5 dentifrices. Dès que tu auras la lettre certainement tu l'auras reçu. Souhaitons qu'il arrivera bien malgré votre changement de pays. Nadine profite toujours, hier on l'a faite vacciner, elle n'a pas eu peur. Tu peux croire qu'elle est très amusante maintenant elle fait de gracieux sourires. Au pays les nouvelles sont à peu près les mêmes. Hubert C… a un emploi à Bordeaux, Mémaine l'a rencontré il y a quinze jours, il lui a dit qu'il devait t'écrire […]. Dans l'attente d'avoir de tes bonnes nouvelles depuis votre changement, reçois les plus affectueux baisers de tes parents qui pensent souvent à toi et te souhaitant deux bonnes journées pour les fêtes de Pentecôte et bonne santé. Ta petite sœur Yvonne.

Sauternes le 29 mai 44
Cher fils Robert,
Ne sois pas surpris si c'est moi qui t'écris. Yvonne est en bonne santé ainsi que nous tous et espérons que tu en sois ainsi. Germaine nous a surpris en nous annonçant ton changement et avant-hier nous avons reçu ta lettre du 14 que nous attendions nous t'avions déjà dit que nous avions reçu ta lettre du 1er que tu as donné à ton copain, quant à la carte du 8 nous n'avons rien reçu. Ici toujours beaucoup de chaleur si cela continue nous n'aurons pas grand-chose, j'ai semé des haricots au fond au jardin il y a huit jours ils sont en train de sortir le peu de pluie de l'autre jour a très bien arrangé la terre c'est tout ce que nous aurons, tout s'en mêle pour que nous soyons heureux, faut espérer que cela finira un jour cela serait bien à désirer pour le beau travail des avions. Je t'assure qu'il commence à avoir quelques choses de beau de tous les côtés aux environs de Paris, plusieurs gares sont détruites, tu demandes si M Pierre est à Paris depuis 8 jours cause de son appartement qui devait être réquisitionné on lui a écrit de ce fait elle est partie mais pas pour longtemps, elle nous a écrit aujourd'hui et nous dit qu'elle a bien fait de s'en aller, la question de son appartement allait se compliquer nous raconte son voyage et cela est presque impossible en attendant qu'il soit tout à fait réduit le sien a duré

36h à Poitiers ils ont été déviés sur Niort, Saumur, Châteaudun, de petites locomotives de trains de marchandises, tout le matériel est fatigué et usé on sent que le trafic ne va pas tarder à s'arrêter. Il faut qu'on lui envoie quelques patates lesquelles elle a ici. Grâce à nous elle aura de quoi manger car les oignons, poireaux et salades que l'on trouve ne font pas des repas bien substantiels et la viande à 200 frs le kilo et chez nous aussi, plus moyen de pouvoir vivre, je ne sais pas où nous allons. Tu vois une paire de bœufs 70 à 80 milles, nous avons vendu rouget jeudi dernier à Maxime boucher pour le ravitaillement il est désigné pour. Si nous avions laissé faire la réquisition nous en aurions fait 6 billets et comme cela 24. Nous n'avons rien à craindre nous sommes en règle je t'assure que le parc est vide 2 têtes pour le foin il y en aura assez car la palue se tient mais dans les endroits secs il n'y aura rien l'herbe a à peine 50 centimètres aujourd'hui il fait une chaleur épouvantable papa a attrapé un essaim il y a 2 jours et très beau. Je vais t'apprendre une bien triste nouvelle Madame P... jeune vient de mourir on l'enterrait ce matin elle était à St-Martin suite d'une opération il y a 3 mois [...]. Yvonne a dû te dire que G... est marié depuis le 20 avec la fille belle Yvette une belle noce 60 les G... n'ont peur de rien. Maintenant à partir d'aujourd'hui nous donnons les inscriptions pour le pain. C'est notre numéro de la carte d'alimentation comme cela nous ne pourrons pas aller à d'autres boulangers sûrement ça doit être les fausses cartes qui nous ont joué ce tour presque tous en avaient en partie. Les S... sont venus passer les fêtes de Pentecôte. Ginette et son père mais Jeanne n'a pas pu venir cause de l'autobus. Ginette a passé un examen la semaine dernière mais il lui faut 15 jours pour savoir si elle est reçue, pour le colis d'Yquem c'est depuis Bordeaux que l'on devait l'expédier nous doutons que cela doit être comme l'autre, néant la prochaine fois on ne leur donnera pas ton adresse. Quant à notre colis nous te l'avons expédié le 12 mai à Vienne ne sachant pas ton départ si par hasard tu restes longtemps à le recevoir fait réclamation sur la dernière lettre nous t'avons ré énuméré le contenu si tu as besoin de quelque chose ne te prive pas. La mère D... a reçu l'argent mais ne se le rappelle pas l'argent que son fils lui avait dit, nous aussi il nous semble que tu nous avais dit 1700 frs nous avons regardé sur les

lettres nous ne voyons absolument rien. Je termine en t'embrassant mille et mille fois mais de très loin faut espérer que cela sera bientôt fini voilà 18 mois de séparation c'est long. Bons baisers de tes parents qui pensent très souvent à toi dans la journée. Adieu cher Robert. Louise Monguillot.
Nadine devient si intéressante et si mignonne elle ne pleure jamais.

Sauternes 8 juin 1944
Cher frère Robert,
Nous n'avons jamais reçu ta première carte depuis ton déplacement datée du 8, heureusement que Mémaine a reçu la sienne de la même date. Quant à nous nous avons eu ta lettre du 14 le 26 et lundi dernier le 5 nous avons reçu ta carte du 19. Devines quelle fut notre plus grande surprise d'apprendre que vous aviez été déplacés dans ce pays, encore 2 jours avant nous te croyons à Vienne. Ca a dû être précipité ou aviez-vous entendu quelques échos. Nous sommes toujours heureux de te savoir en bonne santé malgré ce changement. La température s'est-elle adoucie, car vraiment il y a donc des contrées très en retard, puisque tu nous dis que les lilas ne sont pas encore fleuris. Ici toujours à peu près le même temps. La semaine dernière il y a eu un peu de pluie sur Paris et Bordeaux, mais à Sauternes je ne sais pas si cela viendra voici donc 2 jours le temps s'est refroidi un peu, hier il y a tombé quelques gouttes inutile d'en parler, si c'est de durée nous n'aurons rien, l'année nous paraît mauvaise. Nous avons goûté quatre fois des petits pois, nous t'en avons préparé deux boîtes avec du veau, comme fèves nous allons en retirer tout juste la semence. Pour les pommes de terre il s'en irait temps pour qu'elles se développent car pour l'instant elles n'ont pas souffert. Nous avons goûté quelques cerises que nous avons pu attraper dans les branches du bas. La cime en était garnie, impossible de pouvoir en attraper car nous ne sommes pas assez bons grimpeurs, on devrait l'écimer pour donner force aux autres branches tel que tu avais fait au poirier qui a de jolies pousses, tu peux dire que tu as de la chance dans tes greffes. Quant aux pêchers, ils sont bien jolis et les pêches grossissent souhaitons que tu sois parmi nous au moment de leur maturité. Pour la vigne il y a bonne

présentation si cela se conserve nous aurons du pinard, maman n'a plus que quatre règes à amarrer. Sous peu, nous allons nous mettre au foin. Nous serons assez favorisés car nous en aurons davantage que ceux qui ont des prairies sèches. Les sulfatages et soufrages battent leur plein. Voilà donc déjà à quelques jours que vous êtes dans ce petit coin, j'espère que l'ennui et cafard vous ont quittés, question nourriture est-ce mieux que le début. Allez-vous gagner le pari en question ? Pour nous ça été une grande surprise en l'apprenant. Tous vous devez être de charmants hommes le temps vous paraîtra peut-être bien assez long certains n'y arriverons pas, dommage que nous soyons si loin de vous pour nous payer ce beau coup d'œil gratuit. Avec lesquels avez-vous parié, c'est le cas de dire qui s'y frotte s'y pique. Dès que tu auras reçu le colis dont nous espérons qu'on t'aura fait parvenir jusque-là malgré qu'il soit expédié à Vienne tu nous préviendra au cas où il faudrait faire réclamation, car tu peux croire que ce serait une grande perte. La mère de D… a bien reçu le mandat elle en a parlé à Papa. Comme son fils a tout envoyé ensemble elle doit lui demander ce qu'elle nous redoit, nous aussi on ne se rappelle pas exactement, vois tu peux te tranquilliser à ce sujet. Papa avait attrapé un essaim la semaine dernière mais voilà qu'après deux jours il est parti, il y va assez souvent faire quelques virées pour surveiller s'il en sort d'autres. Pas de chance pour le premier. Nous sommes réduits d'électricité depuis 4 jours environ dans la journée à plusieurs reprises et principalement le soir, alors on s'éclaire tantôt avec une petite lampe à pétrole pendant la durée du repas et pour se coucher on se déshabille tous à la lueur de la lune qui pour l'instant nous éclaire et le dernier ferme les volets, nous pouvons donc de force observer la défense passive. Passons maintenant aux nouvelles de Sauternes qui sont toujours à peu près les mêmes si ce n'est le mariage de René de Flous qui est le 20 juin, il a lieu au pays de sa future donc je ne me souviens pas. Si tu veux mieux c'est où il travaille si tu te souviens. Jeannot B… et Georges Lapeyre doivent y aller paraît-il. […] Voilà déjà 11 jours que la jeune madame P… est morte à Saint-Martin, elle avait un cancer qui lui a rongé tous les organes, ça lui a donc duré trois mois environ sa maladie. Elle aussi bien assez jeune à l'âge de 44 ans et laisser ses deux enfants.

L'enterrement a eu lieu à St-Martin et mercredi ils ont fait dire un service à Sauternes pour les amis et domestiques qui n'ont pas pu aller à l'enterrement comme étant le lundi de Pentecôte on n'a pas pu avoir d'autos pour pouvoir circuler. […] A Léogeats pour Pentecôte il y a eu bataille entre Jeannot L… et Robert L… chez René L… au bourg dans le bal clandestin ; ça tourne mal L… a porté plainte et on va le juger. Lui pourrait avoir une punition surtout être surveillé, ils avaient bu un peu tous les deux et le père veut que ça marche pour punir le L…. Depuis ils ont réfléchi puisqu'ils auraient voulu la retirer. C'est trop tard car les gendarmes ont répondu car on doit savoir ce que l'on veut faire quand on dépose une plainte. Les plus ennuyés c'est les L… qui se demandent ce qu'il va en résulter à avoir fait ce bal chez eux pour leur faire plaisir surtout que c'est défendu. Dès que le jugement sera fait je te donnerai le compte rendu. La petite Nadine sera grande et très amusante dès ton retour. Tu peux croire qu'elle nous fait de gracieux sourires et elle veut bien vivre. La France va être à nouveau le théâtre d'une seconde guerre puisque le débarquement a eu lieu entre le Havre Caen et Cherbourg. Devines ce que toutes ces pauvres villes françaises doivent prendre à la suite des bombardements, faut croire que pour certaines c'est la grande destruction et aussi les habitants. Nous sommes tous en très bonne santé espérant que notre lettre t'en trouve de même et courage. Affectueux baisers de tes parents et petite sœur. Au plaisir de te voir bientôt parmi eux reprendre ta vie normale. Yvonne

Pessac, le 19 juin 1944
Cher frère Robert
Je m'empresse de faire réponse à tes deux cartes que j'ai reçues ce matin datées l'une du 28-5-1944 et l'autre du 5-6-1944 que j'ai reçues avec plaisir et maman m'a écrit cette semaine et me disait que ta dernière lettre était du 5-5-1944 je vois que tu viens d'être malade mais j'espère que tu es complétement rétabli je vois qu'il te tarde de revenir à Vienne je le comprends tous tes camarades du pays tous ensemble on a moins le cafard mais si c'est calme c'est le principal car chez nous c'est un peu mouvementé le jeudi 15 juin nous avons compté 156 oiseaux sur Gazinet et il y a eu 17 morts une de mes camarades très

gentille qui travaillait chez nous son père et sa mère tous les trois morts et la maison complétement écrasée et eux-dessous il n'y reste plus rien de leurs affaires 20 maisons complétement anéanties et ils ont à peine touché la ligne 2 heures après elle était réparée c'était le matin à 8h ½ et ce matin 19 juin à 9h ½ ils ont remis ça mais cette fois ils n'ont pas fait de victimes la DCA a tiré dessus et nous en avons vu descendre un cela n'est pas beau il tourbillonnait et il s'est enflammé nous l'avons vu tomber et il est allé s'écraser un peu plus loin que Gazinet il y en a 5 de brûlés deux prisonniers et un gravement blessé ils commencent à nous embêter. Si cela dure et nous pensons toujours à vous quand est-ce que nous verrons une fin car si cela continue nous allons tous mourir par les bombardements c'est effrayant des choses pareilles j'espère que cela finira cette année car il y en a marre pour tout on n'a plus de gaz 2 heures le soir 2 heures le midi 1 heure le matin la lumière le soir à 11 heures des fois il n'y a plus d'eau alors vois d'ici pour aller en ville les trams vont jusqu'aux boulevards après il faut faire le reste du trajet à pied souvent il y a des pannes je te jure je ne vais plus à Bordeaux tous les jours comme avant c'est une corvée plutôt qu'une distraction vivement la fin. J'ai eu de bonnes nouvelles de la maison samedi et je crois que je vais y aller pour mon congé sûrement au mois de juillet ou commencement août j'avais promis à tante de Pessac d'aller la voir mais maintenant on ne peut plus y aller c'est dangereux cause des maquisards il parait qu'elle s'y ennuie beaucoup si elle pouvait elle viendrait à Bordeaux. Autrement toujours pareil, j'attends des nouvelles de Robert si elle n'a pas de retard sa lettre je devrai la recevoir vers le 24 mais la dernière a mis 1 mois ½ alors je m'en fais pas je sais que c'est le courrier qui va mal et de toi pareil les bruits courraient même que l'on a recevrait plus et sur le journal on a mis le démenti et que l'on pouvait continuer à envoyer des colis. Je te quitte mon cher frère en te souhaitant bonne santé et bonne chance que ta petite Eliette t'écrive souvent et bonne santé et un mariage l'année prochaine. Reçois mes meilleurs baisers ta sœur qui ne t'oublie pas. Bonjour de tout le personnel et la patronne et de Constan et Elise. Germaine

Sauternes 22 juin 1944
Cher frère Robert
A l'instant où je t'écris nous avons enfin de la pluie depuis 5 heures de l'après-midi, voilà donc depuis une demi-heure elle ne cesse de tomber, assez régulière pour pénétrer un peu car tu peux croire que cela va rendre service aux légumes, nous pouvons l'appeler désirée car voilà près d'un an à vraie dire qu'on n'a pas vu de pluie. C'est un orage qui s'est monté petit à petit de tous les coins, hier il y en a eu un autre mais pas une goutte n'était tombée. Nous venons de répondre à ta gentille lettre du 27 mai et carte du 5 juin reçues toutes deux le même jour qui est le 19 juin, vois donc la lettre a mis 24 jours. Nous n'en sommes pas surpris car voilà déjà une quinzaine personne ne recevait de nouvelles de la direction de Paris les communications étant interrompues cause toujours des dégâts causés sur nos lignes. Tu n'as pas reçu toutes nos lettres d'après celles que tu nous dis. Dans le mois d'avril nous t'avons écrit depuis le 19 une du 24. Dans le mois de mai le 3, le 11, le 18, le 26, le 30. Dans le mois de juin le 8. Excuse-nous si nous t'avons négligé un peu car en ce moment nous étions très occupés au foin et nous ne nous sommes pas empressés du moment que le courrier ne marchait pas librement. Nous sommes tous en très bonne santé pour l'instant ainsi que Mémaine qui nous a écrit hier nous annonçant qu'elle a reçu ta lettre du 28 et carte du 5 et elle nous raconte la situation de Bordeaux au point de vue bombardements. Nous sommes heureux de te savoir en bonne santé malgré le rhume que tu as pris dans ce pays qui a l'air d'être bien arriéré d'après ce que tu nous racontes par tes lettres. Fais attention de ne pas reprendre froid et prend tes précautions pour ne pas être malade, vraiment tu n'as pas de chance tu attrapes donc toujours un peu de maladie surtout soigne toi assez tôt et bien et espérant ton retour prochain parmi nous. Et la cantine améliore-t-elle ses menus heureusement que D… peut te seconder et expédier quelques bagatelles depuis là-bas ce qui améliore vos repas. Maintenant nous espérons que tu tiens le colis, il s'en allait temps car c'est impossible pour l'instant ils reviennent. Dès que tu le pourras avise-nous pour nous tranquilliser, nous en étions assez inquiets dès que nous avons appris que vous étiez déplacés. Faut croire

qu'on te l'a fait parvenir à Zwickau. Et Paul est-il toujours en bonne santé donne lui un bonjour de notre part. La mère D… a vu papa il y a quelques temps elle lui a dit qu'elle a bien touché le mandat, elle devait demander à son fils ce qu'elle nous redoit car il a envoyé tout ensemble et personne de nous tous ne se souvient exactement de ce que tu nous avais dit le montant de la somme que tu lui avais déposé, sois tranquille à ce sujet. Pour le mandat de 1947 fr dont tu ne sais pas d'où il vient c'est réel nous l'avons touché le 4 mars 1944 du crédit de BX tel que les premiers. Tout doit aller bien certainement toi qui ne te souviens pas. Maintenant nous venons de toucher une allocation de 6 fr par jour de la mairie, nous avons donc perdu 6 mois depuis l'arrêt du versement de BX. Alors chaque mois ça nous fait une allocation de 180 fr vois cette belle indemnité, les autres de Sauternes touchent la même somme. La semaine dernière il y a eu un incendie à Origne il a duré près de 8 jours à chaque instant il se rallumait. Sauternes et les communes avoisinantes ont été appelées à leur tour. Paraît-il qu'il y a une bonne étendue de brûlée. Le 15 BX a été sujet d'un grand bombardement. Tu peux croire que Mémaine ne devait pas être rassurée et chez nous tout tremblait. A Gazinet la ligne a été touchée sur 10m de long 20 maisons anéanties une vingtaine de morts et blessés dont une femme tuée laissant 6 enfants dont l'aîné à 12 ans. Vois cette pauvre famille et autres, ainsi que Mérignac 100 m. De chez nous tu peux croire que ça résonnait. Nous les avons vu passer, ils étaient haut et brillaient au soleil, marraine en a compté 156. Vois si nos chères villes se détruisent donc toujours. Après tout cela il y a aura du travail à reconstruire. Lundi après-midi Pierre de Bernille a fauché la colline et le pré du moulin. Mercredi nous avons rentré la colline et une partie du haut de l'autre prairie qui faisait une bonne charrette. Ce matin le reste du grand pré charrette ordinaire. Le haut du pré du moulin était brûlé pour cela que ça n'a pas fait abondance. Au barthot c'est Michel qui l'a fauché avec les bœufs de Pontallier. C'est là où il y en a le plus de tous nos 3 près. S'il n'y avait pas eu cet orage on l'aurait peut-être rentré. Donc notre foin aurait été fait dans 4 jours on a fait de beaux pilots avec Pierre qui est venu nous aider alors il ne prendra pas mal certainement qu'il ne restera pas longtemps.

Tranquillise toi pour nous on s'en tire à l'aise nous avons prêté nos machines à Eloi et avec son cheval il tournait et ramassait le sien et le nôtre. De ce fait nous le tournions deux fois par jour sans peine. Pour finir le barthot il doit nous céder son cheval. Rien ne vaut mieux que lorsqu'on peut s'entendre pour s'aider. Quant à celui de Noaillan on est venu mardi, ils doivent nous le faner, dès qu'il sera sec ils viendront nous prévenir pour aller le chercher. Nous sommes privés de lumière plusieurs fois dans la journée et chaque soir, papa en est ennuyé pour le sciage pour faire son travail, ça oblige les clients à être plus patients. Depuis le début de juin nous sommes inscrits chez les boulangers. 2 cartes chez Marc et l'autre à la copée. D… se fait crier les clients sont mécontents. Il a du retard sur la farine on ne lui en délivre que suite des inscriptions. Pour l'instant nous avons presque notre quantité allouée, il nous redoit une livre, nous allons nous débrouiller à la récupérer. Beaucoup sont plus à l'arrière. Ce qui est révoltant on a su que Pierre avait fait des galettes pour revendre et les Pimois s'en mettent plein la vue. Ils disent que c'est Pierre qui s'est acheté la farine vois d'ici d'où elle peut provenir. Ce mois-ci nous n'avons pas touché de sucre ce n'est que les enfants et J1. Heureusement pour nous que nous avons le miel en remplacement. Les pêches se forment bien, il y en aura cette année. Dès qu'elles seront mûres faut espérer que tu sois parmi nous pour en profiter si non nous penserons à toi nous ferons de la conserve en boîte que nous t'enverrons qu'on assaisonne avec sucre et liqueur ou eau-de-vie. Quant aux cerises il nous a été impossible de t'en envoyer et en avez-vous goûtées. Pour l'instant nous terminons en t'embrassant affectueusement attendant une fin très prochaine que tu sois bientôt chez nous reprendre tes anciennes habitudes. Affectueux baisers de nous tous. Yvonne

Sauternes 2 juillet 1944
Cher frère Robert,
Aujourd'hui dimanche après-midi je profite d'un instant pour répondre à ta dernière carte du 8 que nous avons reçue le 26. Excuse-nous si nous n'avons pas répondu plutôt d'abord les grands travaux nous ont un peu ennuyés et aussi je t'apprends que presque chaque soir nous n'avons pas d'électricité, cela est

parfois des jours presque entiers, devine si l'on est mal sans éclairage ou bien un petit lampion. Tu peux croire que l'on économise de force et au moment voulu c'est bien rare si nous l'avons à volonté, souhaitons que cela ne durera pas éternellement. Nous sommes heureux de te savoir toujours en bonne santé malgré votre changement car ici il en est de même pour nous tous pour l'instant ainsi que Mémaine qui a écrit ces jours-ci. Voilà le 29 passé êtes-vous revenus à Wien reprendre l'ancien boulot et meilleure vie que vos deux mois écoulés en attendant l'heureux retour dans votre cher pays qui espérons sera bientôt. Malgré les grands événements qui se passent en France Sauternes et les environs sont toujours très calme, désirons que ça ne viendra pas jusque chez nous. La sécheresse règne toujours de plus en plus, de temps en temps il y a de petits orages mais qui ne donnent pas de trempé. Si cela est de durée nous n'aurons pas grand-chose en légumes, la vie devient dure et aussi surtout avec diminution de pain. Il nous reste donc 9kg 250 pour chacun des membres de famille à toucher par mois. Tu peux douter pour des hommes qui sulfatent toute une journée doivent trouver le temps long jusqu'au soir sans trop en manger car ces travaux sont pénibles. Dimanche dernier nous sommes allés chercher le foin de Noaillan. Nous en avions une jolie charrette avec la vache. C'est le fils Flous de Cachat dit le genre de Péscou où mari d'Andrée S..., si tu veux mieux comprendre celui de l'année dernière. Il garde pour lui le regain et le pacage. Avec ce temps nous avons vite fait la fenaison. Pour le foin de Bartot c'est Pierre de Bernille qui est venu le chercher avec la caoutchoutée et ses vaches. Nous n'avons pas pris peine du tout du moment que nous avons fané aux machines avec le cheval d'Eloi tel que la précédente année. Le plus grand travail de la vigne est fait, papa a sulfaté au début de la semaine écoulée et souffré. Question fruit il y en a encore cette année. Les pêches grossissent ainsi que les brugnons, souhaitons qu'à leur maturité tu seras des nôtres pour pouvoir goûter à ta discrétion. Le poirier qui est près de la route en a 10 jolies poires, espérons qu'elles se conserveront jusqu'au bout pour avoir le plaisir de les goûter. Cette année-ci nos jeunes pommiers sont aussi en bon rapport. Nous avons chance dans nos arbres fruitiers. Quant à la rège de vigne des jeunes greffes elle ne peut être plus magnifique. Si la récolte se conserve nous aurons encore du vin. Hier soir papa et Pierre de Bernille ont fait passer la herse à notre vache dans notre vigne de Nautet. Pierre hersait et papa la guidait devant en la tenant par une corde, elle était attelée à la bricole. Ils sont revenus contents, ils en ont été maître et a bien voulu marcher dans les rangs. Ils y reviendront la faire travailler pour l'habituer à savoir seule. Pour celle de Brouquet c'est Pourail qui nous y fait tous les labours en venant à la sienne. Ici les nouvelles sont presque toujours les mêmes dans les environs si ce n'est que quelques petits changements. Madame Pierre est toujours à Paris depuis quelques jours avant le débarquement. La vie n'y est pas agréable, comme ravitaillement on n'y trouve que des oignons, carottes et quelques fraises il y a quelque temps. Elle en a payé un demi-bol dans les 50 fr. C'est une véritable guerre d'argent. Le système D ne se pratique plus, donc pas moyen de se débrouiller pour vivre. Elle pense revenir sous peu dès que la communication sera un peu mieux rétablie. Pour effectuer ce trajet il faut environ 7 à 8 jours après tous les détours qu'on est obligé de faire à cause des dégâts causés sur les lignes. La fille de Mme Chappé Emilienne voulait venir passer ses vacances à Nautet comme chaque année. Elle a été voir pour retenir son billet à l'avance mais depuis quelques jours elle ne sait rien. Chaque jour elle attend une lettre pour savoir si elle arrive. De Jeannot ils ont eu des nouvelles tout dernièrement mais du mois de mai sur laquelle il racontait qu'il y avait eu encore des visites. Devine s'il en gardera des souvenirs de cette contrée à son retour. Dimanche dernier Pierre S… est venu jardiner un peu et arracher l'ail, il t'envoie bien le bonjour, tout le monde va bien chez eux. En ce moment Ginette est en vacances à la suite de son examen où elle a été reçue. Je crois bien que c'est le baccalauréat 1ère partie. Tu peux croire qu'ils sont tous contents. De Marcelle ils avaient eu des nouvelles toutes récentes, je crois bien qu'après tout cela ils ne viendront certainement pas. Aujourd'hui c'est la communion à Sauternes il y a 4 communiants et 3 communiantes, les gens se distinguent car ils ont une belle journée pour montrer leurs belles toilettes car l'orgueil règne toujours. La petite Nadine profite toujours. Elle est grassouillette et nous fait de gracieux sourires. A ton retour tu seras heureux de retrouver une si aimable petite cousine. Elle ne donne pas grand travail car elle ne pleure presque jamais. Tu peux douter si Mémaine est heureuse et elle s'occupe bien d'elle. As-tu reçu le colis ? Dès qu'il te sera parvenu, préviens-nous pour nous tranquilliser et les dragées étaient-elles bonnes. Dès que tu reverras Lapeyre tu nous le diras car ses parents sont heureux de savoir que vous avez fait rencontre et depuis qu'il est libre leur courrier n'est pas du tout régulier alors ça les fera patienter un peu. Au plaisir de te revoir bientôt parmi nous, reçois les plus affectueux baisers de tes parents qui pensent souvent à toi et se demandent si tu es revenu à Wien. Attendent d'autres nouvelles. Bonne santé. Bon courage et prochain retour. Petite sœur Yvonne.

Sauternes 10 juillet 1944,
Cher frère Robert,
Nous prenons un instant pour venir bavarder avec toi malgré notre si grand éloignement en attendant ton heureux retour qui espérant est prochain. Nous avons reçu ta carte du 20-6 le 4 juillet. Nous sommes heureux de te savoir toujours en bonne santé, il en est de même pour nous tous pour l'instant. De Mémaine voilà une dizaine de jours que nous n'avons pas elle aussi doit être en bonne santé si non nous l'aurions su et certainement qu'elle n'a pas eu de tes lettres car sans cela elle n'aurait écrit, nous ne tarderons pas en avoir car nous lui écrivons en même temps qu'à toi. Il nous tarde de recevoir une des tiennes prochainement pour savoir si tu es revenu à Vienne et surtout nous tranquilliser si tu as reçu le colis. Pour l'instant il est impossible d'en expédier cause des communications coupées. Nous souhaitons que ces petites distractions musicales vous ont un peu distraits et aidé à passer ces derniers jours qui devaient terminer ce déplacement. Pour le mandat de 2600 nous n'avons rien reçu encore. Dis-nous la date exacte de son expédition. Si tu juges nécessaire de ne plus en expédier, dispose pour te satisfaire à tes besoins. Les parents d'Alban L… nous ont dit qu'il est de ton même avis. A toi de voir pour cela. Dès que nous l'aurons reçu nous t'aviserons immédiatement. Ces jours-ci il y a eu plusieurs orages dans la région qui entre tous ont réussi à donner de la trempe. Faut croire maintenant que les haricots, maïs et autres semis vont pousser, pour tout

cela il s'en allait temps. Maintenant il pleut chaque jour un peu mais parfois de belles bourrasques. Mémaine doit venir passer son congé chez nous fin de ce mois au début d'août s'il n'y pas de changement. Faut espérer que tout ira bien pour que tu sois parmi nous car cette fois on pourrait dire que nous sommes tous réunis. Les arbres fruitiers sont bien chargés. Papa a été obligé de mettre des supports aux branches des jeunes pommiers qui entourent le vieux à la vigne. Comme pêches il y en aura pas mal. Elles grossissent de jour en jour. Ca nous sauvera car vraiment nous allons être malheureux. Nous touchons notre part de beurre comme d'habitude, le mois dernier nous n'avons pas eu de sucre, ce mois-ci il va en être de même soit disant c'est bloqué, devine un peu heureusement que nous avons du miel en remplacement. Comme pain nous venons d'être diminués depuis le début juillet. Nous n'avons plus que 9kg250 chacun par mois. La valeur quotidienne est de 288gr et quelques. Tu peux croire qu'ils auraient pu arrondir aux grammes. Nous sommes inscrits chez la Coppée une carte et chez D… les 2 autres. D… perd beaucoup de clients. Il mécontente parce qu'il ne touche plus la farine qu'avec nos inscriptions. Et toujours la même chose il ne se passe pas d'en vendre aux étrangers. Il ne s'intéresse pas si ses propres clients en ont et Pierre faisait toujours la gratte. Un jour il avait ammené un drôle de Pimois pour l'aider à enfourner. Ils en avaient cachés 25 mais tu peux croire qu'ils se sont entendus quelques beaux compliments et Pierre est mis hors de la boulangerie, il ne fait plus le pain. Dans cette maison ce sera toujours pareil je crois qu'ils ne s'en relèveront pas. Du mois dernier nous avons eu notre ration. Voilà que la procession recommence, les gens attendent qu'il sorte du four c'est la vrai pagaille. Si cela continue beaucoup veulent le quitter et si nous devons perdre le pain nous aussi on en fera de même. Nous n'en avons déjà pas trop et rien pour le remplacer. Et vous êtes-vous diminués ou votre ration se maintient-elle ? Paris et bien d'autres villes aussi sentent bien des restrictions surtout tous disent que le marché noir n'existe plus, c'est bien ce qui les sauvait. La fille de Mme Chappé n'est pas encore arrivée. Sa mère ne reçoit pas de lettres depuis plusieurs jours. Certainement elle n'a pas dû partir, elle commence à trouver le temps long du moment qu'elle devait partir. Mme Pierre a écrit ces jours-ci en disant qu'elle devait revenir sous peu. Tu peux croire qu'elle a du repentir d'être partie dans ce moment si critique alors qu'elle pourrait être très tranquille à Sauternes car pour l'instant c'est le plus grand calme qui règne. Comme nouvelles toujours à peu près. [...] Quant à la bonne Ginette son mariage est fixé au 4 novembre. Son futur travaille à Yquem depuis un mois avec Georges dans le mécanisme. Msieur P... fait transformer son auto en gazos et c'est le mari de Ginette qui le conduira. Dès qu'ils seront mariés il les logera à la maison à côté du château. Ils viennent d'y porter les meubles que le jeune homme a de son côté en se mariant. Voilà pour l'instant les principales nouvelles. Je termine affectueux baisers de ta sœur Yvonne et bonne santé au plaisir de te voir bientôt auprès de nous tous.

Mon cher Robert,
Je vais te dire quelques mots au sujet travail. Cela vient bientôt impossible du travail par-dessus la tête mais pas de marchandise voilà 2 mois que j'attends des brancards de chez Fouque pas de réponse. Tellement que j'avais 175 K monnaie matière je ne pouvais l'employer plus le trimestre en cours. J'ai acheté un coupe boulon 675 frs j'ai voulu acheté une poinçonneuse chez Ricard 1200frs j'ai parlé trop tard elle était vendue 50 K de monnaie matière rien ne va plus pas même de pain nous mangeons du pain infect et 298 gr par jour. Espérons enfin que cela veut dire la fin prochaine et au plus vite car autrement on va crever de faim. Je termine et t'embrasse et à bientôt. Ton père Gabriel

Pessac le 12 juillet 1944
Cher frère Robert,
Je m'empresse de faire réponse à tes deux lettres que j'ai reçues ce matin une datée du 11-6-1944 et l'autre 22-6-44 qui m'ont fait plaisir toutes deux de te savoir toujours en bonne santé autrement je vois que tu vas être comme Robert il me dit qu'il perd sa graisse tous les jours espérons que cela finisse cette année autrement nous serons tous morts de faim si nous passons un autre hiver car le ravitaillement est toujours de moins en moins le pain la carte T ou C 298 gr au lieu de 350 par jour.

Maman me disait sur sa lettre que j'ai reçu ce matin ils ne savent point comment faire pour l'économiser et il est infecte ils trouvent que des débris de paille et d'épis il vient immangeable et elle a reçu de tes nouvelles du 8 et du 20 juin et ils m'attendent à la fin du mois ou au commencement de l'autre pour manger des pêches il est décidé que je dois y aller de 1er août au 15 passer mon congé qui ne sera pas gai parce que je pense à mes deux Robert qui sont loin et n'ont pas trop à manger espérons que nous nous reverrons pour toujours vers la fin de cette année tu me dit que vous voulez retourner à Vienne mais sur le journal je vois presque tous les jours que c'est bombardé encore sur celui de hier tu me dis de faire attention mais toi mets-toi bien à l'abri des bombes et surtout des éclats le plus possible nous nous devions aller à Camblanes mais je crois avec ce qu'il se passe il parait que les maquisards sont à une dizaine de kilomètres et les troupes sont à Camblanes pour les empêcher de venir à Bordeaux alors vaut mieux rester où nous sommes tant pis nous verrons bien ce qu'il arrivera on est en sécurité à nulle part à la volonté de Dieu est-ce que tu as reçu de bonnes nouvelles de ta petite Eliette je vois que tu as toujours des bonnes nouvelles de tes copains de Vienne tu me dis que tu ne sais si on pourra correspondre encore longtemps je me le demande moi aussi car il paraît que pour le moment l'envoi de colis serait arrêté depuis hier cela je ne puis l'affirmer car c'est les gens qui le disent cela ne me surprend pas il faut s'y attendre ainsi que des nouvelles mais si cela est autant nous que vous le temps paraîtra très long vivement la fin autrement Pessac toujours pareil les trams restent des ½ journées en panne au milieu des rues alors faut faire la route Bordeaux à pieds aller et retour faute de courant et à l'usine c'est pareil des pannes à chaque instant heureusement que le travail ne presse pas trop ils auraient la vente mais c'est les matières grasses le sucre et la farine qui manque alors on se demande s'ils vont continuer ou bien fermer cela n'est pas gai plus de 100 ouvrières et ouvriers tout cela ne vient pas gai je te quitte mon cher frère en vivant dans l'espoir de nous revoir sous peu et te souhaitant bonne santé et bon courage bonjour de la part de Robert j'ai eu de ses nouvelles le 24 juin et qui espère que nous nous reverrons bientôt tous ensemble pour faire un bon repas bien le bonjour de la patronne et de mes camarades et d'Elise et Constan reçois mon cher frère les plus affectueux baisers de ta sœur qui pense très souvent à toi. [...] Germaine

Sauternes 17 juillet 1944
Cher frère Robert
Par cette lettre nous venons te donner de nos nouvelles toujours très bonnes souhaitant qu'il en soit de même pour toi. Ces jours-ci nous en avons eu de Mémaine qui elle aussi sa santé ne peut-être meilleure pour l'instant. Tu peux croire qu'elle pense toujours à toi pour la gâterie des biscuits nous en avons donc une quinzaine de paquets prêts à t'expédier. Pour l'instant c'est impossible d'envoyer des colis pour l'Allemagne cause des communications coupées. Souhaitons que lorsqu'elles seront bien rétablies que ce sera votre retour prochain parmi les vôtres. Mémaine nous demande si nous pouvons la recevoir en congé pour 15 jours. Faut croire qu'elle doit être obligée de les prendre, elle avait bien pourtant dit qu'elle les gardait pour ton arrivée parmi nous. Elle s'informe avant si elle peut toucher son pain chez nous avec ses tickets car voilà deux mois que nous sommes inscrits chez les boulangers et hors desquels nous devons aller car on ne nous donne pas de pain ailleurs. Nous avons expliqué le cas à la coopérative de Fargues, il lui délivrera son pain le temps de son congé à condition qu'elle les fasse tamper à la mairie. Faut bien qu'il y est cet arrangement car celui qui est obligé de voyager tous les jours d'un pays à un autre à besoin de son pain pour vivre et ne peut l'emporter pour un mois à son départ de chez lui. Voilà donc bientôt deux mois que nous n'avons pas eu notre ration de sucre, la faveur est pour les enfants et J1. Heureusement que nous avons du miel en remplacement, tu peux douter qu'un petit déjeuner sans sucre ne doit pas être épatant. Nous attendons une réponse de Mémaine pour savoir le jour où elle doit venir. A BX le ravitaillement est maigre nous dit-elle, ils mangent beaucoup de pêches mais cela n'est pas une nourriture. La misère fait son apparition de plus en plus à la campagne malgré tout nous nous suffirons toujours mieux. Voilà une quinzaine nous avons eu plusieurs orages sur la région ce qui a réussi tout de même à faire une bonne trempe. Pour les pommes de terre, c'est trop

tard, mais pour les haricots et maïs et autres semis c'est à point. Au jardin du fond nous avons des haricots superbes. Ils commencent à fleurir, souhaitons que les fleurs tiendront car c'est tout ce que nous aurons. A Brouquet nous avons les pommes de terre. A Nautet du maïs ainsi que quelques autres au Bergey. Et une rège de tomate et une de choux. Nous avons rentré notre petite récolte de blé avant-hier qui rendra un grand service. Pour les boulangers c'est une comédie soit disant qu'à partir de maintenant ils sont obligés d'aller chercher leur farine à Langon balle par balle. Devines quel tracas et grand déplacement alors qu'ils pourraient en emporter une quantité. Dans cette farine il doit y avoir une bonne partie de maïs moulu. Voilà notre bon pain. Ces temps derniers chez Marc il était horrible, on y trouvait les épis même lorsqu'il était cuit, il était très dur et rendait malade certaines personnes. Es-tu revenu à Vienne et as-tu reçu notre colis, nous attendons toujours avec impatience une réponse pour nous tranquilliser. Ce serait une grande perte pour ce colis s'il était perdu, on ne fait pas toujours comme l'on voudrait pour se procurer les affaires. Nous avons reçu ta lettre du 11-6e mois le 11 juillet. Elle a été censurée à la cisaille au moment où tu parlais du retour à Vienne et où vous vous embêtiez drôlement. C'est bien la première fois que cela arrive alors devine ce qu'il en est. Nous avons vendu le rouget cause que les messieurs du château nous l'aurait pris cela fait nous en avons retiré notre argent sinon on nous l'aurait payé dans les 6000. Pour l'instant Sauternes est toujours dans le plus grand calme quant aux précautions dont tu nous parles nous y pensons. Depuis le 1er de l'an nous n'avons pas eu des nouvelles de la Somme, nous avons dû te dire qu'à leur dernière lettre ils nous avaient annoncé la mort de Mme Paquet au mois de septembre cela va faire un an. Le père de la petite Gisèle était revenu depuis un certain temps. Dès la guerre finie ils avaient dit qu'ils viendront faire un tour dans le Sauternais. Voici les plus récentes nouvelles du pays. [...] Ginette de P... se marie le 4 Novembre et reste au château ainsi que son mari qui conduira un gazo car Msieur fait transformer son auto. [...] Cette année les parisiens ne vont pas venir passer leurs vacances certainement cause de la difficulté des voyages. Je vais te tracer l'itinéraire du voyage de Paris Sauternes que la fille de Mme Chappé lui a écrit ces jours-ci. C'est donc impossible où il faudrait réellement y être bien obligé. Alors Mme Pierre elle aussi ne doit pas rire de se trouver là-bas en ce moment, elle préférerait être à Nautet. Comme ravitaillement dans certains coins c'est maigre elle ne trouve que des légumes, pas de système D pour aider à composer ses principaux repas. Voici le départ Paris avec plusieurs arrêts jusqu'à Nîmes Gare de Lyon Villeneuve St Georges Corbeil Montargis Gien tous quatre qui ont subi du bombardement. Cosne Nevers où on change de train. Neuvy sur Loire faire 800 m avec paquets sur la voie ferrée Moulins visite des cartes d'identités par les autorités occupantes. Cela fait 2 jours de voyage jusque-là car il y a 2 transbordements, il y a entonnoir, il faut marcher et attendre 4 heures que le train venant de Moulins remonte à Neuvy. Moulins est à 200km de Paris. Ensuite St Germain des Fossés, Vichy Clermont-Ferrand Issoire Langeac Langogne La Bastide Alès Nozières Nîmes Montpellier Sète Béziers Cerbère Narbonne Carcassonne Castelnaudary Toulouse Montauban Agen Marmande La Réole Langon. Vois nous faisons les 3 quart de la France pour venir échouer chez nous. Tu peux croire que ce n'est pas intéressant. Au pays plus grand-chose pour l'instant si ce n'est la petite cousine Nadine qui grandit et sourit souvent, elle est très amusante aujourd'hui on l'a amenée à Noaillan chez leur cousine. Pour l'instant je termine ma lettre. Bons et affectueux baisers de tes parents qui pensent souvent à toi et souhaitent ton retour prochain pour être parmi eux pour avoir le bonheur de goûter et savourer nos bons fruits de nos arbres. Tes parents et petite sœur qui ne t'oublient pas. Bonne santé. Yvonne

Sauternes 24 juillet 1944
Cher frère Robert,
Nous venons faire réponse à ta lettre du 27-6 que nous avons reçue le 18 du 7. Elles mettent beaucoup de temps en ce moment. Le 18 aussi nous avons reçu celle de ton camarade Carvin que tu as connu à Zwickau. En voici un résumé. Il nous dit que tu étais l'ami de son frère durant ton séjour dans ce pays et que tu l'avais chargé de nous communiquer de tes nouvelles pour que nous les ayons plus vite, vois donc sa lettre était datée

du 5 juillet et elle est arrivée le même jour que la tienne le 18. Il nous annonce ton retour à Vienne, que tu en étais satisfait d'y retourner prendre tes anciennes habitudes, que tu es resté longtemps sans recevoir de nos nouvelles. Tranquillise-toi car nous écrivons assez régulièrement. Au sujet de l'argent que c'était le chiffre bien exact. Jeudi nous avons reçu ton mandat de 2600fr. Ta santé et moral toujours bons. Que tu songes souvent à nous et que nous conseilles quoiqu'il arrive de rester chez nous c'est le mieux. Que tu pries de nous transmettre tes affectueux baisers. Il nous prie de croire pour sa part à l'expression de tout son respect. Il nous a fait cette gentille lettre qui nous a fait plaisir. Il a l'air poli et écrit de jolies phrases. Papa va lui faire réponse pour le remercier de ce bon geste et service qu'il t'a rendu. Nous sommes heureux de te savoir toujours en très bonne santé et de nous tous il en est de même pour l'instant. Mémaine devait donc venir en congé voilà donc 8 jours nous n'avons pas eu de ses nouvelles. Comme nous t'avions déjà dit sur l'autre lettre que nous lui avions répondu qu'elle pourrait toucher son pain chez nous on comptait la voir arriver samedi dernier. Nous attendons une lettre pour savoir si elle vient de suite ou si elle renvoie. Samedi soir on nous a fait dire d'aller chercher son vélo à Brouquet. Maintenant c'est peut-être pour le tirer de Pessac du moment qu'il ne marche pas, car hier le Bouic de BX est venu chez Pierre à Bernille et a poussé jusque chez nous. Il nous a dit que BX et une partie de Pessac devait évacuer jusqu'à la fin du mois. C'est réel car on peut lire les affiches dans les rues. Faut croire aussi qu'ils ont de l'occupation à se transporter quelques affaires à Camblanes et qu'elle arrivera après ou bien ce sera pour le début d'août. Vraiment il y a des pays éprouvés surtout dans le pays de ce pauvre camarade à qui il devait lui tarder de revoir ce qu'il pouvait lui rester. Depuis votre arrivée à Vienne certainement tu as dû retrouver tes bons camarades de chez nous à qui il devait vous tarder pour passer de bons moments agréables après votre séparation. Tu peux croire que nous avons été heureux de savoir que tu aies reçu notre colis intact malgré qu'il soit été ouvert et qu'on t'a laissé le vin mais tant pis pour les 10 marks. Il nous tardait de le savoir car cette fois-là nous aurions eu une grande perte et surtout dommage pour les croustis qui te serviront bien pour remplacer un peu le pain et la viande aussi pour vous rappeler les bons repas de chez nous. Tu nous diras si les asperges ont été bonnes et les as-tu assaisonnées au beurre. N'était-il pas devenu rance, nous l'avions bien salé mais avec la chaleur ça ne se conserve pas peut-être aussi bien. Pour l'argent dispose suivant tes besoins et satisfaire tes désirs. Nous avons eu quelques orages dans la région qui ont fait de bons arrosages pour faire pousser nos haricots et autres semis. Comme ravitaillement c'est toujours à peu près pareil. Ce mois-ci nous n'avons pas encore touché le café. Voilà 2 mois pas de fromage, ni de sucre pour les grandes personnes. La réserve du sucre est donc pour enfants et J1, heureusement que nous avons le miel qui nous rend le plus grand service. La vigne fait toujours bonne apparence souhaitons que rien ne survienne pour que nous puissions toujours récolter du vin et nous compenser sur le reste. Question de fruits les arbres sont chargés, on a été obligé d'y mettre des tuteurs pour en supporter les branches et en éviter la casse. Mais malgré cela une petite branche du pêcher qui est à côté du pommier auquel on y avait mis un appui a cassé, ce n'est rien car l'arbre n'est pas abîmé. Nous en aurons dans une dizaine de jours environ. Elles grossissent et rougissent de jour en jour ainsi que les brugnons. Nous aurons aussi de belles pommes dans ces jeunes arbres. Quant au poirier il y en avait une dizaine. Il en reste encore 3 à mûrir. Nous avons goûté les autres qui étaient très juteuses dommage que tu ne sois pas été parmi nous car dans tous ces moments nous pensons souvent à toi mais hélas impossible de t'en envoyer. Souhaitons que tu sois bientôt parmi nous pour pouvoir en profiter un peu. Tranquillise-toi nous en mettrons dans des bocaux au cas où tu ne seras pas parmi nous et pouvoir les savourer à ton retour. Avec les pêches nous allons faire de la confiture en sucrant au miel puisqu'elle se conserve très bien. Voici les quelques nouvelles du pays. La suspension du cinéma a lieu pour un certain temps. [...] Tout dernièrement Hubert et Robert son frère ont quitté Léogeats. [...] Pour l'instant le quartier est calme et tous ces villageois ne peuvent pas venir passer leurs vacances tranquilles à la campagne. Il y a trois semaines que Pierre S... n'est pas venu à Nautet lui aussi à cause des communications des trains. Je ne vois plus rien à t'annoncer pour le moment. Je termine en t'envoyant les plus affectueux baisers de tes parents qui pensent souvent à toi et comptent te voir bientôt parmi eux. Nos amitiés à ton camarade Paul. Bonne santé et patience. Yvonne

Pessac le 29 juillet 1944
Mon cher Robert,
Je m'empresse de faire réponse à ta carte du 2-7-1944 que j'ai reçue avec grand plaisir ta dernière que j'avais reçue était datée du 26-6-1944. Hier j'ai eu une lettre de maman sur laquelle elle me disait avoir reçu de tes nouvelles une lettre du 27 dans laquelle tu lui disais que le contremaître était auprès de vous il y avait trois jours et que tu espérais revenir à Vienne dans la semaine. Je vois que ce que tu désires tant est arrivé revenir à Vienne avec tous tes camarades je vois que l'air de là-bas ne t'a pas engraissé mais j'espère qu'à Vienne tu vas te rattraper et je vois que vous avez un bon chef et que vous pourrez être reconnaissant de ce qu'il fait pour vous autrement ici c'est calme pour le moment et quand il y a quelque chose à Vienne je le vois sur le journal mais j'espère que cette année sera la dernière car il y a bientôt assez de cette vie pour nous et pour vous encore davantage d'être loin les uns des autres. Il y a trois jours j'ai eu des nouvelles de Robert il n'est plus à Brême il est dans une ville à 150km de la France mais il est moins bien qu'avant sauf qu'il a une soupe à midi et une le soir mais il travaille 12 heures par jour en plein soleil et le travail est pénible et il maigrit tous les jours mais il dit que le moral est très bon et qu'il espère que cette année sera la dernière et il me demande de tes nouvelles et me dit de te dire bon courage car la classe vient pour tous il espère revenir cette année c'est à se demander si c'est possible car cela commence à devenir un peu long enfin il ne faut pas désespérer j'espère aller voir nos parents au mois d'août pour mon congé j'ai envoyé des biscuits et du chocolat à maman pour qu'elle te fasse un colis quand elle pourra car en ce moment je crois que l'on ne peut pas en envoyer je vais demander tout à l'heure autrement rien de plus à te dire pour le moment j'espère que tu as de bonnes nouvelles d'Eliette quand j'irai en congé je tâcherai de la voir je serai ce qu'elle pense je serai très heureuse de l'avoir comme belle-sœur

car elle est très gentille et pas orgueilleuse comme l'équipe du château Yquem je termine ma lettre en te souhaitant une bonne santé et bon courage à bientôt la fin ma lettre me quitte en bonne santé et j'espère qu'elle t'en trouvera de même. Reçois mon cher frère les meilleurs baisers de ta sœur qui pense très souvent à toi. Germaine

Sauternes le 3 août 1944
Cher fils Robert,
Nous sommes très heureux d'avoir de tes nouvelles qui ne sont pas très fraiches, ta carte a mis un mois pour nous parvenir et celle du 2 juillet nous l'avons reçu avant-hier et tu nous annonçais ton arrivée à Vienne et bien tant mieux que tu sois revenu dans ton ancien pays cela fait que ta vie va changer un peu je vois que là-bas cela n'était pas gai tu nous dit que tu as maigri de 2kg500 et bien es-tu malade ou cela est-il restriction, et bien soigne toi le mieux possible je vois que l'épicière et à la cantine vous avez été bien reçus voilà il y a de bonnes gens partout et bien faut tâcher de vous les conserver jusqu'à la fin qui je crois prend son grand chemin cela serait à désirer que vous vous trouviez bientôt parmi nous, vous devez savoir les événements qui se passent en France et autres cela sera de beaux pays, il y a très longtemps que nous n'avons pas eu de nouvelles de Clarac, Germaine devait venir pour son congé du 1er au 15 août voilà que la gouvernante lui a pris la place cause qu'à partir du 15 août elle n'a pas le droit d'aller chez elle et Germaine lui a cédé s'il n'y a pas de changement elle vient du 15 août au 1er septembre. Cette fois-ci ça sera toi qui nous manquera mais que veux-tu nous n'y pouvons rien faire ici pas grand-chose de nouveau si ce n'est que le père P... est bien malade il est au lit ne va pas s'en tirer voilà depuis le mois de Décembre qu'il est là, c'est le docteur Bourdier qui en est la cause, il avait une maladie de nerfs, il lui avait donné des cachets et fait des piqures, avec cela il lui a empoisonné son sang soigné au sens inverse de sa maladie. Les Langon ont fait venir leur docteur quand il l'a vu il leur a dit 3 ou 4 jours il était fichu voilà 2 mois ½ qu'il le soigne il allait mieux mais il a eu le malheur d'attraper la rougeole depuis cela ne va pas cela est l'affaire de quelques jours par moment il est idiot. Ici il fait

toujours très chaud en ce moment le temps est orageux mais pas de la pluie, pour le ravitaillement c'est très maigre rien un peu de mauvais café, voilà 2 mois que nous n'avons pas touché de sucre, ni fromage, ni beurre, heureux que nous avons la carte de producteurs mais faut donner 30 litres par personne et par mois pour y avoir droit, de la viande au marché autrement il y en a pas voilà bientôt 3 mois et nous sommes tous obligés d'en donner nous ne savons point ou cela s'en va, on s'en doute bien un peu. Pour nous ne te fait pas de mauvais sang on se débrouille un peu mais pour le pain cela est fini ils sont tellement tâchés et même cela est dit que nous n'en aurons pas d'ici quelques jours, nous avons encore 18 bocaux de conserves de viande qui nous rend beaucoup de service, quelques petits légumes en ce moment beaucoup de pêches, j'en ai fait des conserves pour te faire goûter à ton retour. Yvonne est allée à Noaillan hier elle a vu la femme Lapeyre et lui a dit que son mari avait rendez-vous avec toi, et lui pris de te donner une de ses photos pour que tu nous l'expédie car ils ne reçoivent pas les nouvelles les 3 quarts et nous jusqu'ici rien que 2 cartes de perdues. Je n'ai pas encore fini ma lettre que l'on nous a dit que P… venait de mourir après des souffrances atroces il est parti avec toute la connaissance. T… de la Herade vient de mourir voilà 2 jours qu'on l'avait transporté à Langon il avait un ulcère à l'estomac c'était Rose de pouray qui le soignait. Le petit fils de Mme Chapé n'est plus à Kassel c'est pour cela que tu n'as pas de nouvelles il est en Tchécoslovaquie elle a eu des nouvelles de lui par sa fille cette semaine. Hubert a quitté Bordeaux ainsi que son frère Robert alors devine ou, du côté de chez nous il se passe beaucoup de choses que l'on ne peut pas dire. A bientôt mille baisers de tes parents qui pensent souvent à toi et seraient heureux de te trouver au milieu de nous, courage avant longtemps parmi nous. Ta mère Louise Monguillot.

Pessac le 8 août 1944
Cher frère,
Je m'empresse de faire réponse à ta carte datée du 13 juillet 1944 et j'ai répondu le 29 juillet à ta carte du 2 juillet 1944. Je vois mon cher frère que tu es très heureux d'être revenu à Vienne et que malgré tout c'est assez calme. Nous nous avons

eu alertes vendredi samedi dimanche lundi toujours dans l'après-midi mais je ne risquais rien c'est Pauillac les deux premiers jours et Bassens qui ont attrapé. Pauillac 50 victimes j'espère que cela va finir bientôt car il y en a bientôt assez j'espère que cette année ça sera la dernière et que tu seras de retour pour manger des raisins. Je devais prendre mon congé et Mlle a eu son laisser-passer pour l'Ile d'Oléron malgré que c'est très difficile pour l'obtenir alors elle a pu l'avoir et je lui ai cédé mon tour et maintenant j'ai idée de le garder pour le prendre avec toi car les cousins qui sont à Rennes doivent venir à Paris bientôt et de là ils viendront nous voir à Bordeaux et nous passerons notre congé du moins je l'espère ensemble cela sera plus gaie et j'espère que Robert sera des nôtres. Autrement toujours pareil si on veut aller à Bordeaux il n'y a plus de tram cela n'est pas gaie car il y a un assez grand parcours à marcher cette semaine j'ai eu de bonnes nouvelles de la maison tout le monde va bien, bien le bonjour d'Elise et Constan cette semaine j'ai eu des nouvelles de Robert c'est Simone qui m'en a donné et il dit que le courrier ne marche pas très bien et qu'il reste longtemps sans avoir de nouvelles, tu vois c'est pareil pour tous comme pour toi mais prends patience et sois courageux la fin vient avant longtemps. Rien de plus à te dire mon cher frère j'espère que ma lettre te retrouvera en bonne santé ainsi qu'elle me quitte. Reçois mon cher frère les meilleurs baisers de ta sœur qui pense très souvent à toi et à bientôt de se revoir. Germaine

Sauternes 15 août 1944
Cher frère Robert
Nous venons répondre à tes gentilles lettres plus encourageantes que celles de Zwickau. Nous avons reçu ta carte du 8 juillet le 08 août et ta lettre du 30 hier le 14 vois-y elle a marché plus vite que la carte. Tranquillise toi nous continuons toujours à peu près la même correspondance, tu dois certainement en deviner le motif qui cause ce grand retard. Nous sommes heureux de te savoir toujours en bonne santé et de voir que tu as repris vite le poids perdu pendant ce séjour. Pour nous aussi la santé ne peut-être meilleure pour l'instant. Aujourd'hui nous en avons eu de Mémaine, elle aussi ne dort pas toujours tranquille, souvent de

jour et de nuit ils ont visite. Pour le moment elle est à l'écart si ce n'est un éclat de DCA qui a passé près, ils l'ont entendu siffler et il a été tomber au Haut-Brion. Elle a cédé sa place à la gouvernante pour aller passer son congé chez elle. On lui obligeait de le prendre du 1er au 15 août, dès qu'elle reviendra à Pessac Mémaine doit venir passer 3 ou 4 jours nous dit-elle, elle prendra le reste à ton retour qui faut espérer est proche pour pouvoir nous trouver tous réunis dans notre famille. En ce moment il fait chaleur tropicale voilà 3 jours au soleil vendredi il y avait 45° vois pour notre pays si cela commence à compter comme température. Ta carte du 24 ne nous ai pas encore parvenue. Aura-t-elle du retard ou ne parviendra-t-elle pas ? Réjouissons-nous du moment que nous en avons de plus fraîches. Vous devez avoir de bonnes distractions dans ce cher pays en comparaison de l'autre. Vous en rapporterez de bons souvenirs de ces belles contrées. Vois donc il a fallu que tu ailles dans cette contrée pour faire ascension en montagne puisque tu n'as pas été dans les nôtres. Vous avez dû avoir de beaux points de vue par certains endroits, d'abord ce doit être des voyages intéressants en groupe et cela remonte un peu le moral mais surtout fatiguant de falloir grimper toujours. Ce jour-là avais-tu amené Paul avec toi et D… pour principaux amis. Surtout ce que l'on te recommande d'être prudent. Prévois le danger assez tôt car dans ces circonstances le mal est vite arrivé. De Georges et Clara nous n'avons pas eu d'autres nouvelles depuis le jour de l'an. Nous pensions leur écrire ; dès que nous en aurons des nouvelles nous te les ferons parvenir. Les nouvelles du pays sont assez brèves pour l'instant. Nous avons eu beaucoup de pêches, tu peux croire qu'il était souvent question de toi en les mangeant. Dire que nous en avions en abondance et toi en être privé. Heureusement que nous en avons fait plusieurs bocaux qui se mangeront à ton retour. Avec du miel nous en avons fait de la confiture qui est réellement bonne. Cela fait qu'il n'y en a pas eu grande perte puisque ce qui n'était pas bon, nous les avons donné aux poules. A Brouquet avant-hier on nous en a volé quelques-uns, c'est désolant vraiment car ils ne sont pas mûrs, vois il y a donc toujours des voleurs qui savent en profiter au détriment des autres. Nous allons y faire un tour pour les attraper et ils finiront de mûrir chez nous. Mais tout ça n'a pas la même valeur d'un fruit mûr cueilli sur l'arbre. Le fruit cette année est en abondance, il y a beaucoup de pommes, nous en ferons du cidre avec les meilleures. J'oubliai de te dire que nous avons mis les brugnons en bocaux aussi. Nous en avons garni 2. Ils étaient très beaux et nous en avions une quarantaine environ. L'effeuillage approche jour par jour car les raisins se verront vite, en suivant les vignes on doit commencer à en trouver de bons. Dès que l'on va prendre ce boulot tu peux croire que je vais en profiter car ce n'est qu'une durée de deux mois environ. Faut tâcher de se maintenir, chacun à cette époque reprend un peu de son poids perdu. Souhaitons que tu arrives bientôt pour pouvoir en faire une cure depuis voilà deux ans que tu en es privé. Sauternes est dans le plus grand calme, pas de distractions. Soi-disant les enfants des écoles doivent faire une kermesse le 3 septembre dans le parc du château Filhot puisque maintenant on recherche l'ombrage et tout se déroule en plein air. La jeunesse va maintenant passer son dimanche sur les rives du Ciron ; faut croire qu'ils ne craignent pas les piqûres de moustiques. Certains d'entre eux y vont pour se baigner. Quant à moi je préfère rester chez nous tranquille que d'aller là en attendant d'autres dimanches plus agréables qui vu les événements pourraient s'améliorer bientôt. [...] Madame Pierre est toujours à Paris et les filles de Mme Chappé ne croient pas pouvoir venir tout cela est provoqué par la mauvaise circulation des trains en petit nombre et surtout les détours qu'il faut faire. Les S... de Bordeaux sont là pour trois semaines de vacances ils ont retrouvé le grand air et le calme pour passer de meilleures nuits. Ils ont eu des nouvelles des Paris tout dernièrement qui eux aussi sont désolés de ne pas pouvoir revenir revoir le Sauternais. Capérot vient de réfugier deux femmes chez Doré depuis dimanche, c'est mère et fille. Elles doivent faire la cuisine là-bas et chaque soir coucher dans la belle chambre tapissée en haut dont la fenêtre donne vers chez nous. Elles sont de Rouen et à l'invasion leur maison a été détruite. Elles avaient été évacuées à St-Pey voilà que les gens qui les hébergeaient les ont renvoyées pour recevoir leurs parents de Bordeaux qui eux aussi quittent la ville. Ils ont fait connaissance de ces deux femmes en communion chez son beau-frère. La mère est veuve et la fille son mari prisonnier. Langon aussi vient d'être sujet d'un bombardement il y a 8 jours aujourd'hui en plein jour. Une bombe est tombée aux quatre routes de la gare, a démoli la maison d'un coiffeur et l'épicerie d'en face. Il y a eu 8 victimes et quelques blessés. Une sœur de Bernède tuée dont on connaît par ici. Robert Pinton voulant fuir de la gare a reçu un éclat qui l'a blessé au ventre, il va bien pour son état et si rien ne survient il doit être transporté chez lui dans une dizaine de jours. La femme de Roux le chiffonnier elle aussi a eu quelques blessures mais nous ne savons quelle partie du corps. Tu peux croire qu'ils ont peur, pour la première fois, ils doivent évacuer 500m tout autour de la gare. Pour l'instant notre petit coin est toujours dans le même calme. Rien de plus à te dire. Affectueux baisers. Bonne santé de la part de tes parents qui pensent souvent à toi. Passe de bons dimanches en promenade en attendant de te retrouver sous peu parmi nous. A bientôt. Un bonjour des Sore ainsi que du quartier. Ta petite sœur Yvonne.

Sauternes le 24 août 1944
Notre cher Robert,
Nous répondons à ta dernière lettre datée du 30 que nous avons reçu il y a 3 jours elle n'a pas mis beaucoup de temps suivant les deux dernières cartes celle du 2 et du 8 elles ont mis un mois mais pour celle du 24 dont tu nous parle nous n'avons rien reçu. Voilà la 4eme qui ne nous est pas parvenue depuis janvier. Ici voilà 15 jours qu'il pleut et cela a fait beaucoup rafraichir les haricots nous en aurons un peu en ce moment nous faisons de la soupe de citrouille ce n'est pas tout à fait de l'eau claire faut espérer que cela va finir sous peu pour le ravitaillement toujours rien. De la viande très chère elle a été jusqu'à 200 francs le kilo et 250 cela est honteux de laisser faire des choses pareilles. Si je devais te raconter tout je n'en finirai pas. Heureux que nous touchons le beurre de producteur. Nous avons eu des nouvelles de Memene samedi dernier elle pensait venir pour 3 ou 4 jours elle garde le restant pour ton retour qui sûrement ne tardera pas mais la demoiselle a voulu aller chez elle on lui a fait tous ses papiers mais il fallait que le 15 août elle soit rentrée tu dois te rappeler qu'elle est de l'île d'Oléron. Maintenant les trains ne vont plus que jusqu'à St-Mariens alors Germaine a hérité des

gosses cela ne la sourit pas beaucoup, mais la patronne l'a augmenté de 50 francs plus lui a donné des vêtements très jolis mais cela n'est pas du repos. Si au bout d'un mois elle n'est pas rentrée ils vont en chercher une. [...] Si tu étais au milieu de nous tu serais heureux d'apprendre toutes ces bonnes nouvelles. Je t'assure qu'en ce moment Mlle Cappé et Marcelle et Mme Pierre ne doivent pas rigoler. Au pays de Joseph de la pirote le drapeau flotte mais Langon ce qu'il prend. Je termine je vais t'annoncer la mort de Pierrot de Baillet depuis mercredi dernier il était à Bordeaux mais on l'a transporté trois jours avant à Baillet et était plein de plaies partout le pu le sortait par la bouche il aurait mieux valu qu'il soit mort au début au lieu d'en souffrir.

Le 3/9/44
Bien cher cousin. J'ai eu de tes nouvelles comme quoi tu étais revenu à Vienne et cela a été une grande joie de te savoir en bonne santé. J'espère que ma présente te trouvera bien ainsi que Paul. Pour moi cela va ainsi que mes deux camarades. La température s'est rafraichie. As-tu des nouvelles de Sauternes ? Moi j'en ai eu cette semaine du 1er/8 de maman elle est en bonne santé c'est le principal. J'espère qu'il en est de même chez toi. Donne le bonjour à tes parents de ma part. Où vas-tu le dimanche te promènes-tu toujours? J'ai su par Filiattre que Hazera et Jean sont allés à St Polten c'étaient eux qui étaient passés le jour qui neigeait tant. J'ai passé un bon été tous les dimanches on a pu aller se baigner à la Traisen au petit cours d'eau que tu connais encore hier après-midi j'ai eu la permission d'y aller. Je crois pour la dernière fois, car le froid et la pluie rendent la baignade finie pour cette année mais je suis très content de moi car je sais tout de même nager. Dans l'attente de te voir à Sauternes reçois ma plus profonde sympathie ainsi qu'une accolade ton cousin Jean. Stalag XVII B

1-10-44
Mon cher cousin. N'ayant pas de tes nouvelles je commence à m'inquiéter sur ton sort. Je t'espère en bonne santé. Pour moi cela va très bien. As-tu des nouvelles de chez toi ? Moi pour l'instant je n'ai plus rien, mais je ne m'en fais pas trop. Je laisse

le temps faire son travail. J'espère que Paul est aussi en bonne santé. Ici Roger et Henri sont très bien aussi. Je n'ai pas grand-chose à te dire à part le mauvais temps est arrivé. Un hiver de plus. Il me semble que par un temps comme cela un bon petit Sauternes me ferait du bien. Je viens de jouer au football une bonne après-midi pour moi j'espère en rentrant pouvoir porter les couleurs de Sauternes Sport. Mon cher Robert je te quitte à regret. Mes amitiés à Paul. Bon baiser. Jean. Stalag XVII B

3/3/45
Mon cher cousin. J'ai reçu des nouvelles de chez nous me disant que ton père ta mère et tes sœurs sont tous en bonne santé. Jusqu'à Germaine qui est à Sauternes donc ne te fais pas de bile pour eux ils t'attendent avec courage et espèrent que tu es en bonne santé as-tu eu mes photos et mes nouvelles. J'espère qu'elles t'ont trouvé en bonne santé, ainsi que Paul. Pour moi cela va très bien sauf un peu de vent qui n'est pas intéressant du tout ce n'est pas la peine que tu te déplaces il ne fait pas bon. J'espère que ton moral est bon ne te laisse pas abattre. Je sais que c'est très dur et je te plains c'est une mauvaise étape de notre vie, mais elle passera comme tout je sais que ta condition est plus mauvaise que la mienne, mais ne te laisse pas abattre les beaux jours reviendrons donc courage et à bientôt ton cousin qui t'embrasse bien fort et te souhaite une bonne santé. Jean. Stalag XVII B

Structures éditoriales du groupe L'Harmattan

L'Harmattan Italie
Via degli Artisti, 15
10124 Torino
harmattan.italia@gmail.com

L'Harmattan Hongrie
Kossuth l. u. 14-16.
1053 Budapest
harmattan@harmattan.hu

L'Harmattan Sénégal
10 VDN en face Mermoz
BP 45034 Dakar-Fann
senharmattan@gmail.com

L'Harmattan Cameroun
TSINGA/FECAFOOT
BP 11486 Yaoundé
inkoukam@gmail.com

L'Harmattan Burkina Faso
Achille Somé – tengnule@hotmail.fr

L'Harmattan Guinée
Almamya, rue KA 028 OKB Agency
BP 3470 Conakry
harmattanguinee@yahoo.fr

L'Harmattan RDC
185, avenue Nyangwe
Commune de Lingwala – Kinshasa
matangilamusadila@yahoo.fr

L'Harmattan Congo
67, boulevard Denis-Sassou-N'Guesso
BP 2874 Brazzaville
harmattan.congo@yahoo.fr

L'Harmattan Mali
Sirakoro-Meguetana V31
Bamako
syllaka@yahoo.fr

L'Harmattan Togo
Djidjole – Lomé
Maison Amela
face EPP BATOME
ddamela@aol.com

L'Harmattan Côte d'Ivoire
Résidence Karl – Cité des Arts
Abidjan-Cocody
03 BP 1588 Abidjan
espace_harmattan.ci@hotmail.fr

L'Harmattan Algérie
22, rue Moulay-Mohamed
31000 Oran
info2@harmattan-algerie.com

L'Harmattan Maroc
5, rue Ferrane-Kouicha, Talaâ-Elkbira
Chrableyine, Fès-Médine
30000 Fès
harmattan.maroc@gmail.com

Nos librairies en France

Librairie internationale
16, rue des Écoles – 75005 Paris
librairie.internationale@harmattan.fr
01 40 46 79 11
www.librairieharmattan.com

Lib. sciences humaines & histoire
21, rue des Écoles – 75005 Paris
librairie.sh@harmattan.fr
01 46 34 13 71
www.librairieharmattansh.com

Librairie l'Espace Harmattan
21 bis, rue des Écoles – 75005 Paris
librairie.espace@harmattan.fr
01 43 29 49 42

Lib. Méditerranée & Moyen-Orient
7, rue des Carmes – 75005 Paris
librairie.mediterranee@harmattan.fr
01 43 29 71 15

Librairie Le Lucernaire
53, rue Notre-Dame-des-Champs – 75006 Paris
librairie@lucernaire.fr
01 42 22 67 13

www.ingramcontent.com/pod-product-compliance
Lightning Source LLC
LaVergne TN
LVHW010429230826
846092LV00009BA/1095

9782343200200